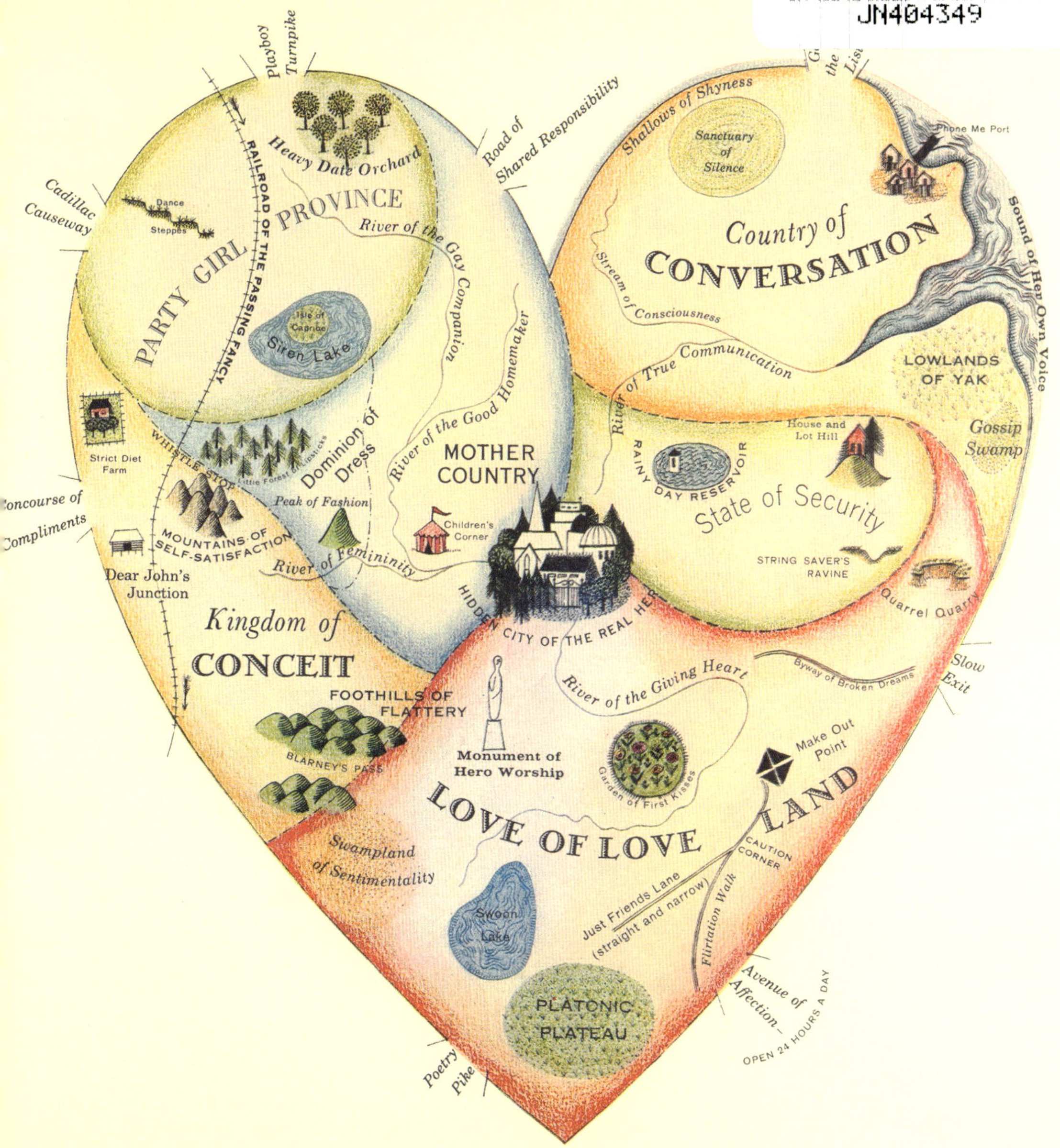

GEOGRAPHICAL GUIDE TO A
WOMAN'S HEART
emphasizing points of interest to the romantic traveler

사랑으로 읽는 세계사

LOVE: A CURIOUS HISTORY IN 50 OBJECTS by Edward Brooke-Hitching

Copyright © 2023 by Edward Brooke-Hitching

All rights reserved. No part of this book may be reproduced or transmitted in any form or by any means, electronic or mechanical, including photocopying, recording or by any information storage and retrieval system without permission in writing from the Publisher.

This Korean edition was published by Hyundae Jisung Publishing Co., Ltd. in 2025 by arrangement with Simon & Schuster UK Ltd., 1st Floor, 222 Gray's Inn Road, London, WC1X8HB through KCC(Korea Copyright Center Inc.), Seoul.

이 책은 ㈜한국저작권센터(KCC)를 통한 저작권자와의 독점 계약으로 ㈜현대지성에서 출간되었습니다.
저작권법에 의해 한국 내에서 보호를 받는 저작물이므로 무단 전재와 복제를 금합니다.

에드워드 브룩 히칭 지음
신솔잎 옮김

사랑으로 읽는 세계사

하트♥의 기원부터
우주로 띄운 러브 레터까지
1만 년 역사에 새겨진
기묘한 사랑의 흔적들

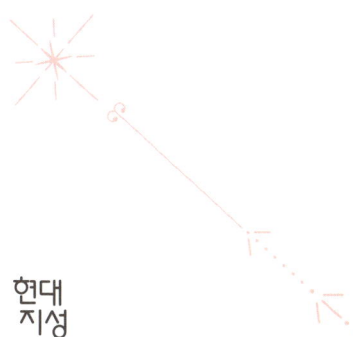

현대
지성

추천사

내가 그간 소설에서 사랑에 빠진 인물들을 써온 이유는 내가 사랑에 관해 무언가를 알아서라기보다는 오히려 남들보다 사랑에 서투르기 때문이다. 그만큼 사랑을 더 알고 싶고 사랑에 관심이 많은 내가 이 책의 제목에 끌린 것은 자연스러운 일이었다.

책을 펼치자마자 기대감을 충족했다. 딱 이런 책이 존재하길 바랐다. 사랑에 관한 흥미진진하고 감동적인 이야기가 가득하고, 눈을 즐겁게 하는 삽화와 재치 있는 해설이 어우러진 책. '1만 년 역사에 새겨진 기묘한 사랑의 흔적들'을 따라 신나게 페이지를 넘길 수 있었다.

내가 쓴 소설에 나오는 사랑에 냉소적인 한 인물은 '사람들이 제멋대로 사랑을 핑크빛 하트 모양으로 만들었다'라는 말을 한다. 만약 소설을 쓰기 전에 이 책을 읽었다면 다른 식으로 대사를 썼을지도 모르겠다. 이 책에는 인류의 가장 오래된 입맞춤을 보여주는 연인상부터 남편과 아내의 결투 풍습, 하트의 기원, 신문광고와 데이팅 앱을 아우르는 공개 구혼의 역사까지 풍성한 이야깃거리가 넘친다. 다른 창작자들에게는 알리지 않고 혼자만 읽고 싶을 정도로 그야말로 탐나는 영감의 보물 창고 같은 책이다.

이 책의 저자는 사랑에 관해 가르치려 하지 않는다. 그저 인류의 사랑에 관련된 유물들과 그에 얽힌 이야기를 방대하게 소개하며 그 역사를 고스란히 보여주고 있다. 이만큼이나 사랑의 모양은 다양하면서 또 비슷하구나. 인간이란 종은 오랜 기간 이렇게 이상하고 아름다운 사랑을 하며 존재해왔구나. 마지막 페이지를 넘기고 책을 덮자 커다란 감동이 밀려왔다. 사랑하는 이에게 사랑한다고 말하고 싶어졌다. 뜨겁게 사랑이 하고 싶어졌다.

정대건 | 소설가, 『급류』 작가

그리스 신화는 카오스의 탄생으로 시작한다. 그것은 모든 것을 품어낼 수 있는 빈 공간의 신이었다. 곧이어 그 공간을 채울 만물의 근본 재료인 흙, 즉 대지의 여신 가이아가 태어나고, 소멸의 잔재를 담아낼 타르타로스도 태어난다. 하지만 그들 셋만으로는 아무 일도 일어나지 않았다. 이들을 움직일 원초적 에너지가 없었기 때문이다. 마침내 에로스가 태어나 황금빛 화살을 쏘아대자 땅이 하늘과 바다와 산을 낳고, 또 그들이 서로 뒤엉켜 수많은 존재를 탄생시켰다. 사랑, 그것이 없었다면 이 세상은 죽음처럼 고요했을 것이다.

모든 종교도 인간의 구원을 사랑에서 찾는다. 특히 기독교는 유일하고 절대적인 신을 아예 '사랑'이라고 선포한다. "사랑이 없으면 나는 아무것도 아닙니다"라는 고백은 기독교의 핵심을 요약한다. 사랑하고 사랑받을 때 세상은 얼마나 아름다운가. 사랑의 실패는 얼마나 고통스러운지. 그렇기에 "사랑은 세상살이를 가치 있게 만드는 것"이다.

하지만 사랑이란 뭘까? 어떻게 해야 사랑을 이룰 수 있을까? 그동안 지구를 스쳐 간 수많은 사람은 어떻게 사랑해왔을까? 『사랑으로 읽는 세계사』는 그 답을 찾기 위한 좋은 실마리가 되어준다. '진기한 것들의 박물관'이라 할 만한 이 책은 호기심을 자극하는 50가지 유물을 통해 역사 속에서 이루어진 사랑의 사연들을 흥미롭게 풀어낸다. 곁땀에 젖은 사과 조각을 맘에 드는 남성에게 내미는 여성과 그것을 받아먹는 남성의 결혼 풍습으로 시작해 읽는 내내 저자가 펼쳐내는 풍부한 이야기에 깜짝 놀라고, 감탄하며 독서의 기쁨을 누렸다. 사랑을 이해하고 삶을 행복하게 살고 싶은 이들에게 이 책이 그동안 감추어진 비밀스러운 문을 열어줄 것이다.

김헌 | 서울대학교 인문학연구원 교수, 『신화의 숲』 저자

매일 미술관에서 관람객을 마주하며 깨닫는 사실이 있다. 언제나 가장 오래 마음에 남는 것은 화려한 기법도, 거대한 규모도 아닌 그림 속 인물들의 사랑 이야기라는 것이다. 그림의 기원에도 사랑의 전설이 있다. 전쟁터로 떠나는 연인을 기억하기 위해 촛불에 비친 그림자의 선을 따라 그린 것이 인류 최초의 그림이라 전해진다. 사랑하는 이를 잃지 않으려는 간절한 마음이 곧 예술의 씨앗이 되었다. 우리는 본능적으로 예술 속에서 사랑을 찾는다. 나 또한 그 속에서 과거에 겪은 사랑과 시련, 그 애타는 마음을 들여다보곤 한다.

이 책을 읽는 내내 마치 거대한 미술관을 거닐며 인류 최고의 사랑 이야기들을 관람하는 기분이었다. 19세기 오스트리아 여성들의 낯설고도 애틋한 겨드랑이 사과 의식부터 기원전 9000년 전의 아인 사크리 연인상까지, 시대와 문화를 달리해도 결국 사랑하는 사람에게 마음을 전하려는 본능은 변하지 않는다. 1만 년이 지난 오늘날에도 우리는 여전히 포옹하고, 입 맞추고, 사랑에 빠진다. 그래서 그 작고 오래된 석상 앞에서 우리는 지금도 똑같이 감동하는 것일 테다.

볼테르가 말했듯, "사랑은 자연이 제공하고, 상상력이 수를 놓는 캔버스"다. 이 책은 그 예술의 캔버스 위에 수놓인 인류사의 가장 빛나는 장면들을 차분하게 따라간다. 프레더릭 샌디스의 〈사랑의 그림자〉부터 스즈키 하루노부의 〈눈 속을 걷는 연인〉까지, 한 장면 한 장면이 인간의 마음을 연결하는 아름다운 다리처럼 다가온다. 미술 해설가로서 이 책을 가장 흥미롭고 따뜻한 갤러리라 부르고 싶다. 사랑이야말로 세상살이를 가치 있게 만든다는 것을, 그리고 예술이란 결국 그 사랑의 기록이라는 사실을 새삼 깊이 깨닫게 해준다.

정우철 | 도슨트, 『내가 사랑한 화가들』 저자

차례

추천사   4

들어가며   13

01   인류의 가장 오래된 입맞춤 | 아인 사크리 연인상(기원전 9000년경)   27

02   사랑과 정욕의 고대 신들 | 차탈회위크의 의자에 앉은 여인상(기원전 6000년경)   31

03   고대 메소포타미아의 사랑 | 이난나와 두무지드의 결혼(기원전 2000-1500년경)   41

04   고대 이집트의 사랑 | 유니와 레네누테트의 부부 조각상(기원전 1294-1279년경)   47

05   고대 중국의 러브 스토리 | 복희여와도(8세기)   54

06   죽은 자의 손가락 | 케익스와 알키오네   59

07   테베의 신성 부대 이야기 | 카이로네이아의 사자(기원전 338년경)   64

08   고대 로마의 사랑 | 폼페이의 에로티카에서 하드리아누스와 안티노우스까지(123년경)   68

09   그리스·로마와 중세의 외설적인 부적들 | 순례자의 배지와 날개 달린 남근   75

10   성애와 쾌락의 지침서 | 『카마수트라』(2-3세기)   80

11   메소아메리카의 사랑 | 혀를 뚫는 레이디 쇼크 조각(726년경)   86

12   바이킹의 연애 가이드 | 스칸디나비아의 브로치(800-900년경)   91

13   아름다운 로자먼드의 비극 | 헨리 2세와 미로 속의 비밀(1166년경)   95

14   두 번의 만남, 필생의 사랑 | 베아트리체를 사랑한 단테(1265-1321년)   101

15   피투성이의 암사자 | 잔 드클리송의 '나의 복수'(1343-1359년)   106

16   죽은 아내를 위한 대관식 | 포르투갈의 페드루 1세와 이네스 드카스트루(1361년)   113

17   연인에게 바치는 궁전 | 타지마할과 사마르칸트의 모스크(15세기)   117

18	영원한 포옹 ǀ 묘비와 석관에 새긴 부부 조각상	123
19	그림 속에 숨은 비밀 ǀ 〈지오반니 아르놀피니와 그의 부인의 초상〉(1434년)	130
20	남편과 아내의 결투의 역사 ǀ 한스 탈호퍼의 『싸움의 책』(1459년)	134
21	풀리지 않은 유니콘의 미스터리 ǀ 〈유니콘 태피스트리〉(1499년)	140
22	하트(♥)의 기원 ǀ 심장의 모양에서 사랑의 상징이 되기까지	148
23	문학 속 부정행위와 간통법의 역사 ǀ 아이언 스파이더(15세기)	154
24	질투의 탑 ǀ 중세 필사본 속 사랑(12-15세기)	161
25	사랑의 주문 ǀ 마법의 파피루스와 중세의 주문서들	171
26	정조대에 잠긴 비밀 ǀ 속박을 거부한 여성들	177
27	바다 위에서 넘실대는 사랑 ǀ 섹스 너트와 스크림쇼, 수형자의 동전	182
28	불타는 사랑의 고통 ǀ 〈불꽃에 둘러싸인 남자〉(1600년경)	189
29	심장의 지도를 그리다 ǀ 〈애정의 땅〉(1654년)	192
30	사랑을 품속에 지니는 방법 ǀ 연인의 눈 세밀화와 사랑의 정표들	200
31	무책임한 남편과 유능한 아내 ǀ 엘리자베스 블랙웰의 『신비한 약초 도감』(1737-1739년)	206
32	밤거리의 여성들 ǀ 『해리스의 코번트가든 여자 리스트』(1757-1795년)	211
33	전 세계를 항해한 최초의 여성 ǀ 잔 바레의 비범한 사랑(1766년)	218
34	결혼이라는 매듭 ǀ 요루바의 웨딩 사슬 조각상	223
35	사랑의 사기꾼들 ǀ 제임스 그레이엄과 천상의 침대(1780년)	228
36	카사노바의 파란만장한 삶 ǀ 자코모 카사노바의 『내 삶의 이야기』(1794년)	235
37	일본의 에로틱 예술, 춘화 ǀ 〈어부 아내의 꿈〉(1814년)	240
38	심장이 없는 시체들 ǀ 퍼시 셸리의 방랑하는 심장(1822-1852년)	245
39	비밀스러운 섹스 클럽 ǀ 왕의 코담배갑과 거지의 축복(1822년)	250
40	단 한 사람만을 위한 초상화 ǀ 새라 굿리지의 〈드러난 아름다움〉(1828년)	253
41	밸런타인데이의 역사 ǀ 사랑의 은행에서 발행한 화폐(1847년)	259

42	우리는 왜 사랑을 노래할까? ǀ 러브 송의 역사와 〈슈신을 위한 사랑 노래〉	267
43	마음을 얻으려면 책을 선물하라 ǀ 헨리 힐디치 벌클리존슨의 필사본(1870년경)	276
44	사랑의 밀어 ǀ 빅토리아시대 암호 엽서와 꽃말(1837-1901년)	281
45	하늘이 맺어준 사랑? ǀ 열기구 결혼 열풍(18세기 말-19세기)	289
46	황금빛에 가려진 비밀 ǀ 구스타프 클림트와 〈키스〉(1907-1908년)	295
47	시대별로 보는 키스 ǀ 기원전 1만 년부터 20세기까지	298
48	집착에 사로잡힌 예술가의 사랑 ǀ 프리다 칼로의 〈내 머릿속의 디에고〉(1943년)	302
49	데이팅 앱의 놀라운 역사 ǀ 공개 구혼 신문광고부터 틴더까지(18-21세기)	307
50	태양계를 떠난 러브 스토리 ǀ 보이저호의 골든 레코드(1977년-)	314

참고문헌	320
이미지 저작권자	322
감사의 글	325

✦✦✦ 1890년경 한 프랑스 연인의 사진이 담긴 엽서.

프랭클린과 에마에게 이 책을 바칩니다.

∗∗∗ 필리포 리피의 〈여닫이창에 남자와 함께 있는 여자의 초상〉, 1440년경.

들어가며

"사랑은 자연이 제공하고
　상상력이 수를 놓은 캔버스다."

볼테르

이 책에 대한 구상은 19세기 오스트리아 지방에 살던 여성들의 겨드랑이에서 탄생했다. 정확히 말하자면, 둥글게 모여 앉은 젊은 남성들이 두려운 표정으로 지켜보는 가운데 그 안에서 여성들이 겨드랑이 '사이에' 사과 조각을 끼운 채로 춤을 추는 전통에서 탄생했다. 사과 조각이 땀에 흠뻑 젖으면 여성들은 자신이 택한 구혼자에게 사과를 내민다. 남성 또한 호감이 있다면 여성의 은밀한 체취를 함께할 기회를 얻었다는 데 기뻐하며 젖은 사과 조각을 먹는다. 남성이 거절할 경우 사과는 다시 겨드랑이로 들어가 다음 기회를 기다린다.

　피지에는 젊은 남성이 결혼 허락을 받기 전에 사랑하는 여성의 아버지에게 고래 이빨을 선물하는 전통이 있다. 문제는 살아 있는 고래의 입에서 갓 뽑아낸 이빨이어야 한다는 데 있다. 이빨 이야기를 이어가보자면, 발리의 힌두교 사회 전통에는 어린 남성과 여성이 결혼할 수 있는 연령에 이르렀음을 알리기 위해 치아 여섯 개를 갈아내는 치아 갈기 의식이 있다.

✦✦✦ 하우스북의 대가의 〈한 쌍의 연인〉, 1480-1485년경 작품.

✳✳✳ 프레더릭 샌디스의 〈사랑의 그림자〉(1867). 질투와 원망, 분노, 심지어 복수심에 이르기까지 사랑의 어두운 면을 극적으로 담아낸 이 작품이 탄생할 당시에는 사랑을 이상적으로 표현하는 그림이 더 흔했다. 원래 샌디스는 빅토리아시대 사람들에게 사랑의 상징으로 알려진 파란 제비꽃 대신 그림 속 여인에게 머리카락을 물고 있게 할 생각이었다. 이후 샌디스는 그림 속 모델인 배우 메리 에마 존스와 결혼했다.

    물론 우리에게 익숙한 풍습에 비하면, 이런 사례들은 조금 지나치고 도전적으로 느껴진다. 하지만 철학적으로 접근해보자면, 청혼을 위해 잘라낸 식물로 만든 부케를 내미는 것보다 고래 이빨이 훨씬 더 기이하다고 말할 수 있을까? 이 또한 그 방식에 따라 기이함의 정도가 다를지 모른다. 1966년 5월, 독일의 백만장자 긴터 작스Gunter Sachs가 세상에서 가장 아름다운 여성이자 프랑스의 섹시한 금발 미녀 브리지트 바르도Brigitte Bardot의 마음을 얻기 위해 헬리콥터를 이용해 코트다쥐

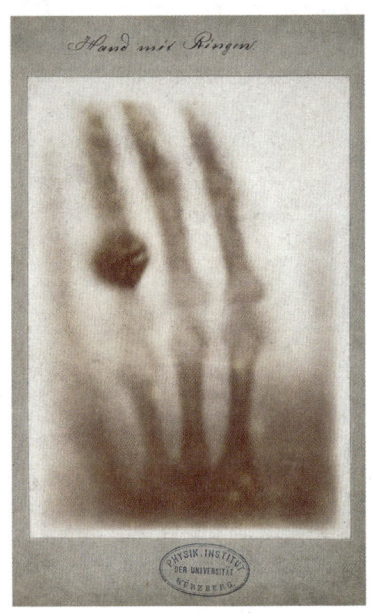 

✦✦✦ (왼쪽) 역사상 첫 엑스레이 사진은 1895년, W. K. 뢴트겐(1845-1923)이 결혼반지를 낀 아내의 손을 찍은 것이다. 이 사진은 뢴트겐이 1901년 첫 노벨 물리학상을 수상하는 데 일조했다.
✦✦✦ (오른쪽) 두 음악인과 나무 위에 자리한 사랑의 신 아래에 앉은 커플을 향해 화살을 날릴 준비를 하고 있다. 14세기 초『마스트리흐트 기도서』에 실린 그림이다.

르에 있는 그녀의 저택 위로 빨간 장미 수천 송이를 뿌렸다. "남자가 집 뒷마당으로 장미 1톤을 뿌려주는 게 매일 일어나는 일은 아니다." 훗날 바르도는 자서전에 이렇게 적었는데, 마치 다른 때는 매일같이 벌어졌을지 몰라도 '그 주에는' 아니었다는 듯한 뉘앙스였다.

이러한 이야기들을 접하다 보면 사랑을 주제로 한 수많은 이야기와 풍습이 어느새 모두 사라진 듯해 안타까운 마음이 들지 않을 수 없다. 어떤 의미에서 사랑은 덧없고, 눈에 보이지 않는 한때의 것이지만(『로미오와 줄리엣』에서 셰익스피어는 사랑을 '한숨 속에서 피어나는 연기'라고 지극히 아름답게 묘사했다), 역사학자에게 사랑은 소동을 일으키고 어떠한 결과를 이끌어내는 고대의 엔진이다. 이 책은 사랑이 남긴 기묘한 물건, 신비로운 유물, 사랑에서 탄생한 탁월한 걸작으로 수놓인 물리적 자취를 따라가며, 사랑이 역사와 예술에서 정신적 동력으로서 어떠한 역할을 했는지 탐험하고자 한다. 유물은 저마다 대단히 매력적이면서도 뜻밖의 이야기를 품고 있는데, 어떤 장에서는 역사적 인물 둘이 나눈 사랑만을 파헤치는 한편, 다른 장에서는 철학과 관습, 사랑과 정욕의 신들까지(31-39쪽 참고) 폭넓은 이야기를 만날 것이다. 이 유물들은 하나같이 우리보다 수천 년 앞서 존재했던 전 세계 사람들의 마음과 감정을, 우리가 공감할 수 있는 그 핵심을 들여다보는 창이 되어준다.

5,000년이 넘는 세월 동안 시인과 작가, 예술가, 음유시인이 사랑과 정욕이 주는 기쁨과 고통을 널리 노래했다. 하지만 우리는 이보다 더 거슬러 올라가 역사의 강 아래 바닥에 새겨진 사랑의 발자국을 찾게 될 것이다.

아인 사크리 연인상(26쪽 참고)으로 알려진 선사시대 조각상은 기원전 9,000년경에 만들어졌다. 이것은 인간의 포옹을 표현한 조각상 가운데 가장 오래된 한편, (선사시대를 포함해) 역사상 가장 오래된 키스 또한 찾아볼 수 있는 좋은 계기를 마련해준다. 하지만 사전에 경고하자면, 그 결과물이 조금 불편할 수 있다. 고대 메소포타미아의 사랑은 이난나 여신과 다른 여성을 흘낏대는 바람에 저주를 받는 남편 두무지드의 이야기로 시작한다. 반면 이집트에는 왕실의 대서기관 유니와 그의 아내 레네누테트의 사랑 이야기가 등장한다. 이 부부를 기념하는 조각상은 그들의 삶과 우리의 삶 사이에 놓인 3,300여 년의 시간이 무색할 정도로 안온하고 익숙한 친밀감을 내뿜는다.

고대 그리스에서는 알키오네와 케익스의 이야기와 더불어(59-63쪽 참고), 전원 남성 연인으로만 이루어진 군부대인 테베스 신성 부대의 놀라운 이야기에 숨

✦✦✦ 코르넬리스 반 달렘(1530/35-1573/76)의 〈에클로 제빵사의 전설〉은 벨기에의 에클로라는 마을에서 아내가 못생긴 남편을 제빵사에게 데려가면 마법처럼 잘생긴 얼굴로 만들어준다는 유명한 이야기를 표현한 그림이다. 제빵사는 새 얼굴이 오븐에서 익어가는 동안 남자들의 목 위에 양배추를 올려두었다.

✦✦✦ 매력적이지 않은 아내를 풍차로 데려와 미녀로 변신시키는 남편들. P. 퓌르스트의 1650년경 판화.

✦✦✦ 스즈키 하루노부의 〈눈 속을 걷는 연인〉(까마귀와 백로)는 일본의 우키요에 판화 가운데 가장 로맨틱한 작품으로 꼽힌다. 사랑을 공유하는 것처럼 우산 하나를 나눠 쓰고 꼭 붙어 눈 속을 걷는 연인의 모습을 담았다. 이러한 자세를 '아이아이가사'(우산을 같이 쓴다는 뜻으로 사랑하는 연인 사이를 상징한다—옮긴이)라고 한다. 이들의 모습은 또 다른 극적 장치로서 미치유키, 즉 동반 자살을 하러 가는 모습을 의미할 수도 있다.

은 비극을 마주할 것이다(64-67쪽 참고). 한편 로마에서는 폼페이에서 벌어진 극적인 사건을 배경으로 이야기가 다소 외설적으로 흘러간다. 19세기 발굴자들이 아연실색했을 정도로 수위가 높은 유물들은 2000년대가 되어서야 대중에게 공개됐다(68-74쪽 참고). 다만 유럽 대륙 곳곳에서 발견된 주석 배지를 자랑스럽게 달고 다녔던 중세 유럽인이라면, 폼페이 발굴 현장을 마주하고도 우리와는 전혀 다른 반응을 보였을 것이다. 해당 배지들, 그러니까 역사학자들이 고상하게도 '발 달린 음경'이라 부르는 것과 사다리를 오르고, 범선을 타며, 위풍당당하게 말에 오르는 여성의 음부를 묘사한 배지 디자인에 어떠한 목적이 있었는지는 미스터리다(75-79쪽). 비밀이 밝혀지지 않은 또 다른 퍼즐로는 엘리자베스 1세 시대, 화염에 휩싸인 채 미소 짓는 남성들의 초상화와(189-191쪽), 수수께끼 같은 암호를 해독해야 하는 얀 반 에이크의 걸작 〈지오반니 아르놀피니와 그의 부인의 초상〉을 들 수 있다(130-133쪽). 또한, 대단히 멋진 유니콘 태피스트리도 있는데(140-147쪽), 숨겨진 단서를 어떻게 해석하느냐에 따라 사랑에 대한 가장 화려한 찬미가 될 수도 있고 그렇지

✦✦✦ 윌리엄 포웰 프리스(1819-1909)의 1852년 그림은 시인 알렉산더 포프(1688-1744)가 메리 몬터규 부인(1689-1762)에게 영원한 사랑을 고백하자 그녀가 웃음을 터뜨리는 비참한 순간을 담았다.

✦✦✦ 결혼의 덫으로 기꺼이 걸어 들어가고 있는 젊은 연인들을 그린 18세기 판화.

않을 수도 있다.

실용적인 조언이 가득하지 않고서는 사랑에 관한 책이라 하기 어려울 것이다. 당신이 사랑과 섹스에 관한 조언을 지나치게 실험적이고 신뢰도가 상당히 떨어지는 지식인들에게서 얻기를 선호하는 사람이라면, 이 책을 펼친 것이 행운이라고 할 수 있겠다. 역사적으로 사랑과 의학 그리고 마술이 어떤 관계로 얽혀 있는지를 따라가다 보면, 사랑과 마음의 상처를 치료해야 할 심각한 질환으로 여기는 중세 의사부터 아이를 원하는 부부들을 착취하는 섹스 돌팔이까지 만날 수 있다. 조지 시대(1714-1830)의 런던에서 활동한 제임스 그레이엄은 공기 압력으로 작동하는, 음악이 흘러나오는 침대를 선보였다. 미국의 한 사기꾼은 염소 고환을 남성의 음낭에 이식하는, 효과가 전혀 없는 치료법을 개발해 수백만 달러를 벌어들였다(228-234쪽).

실로 이 모든 이야기는 사랑과 결혼, 섹스라는 주제는 같지만, 그 이야기가 탄생한 동기만큼은 아주 다르다. 베아트리체를 향한 기사도적인 사랑을 기념하는 단테의 작품(101-105쪽)과 한 번도 공개된 적 없는 헨리 힐디치 벌클리존슨의 삽화 필사본(276-280쪽)은 같은 열정을 공유하고 있다. 반면 프랑스의 귀부인이었으나 해적이 된 잔 드클리송의 사연은 뜨거운 복수의 이야기지만, 수 세기 후 남장을 하고 여성 최초로 세계 일주를 한 잔 바레의 항해는 이타적 사랑 이야기다(218-222쪽).

역사적으로 사랑을 어떻게 기념했는지 살펴보는 것 또한 다양한 나라를 거쳐야 하는 세계적인 여정이다. 이 책에서는 조금 더 손을 뻗어 시선이 닿지 않은 숨은 곳들까지 속속들이 더듬어보는(책 속 말장난은 '전부' 의도한 것이다) 일이 중요했다. 그러므로 모리셔스섬의 섹스 너트와 새를 닮은 괴물 이야기부터, 사마르칸트의 모스크, 마야의 결혼 전통, 서아프리카 요루바족의 사랑의 사슬을 거쳐 마침내 지금도 광활한 성간의 바다를 항해하고 있고 인간이라는 종이 사라진 후에도 그 여정을 계속할 러브 스토리까지 확인할 수 있다.

이 책에 담긴 이야기와 삽화를 살펴보며 사랑이 안겨주는 환희와 아픔을, 그리고 한 번씩은 두려움을 경험하길 바란다. 그리하여 18세기 코르시카섬의 남편들처럼 공중에 높이 뜬 채로 상처를 입는 경험을 해보길 바란다.˚ 이 책은 진기한 것들의 박물관이다. 이 박물관에서는 인간의 세계에서 가장 신비롭고도 가장 큰 동력을 제공하는 그 힘을 정확히 무엇이라 정의해야 할지 답을 찾고 또 기록하려는 집단적인 노력을(또는 답을 찾고자 했던 이전의 노력들을) 전시하고 있다. 조지프 캠벨Joseph Campbell(1904-1987)에게 사랑은 "작곡을 불러오는 우정"이었다. 마르셀 프루스트Marcel Proust(1871-1922)에게는 "마음으로 측정되는 공간과 시간"이었다. 서머싯 몸Somerset Maugham에게 "사랑은 종족 보존을 위해 우리가 걸려드는 비열한 술수"에 불과했다. 좀 더 실용적인 접근법을 취했던 새뮤얼 존슨Samuel Johnson은 "결혼은 상상력이 지성을 이긴 결과물이다. 두 번째 결혼은 희망이 경험을 이긴 결과물이다"라고 말했다. 하지만 이 책의 책장을 넘기는 동안 마음에 담아둘 가장 좋은 철학은 미국의 칼럼니스트 프랭클린 P. 존스Franklin P. Jones(1908-1980)가 말하는 사랑일 것이다. "사랑이 세상을 움직이지는 않는다." 이어서 그는 이렇게 적었다. "사랑은 세상살이를 가치 있게 만드는 것이다."

---

* 18세기 코르시카섬에 살던 어느 남편이 죽자 아내가 가장 먼저 한 일은 다른 여성들을 불러 모은 후 담요 위에 남편의 시체를 올리고 헹가래를 치듯 위로 던지는 것이었다. 그녀는 남편이 결혼 생활에서 벗어나기 위해 죽은 척한 것인지를 확인하고자 했다. 의학 주간지 『의사Der Arzt』의 편집자이자 의사였던 요한 아우구스트 운처Johann August Unzer(1727-1799)가 보고한 바에 따르면, 담요 헹가래는 몇 시간씩 진행되는 경우가 많았고, 실제로 한 번씩 "죽은 것처럼 보였던" 남편이 "다시 살아나는" 일도 벌어졌다. 자유를 향한 그의 필사적인 노력은 실패로 돌아갔고, 그의 처분은 온전히 조금 전까지 미망인이었던 아내의 자비심에 달려 있었다.

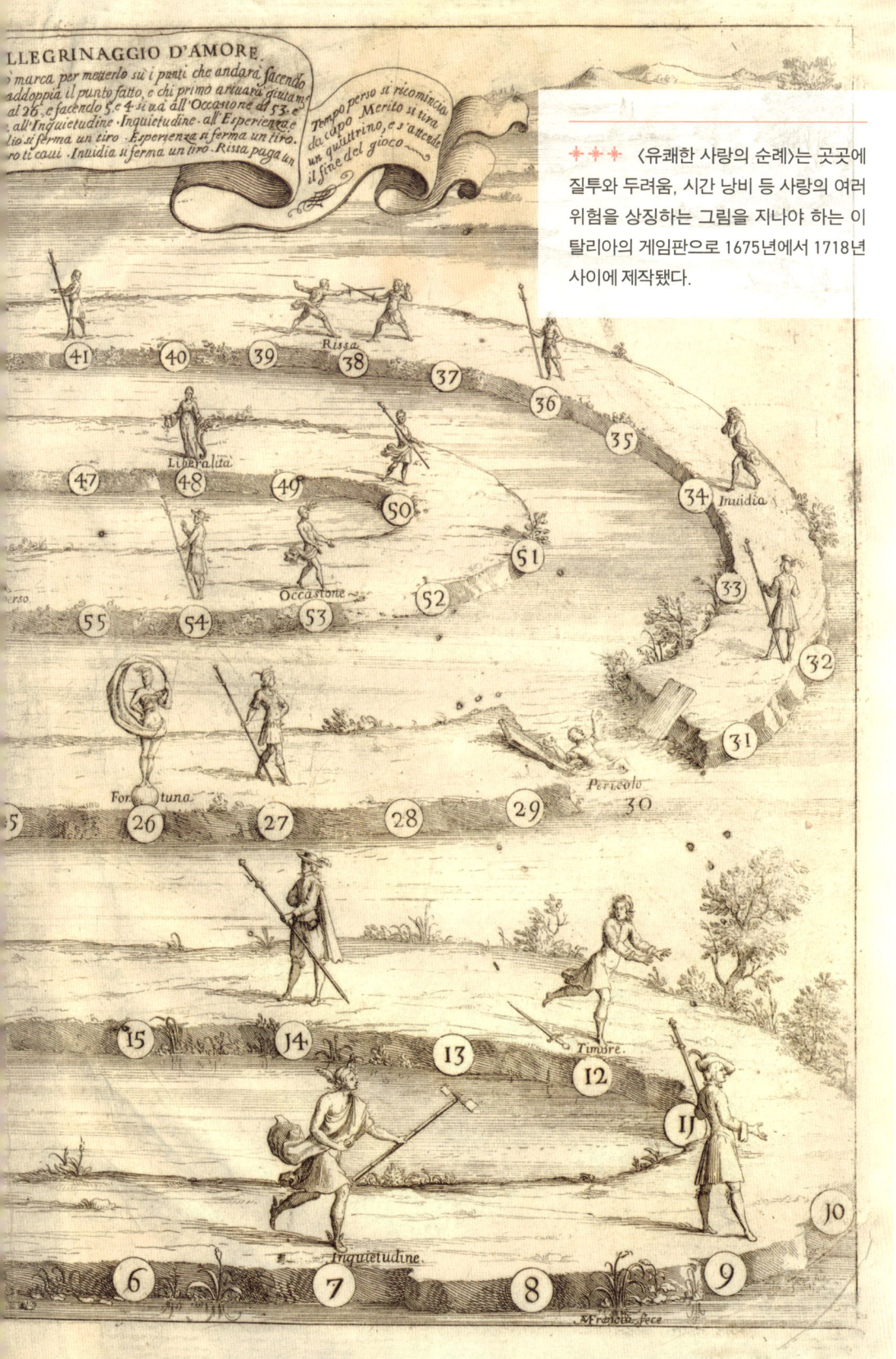

✱✱✱ 〈유쾌한 사랑의 순례〉는 곳곳에 질투와 두려움, 시간 낭비 등 사랑의 여러 위험을 상징하는 그림을 지나야 하는 이 이탈리아의 게임판으로 1675년에서 1718년 사이에 제작됐다.

01 인류의 가장 오래된 입맞춤
아인 사크리 연인상(기원전 9000년경)

가장 오래된 인류의 입맞춤이 언제였는지는 물론 알 수 없다. 하지만 한번 파헤쳐보고자 한다면 어떨까? 증거를 따라 거슬러 올라가다 언제쯤 더는 추적할 단서가 나오지 않게 될까? 나는 이것이 책의 서두를 여는 데 어울리는 특이한 도전처럼 느껴졌다. 단서를 쫓다 보니 펜실베이니아주립대학교의 인류학자 로라 웨이리치Laura Weyrich가 2017년에 발표한 논문 「치석에서 얻은 고대 DNA로 유추한 네안데르탈인의 행동과 식습관, 질병Neanderthal behaviour, diet, and disease inferred from ancient DNA in dental calculus」을 마주했다.

지구상에 살았던 마지막 네안데르탈인의 유해 13구가 스페인 북서부에 있는 동굴 엘 시드론에서 발견된 후, 이를 연구하던 웨이리치는 치아 하나에서 유전적 특징을 발견하고 놀랐다. 이는 현대 인류의 입에서도 찾아볼 수 있는 메타노브레비박터 오랄리스Methanobrevibacter oralis라는 미생물이었다. 네안데르탈인과 현대 인류의 균주를 비교한 그녀는 해당 미생물이 12만여 년 전에 네안데르탈인에게서 호모 사피엔스에게로 옮겨 갔다는 사실을 추정할 수 있었다. 이 시기에 두 인간 종의 교배가 이뤄졌고, 미생물이 옮겨 간 경로는 입맞춤이었을 확률이 높다. "키스할 때 구강 미생물이 서로의 입속으로 상호 이동한다." 웨이리치의 설명이다. "단 한 번의 입맞춤으로 미생물이 전파됐을 수도 있고 … 아니면 좀 더 정기적으로 행해진 무언가가 있었을 수도 있다."

정기적으로 이루어진 무언가를 상상하며 성급하게 이야기를 펼쳐나가 인간의 성행위를 좀 더 물리적인 형태로(구체적으로는 방해석 돌멩이를 조각한 형태로) 표현한 최초의 증거를 찾아보자. 그러면 아인 사크리 연인상Ain Sakhri Lovers이라고 알려진 선사시대 조각상이 나온다. 1만 1000년 전인 기원전 9000년경에 나투프 문화 Natufian culture(지금의 이스라엘·팔레스타인·시리아·레바논 등지에서 번성한 후기 구석기 문화—편집자)에 속한 누군가가 만든 것으로, 102밀리미터 크기에 얼굴이 없는 이 조각상은 성별을 알 수 없는 두 사람이 성적인 자세로 서로를 안고 있다. 지금까지는 성행위를 묘사한 최초의 조각상으로 알려져 있다. 1933년에 베두인족이 베들레헴 인근의 아인 사크리 동굴에서 다른 유물들과 함께 발견했고, 수천 년의 세월이 흘렀음에도 당시 예루살렘에 있던 프랑스 영사 르네 누빌René Neuville은 이 조각상이 중요한 유물임을 한눈에 알아봤다.

발견된 다른 나투프 문화의 공예품들이 사슴뿔과 뼈로 만들어진 데 비하면, 이 '연인상'은 대단히 기발한 조각품이다. 이를 만든 예술가는 (남근 모양이기도 한) 하트 모양에, 과거 개울이나 강바닥을 따라 이동했음을 보여주는 채터마크 chattermark가 새겨진 돌을 선택해 두 형체가 얼굴을 마주하고 포옹하는 형상을 완성했다. 상당한 공이 드는 작업이었을 것이다. 사랑에 빠진 연인의 형상을 만들기 위해 방해석 표면을 돌로 된 끌이나 사슴뿔로 만든 망치로 쪼아냈을 것이다. "인간의 성행위를 표현한 가장 오래된 조각상으로 알려진 이 작품은 애정과 사랑 그리고 관계라는, 시대를 초월해 감동을 주는 가치를 담고 있다." 대영박물관의 큐레이터 노트에 적힌 내용이다. "박물관 방문객들에게 늘 인기 있는 이 작품은 2020년 코로나바이러스로 인한 봉쇄 기간 동안 새로운 현대적 상징성을 얻었다. 당시 금지되었던 포옹이라는 단순한 행위가 전해주는 안도감이 우리에게 얼마나 필요한 것인지를 보여주었기 때문이다."

✦✦✦ 20세기 유럽으로 건너오면 '실라 나 기그'라는 그 로테스크한 조각품들을 발견할 수 있다. 이 조각품들이 자리한 곳은 영국 헤리퍼드셔의 마을 킬펙에 1140년경 지어진 세인트메리앤드세인트데이비드교회다. 이 조각품들의 기원과 여성의 외음부를 지나치게 과장해 표현한 이유에 관해서는 이교의 풍요와 다산을 상징하는 여신이라는 가설이 있다. 또는 죽음과 악령, 불운을 막는 용도라는 설도 있다.

✢✢✢ 아인 사크리 연인상이 탄생하기 2만 4,000년도 더 전에 독일 남서부 지역의 스바비안 유라 산맥에 있는 '홀레 펠스'(독일어로 '속이 텅 빈 바위'라는 뜻) 동굴에서 선사시대의 한 예술가가 매머드의 엄니로 인간의 형태를 본뜬 가장 오래된 조각상을 만들었다. 유럽 지역에서 발견된 가장 오래된 초기 구석기 비너스상인 홀레 펠스의 비너스는 엉덩이와 생식기, 가슴이 지나치게 크게 강조된 한편 팔과 다리는 짧고 뭉툭해 성적 특징을 중요하게 표현했음을 알 수 있다. 이러한 조각상들이 지닌 의미가 무엇인지 오랜 논쟁이 이어졌지만, 풍요와 다산의 상징 혹은 신을 뜻한다는 것이 중론이다. 원시적인 도구들로 조각을 하려면 상당히 오랜 시간이 걸리는 만큼 매우 중요한 의미를 지녔으리라 여겨진다.

✢✢✢ 3만여 년 전에 만들어진, 명백히 남근상처럼 보이는 이 조각상은 학계에서 '빙하시대의 봉'이라는 정제된 명칭으로 부르는 것 가운데 하나로 홀레 펠스 동굴에서 발견됐다. "빙하시대의 봉이 지닌 크기와 모양, (그리고 몇몇 경우) 노골적인 상징성을 고려한다면, 가장 뚜렷하고 직관적으로 떠오르는 해석을 피하기란 위선적으로 느껴진다. 하지만 이러한 해석을 피하고 있다." 영국의 인류학자 티모시 테일러의 말이다. 사진 속 봉에는 망치로 사용해 마모된 흔적이 있는 만큼 다양한 용도로 쓰였을 가능성도 있다.

02 ✳ 사랑과 정욕의 고대 신들
차탈회위크의 의자에 앉은 여인상 (기원전 6000년경)

역사 속 사랑의 신전을 가득 메운 수많은 악명 높은 신들을 두고 아래에 보이는 그리 유명하지 않은 조각상으로 이번 장을 시작한다는 것이 이상하게 보일 수 있다. 하지만 양쪽 팔걸이에 동물의 머리가 달린 의자에 나체로 앉은 여성의 형상을 점토로 구워 만든 이 조각상은 실로 대단한 작품이 아닐 수 없다. 차탈회위크의 의자에 앉은 여인상the Seated Woman of Çatalhöyük으로 알려진 이 조각상은 기원전 6000년경에 신석기시대의 예술가가 만들었고, 그로부터 8,000여 년이 지난 1961년에 튀르키예의 차탈회위크 지역에서 발견되었다. 왼쪽 페이지에 등장한 커다란 몸집의 풍요와 다산의 신 비너스와 비슷해 보이지만, 근동 지역과 이집트의 고대 미술을 관통하는 오싹할 정도로 신비로운 주제인 '동물들의 여주인mistress of animals'을 표현한 최초의 작품으로 꼽힌다.

양옆으로 야생동물을 거느린 여신이라는 강렬한 이미지는 정교한 서사가 돋보이는 고대 그리스신화뿐만 아니라 이후 여러 문화에서 수많은 여신이 탄생하는 데 영향을 미쳤다. 그렇다면 우리가 지금 보고 있는 이 작은 토우土偶는 아프로디테의 초기 형태일 수도 있다.

✢✢✢ 시라쿠사의 아프로디테 조각상. 기원후 2세기에 제작된 것으로 추정된다.

사랑과 정욕, 미와 기쁨, 열정과 성교를 관장하는 아프로디테는 헤파이스토스와 결혼했다. 그는 대장장이의 신으로 신들의 무기와 올림포스산을 자력으로 오르는 삼각대같이 특이한 장치도 만들었다. 결혼 생활에 어울리지 않았던 아프로디테는 전쟁의 신 아레스를 포함해 다른 연인들을 꾸준히 거느렸다. 땅에서는 아프로디테의 신전이 있는 코린토스에서 그녀를 기리며 아프로디시아Aphrodisia라는 이름의 축제가 정기적으로 열렸는데, 이 자리에서 숭배자들은 그녀를 모시는 여성 사제들과 광란의 성관계를 맺으며 아프로디테를 경배했다.*

오늘날에는 사랑의 신으로 (로마신화에서 비너스로 불리는) 아프로디테가 가장 잘 알려져 있지만, 다른 고대 신앙에서도 이와 비슷한 존재들을 찾아볼 수 있다. 이들을 통해 고대인이 남녀 간의 사랑의 힘을 어떻게 바라봤는지, 사랑에 관한 문제가 생겼을 때 누구에게 도움을 호소했는지 알아볼 수

---

* 한편 20세기에 그리스가 아닌 뉴욕 롱아일랜드에서 아프로디테를 숭배하는 관행이 활발해졌다. 1939년 러시아 망명자 글레브 보트킨Gleb Botkin(1900-1969)은 아프로디테교회를 설립했다. 러시아 황실 의사였던 그의 부친 예브게니 보트킨Yevgeny Botkin은 볼셰비키 혁명가들이 1918년 7월 18일 예카테린부르크에서 차르 니콜라이 2세Tsar Nicholas II 와 그의 가족들을 처형할 때 함께 살해당했다. 글레브 보트킨은 인류를 괴롭히는 모든 문제가 가부장제에서 비롯했다고 믿었다. 그는 이렇게 외쳤다. "남자들이여! 우리 때문에 생긴 이 문제들 좀 보라고!"

있다. 이집트인에게는 태양의 신 라Ra의 아내인 하토르Hathor가 있었다. 하토르를 향한 숭배가 시작된 기원전 3000년경, 그녀는 모성을 상징하는 암소의 모습으로 주로 그려졌다. 이집트에는 하토르 신전이 가장 많다. 아이를 간절히 바라는 사람들은 그녀에게 기도를 올렸고, 기원전 1000년까지도 여성들은 사후 세계에서 그녀와 하나가 될 수 있기를 빌었다. 투탕카멘 왕의 무덤 발견으로 드러난 사실 하나는 하토르가 술을 절제하지 못했다는 것이다. 「인류의 파멸The Destruction of Mankind」(이집트 신왕국 시대의 문헌—옮긴이)에는 라가 하토르에게 전쟁의 여신 세크메트Sekhmet가 되어 인간의 죄를 벌하라고 지시했다는 이야기가 나온다. 분부를 수행하던 하토르가 지나치게 흥분해 이 땅에서 모든 인간을 없애려는 찰나, 라가 하토르를 취하게 했다. 술에 취한 하토르는 인류를 몰살시키려던 계획을 잊고 사랑의 여신으로 돌아왔고, 상황은 정상화되었다(또 다른 이야기에서는 이후 하토르가 아버지의 기운을 북돋우려고 스트립쇼를 했다고 하니, '정상화'라는 말은 딱히 옳은 표현이 아닐지 모른다).

고대 수메르인에게 사랑과 전쟁, 풍요와 다산의 여신은 이난나Inanna로, 이후 아카드인과 바빌로니아인, 아시리아인에게는 이슈타르Ishtar로 알려졌다. 모든 신은 불멸의 존재이

✶✶✶ **사랑의 여신 이난나/이슈타르를 형상화한 밤의 여신 부조(돋을새김).**

지만 신을 믿는 이들이 사라지거나 믿음이 달라짐에 따라 신들은 세상에서 사라진다. 이난나는 수천 년에 걸쳐 여러 다른 문화에서 그 존재를 계속 유지했다는 점에서 상당히 주목할 만하다. 수메르에서는 일찍이 기원전 4000년부터 이난나를 숭상했고, 이후 메소포타미아 전역에 신전이 생겨나며 가장 숭배받는 신이 되었다(사랑의 여신을 추종하는 집단에서는 성적인 의식을 주로 치뤘는데, 이것이 많은 이를 끌어들이는 매력으로 작용한 듯하다). 이후 아카드인과 바빌로니아인은 수메르 문화와 그 신들을 자신들의 사원으로 받아들였고, 아시리아인 또한 이난나/이슈타르를 숭배하고 그녀를 신들의 신으로 모셨다.

히브리 성서에 이난나에 관한 이야기가 등장하고, 우가리트의 신 아슈타르트와 이후 페니키아의 신 아스타르트에게도 영향을 미친 것으로 전해진다. 이후 그리스의 아프로디테 신화에도 그 영향이 이어졌다. 계속해서 추앙받아온 이난나/이슈타르는 기독교의 부상과 함께 서기 1세기에서 6세기 사이에 인기가 하락하기 시작했다. 그럼에도 날개를 단 그녀의 형상은 대영박물관에서 가장 인기 있는 소장품 가운데 하나다. (이곳에 실린) 밤의 여신 The Queen of the Night이란 이름의 점토 부조는 기원전 19세기에서 18세기 사이에 제작된 것으로 추정된다.

전 세계의 사랑의 신들

✦✦✦ 카마 또는 카마데바라고도 불리는 힌두교의 사랑의 신 만마타. 보통 활을 들고 앵무새에 올라탄 젊은 남성으로 그려진다. 보통 활대는 사탕수수로, 활시위는 꿀벌들로 그려진다. 다섯 대의 화살은 사랑으로 마비시키는 다섯 가지 감각을 상징한다.

✦✦✦ 아스테카의 사랑의 여신 소치케찰(나와틀어로 '귀중한 날개꽃'이라는 뜻, 그림 오른쪽). 그녀는 뛰어난 미모 때문에 여자를 혐오하는 신들에게 시달렸고, 비의 신 틀랄록과 결혼한 상태에서 밤의 신 테즈카틀리포카에게 납치당해 강제로 또 결혼을 했다. 이 일로 그녀는 사랑의 신의 자리에 올랐다. 또 다른 남편을 통해 낳은 아들은 깃털 달린 뱀의 신 케찰코아틀이다.

✦✦✦ 토아신('토끼 신'이란 뜻으로 인간일 때 불렸던 칭호)은 중국 신화에서 비교적 덜 알려진 존재로, 남성 간의 동성애와 결혼의 신이다. 청나라 사람인 호천보는 지역의 관리와 사랑에 빠져 관리가 목욕하는 모습을 훔쳐봤고, 이 사실이 발각되어 맞아 죽었다. 지하 세계의 신들이 그를 불쌍히 여겨 동성애의 신으로 부활시켰다.

✦✦✦ 오슌 또는 오순은 서아프리카의 요루바족이 거주하는 여러 지역에서 믿는 미와 성애의 여신이다. 민물 혹은 정화와 관련이 있는 그녀는 나이지리아의 오순강을 지키는 수호신으로 인어로 묘사될 때가 많다.

✦✦✦ 14세기 일본의 불교 족자에는 아이젠묘오, 즉 핏빛을 한 애염명왕의 모습이 그려져 있는데, 육욕이라는 격렬한 에너지와 욕망을 통해 해탈에 이를 수 있음을 상징한다. 분노의 형상을 한 아이젠묘오는 위로 선 머리카락에 포효하는 사자를 머리에 얹고, 여섯 개의 팔로 무기를 휘두른다. 무시무시한 모습이지만 (어쩌면 그 때문에) 사랑으로 고통에 빠진 사람들이 도움을 청하러 찾는 신이다.

✦✦✦ 19세기 티베트의 이 거대한 아플리케 작품에는 남성을 사로잡는 아름다운 여신이자 금강승의 여신인 쿠루쿨라가 담겨 있다. 그녀의 만트라를 외우면 왕을 포함해 그 어떤 남성도 무릎을 꿇리는 힘을 얻는다고 한다. 팔이 네 개 달린 붉은색 피부의 형상은 붉은 아미타불에서 비롯된 존재임을 뜻한다. 만마타/카마데바와 마찬가지로 끝에 꽃이 달린 화살을 쏘지만, 머리에 두개골을 쓰고 뼈로 된 장식품을 달고 시체 더미 위에서 춤을 추는 모습으로 미루어 훨씬 흉포한 신이라 짐작할 수 있다.

✦✦✦ 북유럽신화 속 프레이야 또는 프리가는 오딘의 아내이자 풍요와 다산, 결혼의 여신이다. 발할라와 유사한 공간인 포크방의 여왕으로 전쟁에서 사망한 자들을 돌보나, 대부분의 시간을 방랑하는 남편을 찾아 붉은 금색의 눈물을 뿌리며 고양이가 끄는 마차를 타고 세상을 헤매는 데 보냈다.

✥✥✥ 이난나와 두무지드의 결혼을 묘사한 고대 수메르의 유물.

03 고대 메소포타미아의 사랑
이난나와 두무지드의 결혼(기원전 2000-1500년경)

기원전 669년부터 631년까지 존재했던 신아시리아 제국의 왕 아슈르바니팔Ashurbanipal이 니네베에 설립한 대규모 도서관에서 3만 개가 넘는 점토판과 점토 조각이 출토됐는데, 그중에는 특히 위험한 질환에 관해 설명한 글이 있다. "환자는 지속적으로 헛기침을 하며 목을 가다듬고, 말을 잃을 때가 많으며, 혼자 있을 때는 늘 혼잣말을 중얼거리고, 밭 한구석에서 아무 이유 없이 웃음을 터뜨리며, 늘 침울해하고, 목이 잠기며, 먹고 마시는 데서 기쁨을 찾지 못하고, 크게 한숨을 내쉬며 '아, 가련한 내 심장이여!'라고 끝없이 한탄한다. 상사병에 고통받는 것이다. 이는 남자나 여자 모두 마찬가지다."

고대 메소포타미아에서 사랑은 현대 문명에서와 다름없는 의미를 지녔다. 당시 '사랑 노래'의 제목들을 보면 알 수 있는데, 가사 또한 사랑에 빠져 자신의 방에서 노래를 만드는 요즘 10대 음악가들의 정서와 다르지 않다. 당시 유명했던 몇 곡의 제목만 살펴보자면, '잠이여 물러가길! 내 사랑을 안고 싶어라!' '당신이 내게 말할 때 내 심장이 터져 죽을 것만 같아!' '어젯밤 나는 눈을 감지 않았네. 내 사랑, (당신을 생각하며) 밤을 지새웠네'가 있다.*

---

* 역사학자 장 보테로Jean Bottéro의 『고대 메소포타미아의 일상Everyday life in Ancient Mesopotamia』(1992)에서 발췌.

✦✦✦ 현존하는 가장 오래된 결혼 계약서.

한편 결혼에 대해서는 금전이 오가는 일처럼 비즈니스적이고 실용주의적으로 접근했다. 수메르인에게 '사랑'이라는 단어는 상업적인 의미의 동사로, 문자 그대로는 '땅을 측정하다', 즉 '토지에 선을 그어 구분하다'라는 뜻이었다. 이들뿐만 아니라 바빌로니아인과 아시리아인에게도 결혼은 기본적으로 사회질서를 공고히 하고 출산을 보장하는 경제적 합의였다. 보통은 가족들이 짝을 지어주었지만 다른 방법도 있었다. 예컨대 헤로도토스Herodotus의 『역사Histories』(1권, 196쪽)에 따르면, 아내를 찾는 고대 바빌로니아인이 가족의 인맥으로 도움을 받지 못할 때면 신부 경매에 응찰하는 선택지도 있었다.

일 년에 한 번, 마을마다 결혼 적령기의 젊은 여성들이 한곳으로 모이면, 남성들은 이들을 둘러싸고 둥그렇게 섰다. 그런 후 전령사가 젊은 여성을 한 명씩 불러 남성들에게 소개했다. 전령사는 가장 아름다운 여성부터 시작했다. 해당 여성이 높은 가격에 팔리면 그는 그다음으로 아름다운 여성을 내놓았다. 이렇게 모든 여성이 아내로 팔려 갔다. 결혼하고 싶은 부유한 바빌로니아인들은 가장 아름다운 여성을 두고 경쟁하듯 높은 값을 불렀지만, 외모를 그리 중히 여기지 않는 평민들은 보상금을 받고 못생긴 여자를 얻었다.

결혼을 합의할 때도 식을 치르기 훨씬 전에 결혼 계약서를 먼저 작성해 실질적인 세부 사항들을 정리했다. 현존하는 역사상 가장 오래된 결혼 계약서는 4,000여 년 전 아시리아인 라키품과 그의 신부 하탈라가 작성한 것이다. 계약서의 주요 조항은 하탈라가 결혼 후 2년 안에 아이를 출산하지 못하면 어떻게 할 것인지와 같은 만일의 사태에 대비하는 내용이다. 이런 일이 벌어지면 그녀는 남편과 합방하고 대리모 역할을 할 '신전 노예' 여성을 사는 데 동의했다. 아이가 태어난 후에는 신전 노예에게 자유가 주어졌다. 2017년 튀르키예 중부의 카이세리주 퀼테페에서

✦✦✦ 에드윈 롱스덴 롱의 〈바빌로니아의 결혼 시장〉(1875).

03 고대 메소포타미아의 사랑

✳✳✳ 이라크 남부에서 발견된, 기원전 2000년대 전반에 만들어진 것으로 추정되는 고바빌로니아의 부조에는 남성과 여성이 성행위를 하는 모습이 묘사되어 있다.

발견된 이 쐐기문자 점토판은 가장 오래된 혼전 합의서일 뿐 아니라 불임에 관한 내용이 등장하는 최초의 기록이기도 하다.

 법적 문서들을 뒤로 하고, 지금까지 전해 내려오는 고대 수메르인의 이야기 가운데 가장 널리 알려진 이야기는 사랑과 섹스, 전쟁의 여신 이난나와 목자들의 신이자 우유를 내려주는 두무지드Dumuzid의 러브 스토리다. 〈이난나는 농부를 좋아하네Inanna Prefers the Farmer〉라는 제목의 시에는 두 사람이 사랑을 시작하는 이야기가 담겨 있다. 이난나는 처음에는 목자인 두무지드가 아니라 농부를 택했다. 하지만 두무지드가 자신의 경쟁자보다 항상 더 좋은 선물을 줄 수 있음을 보여주면서 그녀의 마음을 얻는다. 우리는 두 사람이 결혼하고 맞이한 첫날밤을 주제로 한, 방대한 양의 에로틱한 시에서 이들의 관계에 관해 더욱 많은 것을 파악할 수 있다.

「이난나에게 바치는 발베일A Balbale to Inanna」(발베일은 고대 수메르의 시 형식이다—옮긴이)이 그중 하나로, 아시리아 학자 다이앤 울크스타인Diane Wolkstein과 새뮤얼 노아 크레이머Samual Noah Kramer가 운문을 맞춰 번역한 내용에 따르면 다음과 같다.

나의 음부, 그 뿔,

천상의 배,

초승달처럼 간절함에 가득 차 있네.

경작하지 않은 내 땅은 가만히 잠들어 있는데.

나를 위해, 이난나, 누가 내 음부를 일궈줄 것인가?

내 고귀한 땅을 누가 일궈줄 것인가?

젖어 있는 내 땅을 누가 일궈줄 것인가?

수메르의 위대한 전설인 〈지하 세계로 간 이난나Descent of Inanna into the Underworld〉에서는 이난나가 남편을 두고 자신의 자매이자 거대한 지하 궁전 간지르에서 판결을 내리는 여신 에레쉬키갈Ereshkigal을 만나기 위해 지하 세계로 떠난다. 지하 도시의 성벽으로 향한 이난나는 통과해야 하는 7개의 문을 열어달라고 요청한다. 에레쉬키갈은 이를 허락하지만, 좁은 문틈 사이를 통과해야 한다고 알린다. 이난나는 문 하나를 지날 때마다 입은 옷을 벗어 몸을 문틈 사이로 밀어 넣는데, 이로써 그녀는 점점 나체가 되어가며 상징적으로 자신의 힘을 하나씩 잃어갔다. 에레쉬키갈의 재판정에 이르자 이난나는 완전히 나체가 되었지만 에레쉬키갈의 자리에 앉을 수 있었다. 그곳에 머무는 신들의 집단인 아눈나키Annunaki는 이 사실에 분노해 이난나를 시체로 만들어 고리에 걸어버린다.

에레쉬키갈은 자매의 시체에 생명의 음식과 물을 뿌려 이난나를 부활시키기로

하지만 문제가 하나 있었다. 에레쉬키갈의 갈라galla(악마)들은 살아 있는 존재 하나가 이난나를 대신해야 한다고 요구했다. 이들은 마법 같은 힘으로 이난나의 주변 사람들이 현재 어떻게 지내고 있는지를 보여주며 그녀에게 한 명을 선택하도록 했다. 그녀는 자신의 몸종인 닌슈부르는 충성스러운 자이기에 안 된다고 말했다. 그녀의 죽음을 슬퍼하고 있는 그녀의 미용사 샤라도 아니었다. 그러자 악마들은 호화로운 옷을 걸친 채 아내의 왕좌에 앉아 어린 여성 노예들과 음탕하게 어울리며 아내를 잃은 슬픔을 꽤나 잘 추스르고 있는 남편 두무지드는 어떤지 물었다. 분노한 이난나는 곧장 악마들에게 그를 데려오도록 했다. 두무지드는 옷깃에 조금 전에 찍힌 듯한 입술 자국을 묻힌 채 지하 세계로 끌려왔고, 이난나는 뒤도 한 번 돌아보지 않고 지상 세계로 돌아와 자신의 자리를 되찾았다.

✴✴✴ **고바빌로니아 시대**(기원전 1830?-기원전 1531?)로 추정되는 에로틱한 테라코타 조각품. 이러한 부조들에 관한 가장 일반적인 해석은 매년 수메르의 새해 축제 때마다 행한 신성한 혼인 의식을 묘사한다는 것이다. 이 축제에서는 두무지드의 역할을 맡은 왕과 이난나 여신을 맡은 이난나 신전의 여성 대사제가 성관계를 나눴다.

04 고대 이집트의 사랑

유니와 레네누테트의 부부 조각상 (기원전 1294-1279년)

부부의 애정이 너무도 생생하고 친숙하게 느껴져 3,300년도 더 전에 만들어진 조각상이라고 생각하기 어려울 정도다. 아시유트라는 도시에 거주한 왕실의 대서기관(이자 의사이기도 했을) 유니Yuny의 옆에는 아내 레네누테트Renenutet가 다정하게 남편에게 팔을 두르고 나란히 앉아 있다(48쪽 사진). 조각상 아래 새겨진 글에는 유니의 공식적인 역할과 직무가 적혀 있고, 그의 옷자락 한가운데 주름에는 "(신의) 제단에 오르는 모든 것과 … 위대한 성곽(헬리오폴리스의 사원)에서 나오는 모든 깨끗한 음식이 대서기관이자 왕실 서기관인 유니에게 마땅히 돌아가길"이라고 새겨져 있다. 한편 레네투테트는 왼손에 메나트menat 목걸이를 쥐고 있는데, 하토르 여신과 다른 신들이 존재하는 공간에 들어섰을 때 의례에 따라 이 목걸이를 흔들어 심벌즈 같은 소리를 냈다. 가발에는 검은색 안료를 바른 흔적이 남아 있다(과거에는 부부의 온몸이 화려하게 채색되어 있었다).

이 조각상 뒤편을 보면, 고대 이집트인

✳✳✳ 조각상 뒤편에 부조로 새겨진 그림.

✦✦✦ 기원전 1150년경에 제작된 투린 에로틱 파피루스 조각을 현대에 복원한 그림. 해당 파피루스의 처음 3분의 1은 사람 흉내를 낸 동물들이 등장하고, 나머지 3분의 2는 다양한 체위를 한 남성과 여성의 그림이 담겨 있다. 1824년, 프랑스의 동양학자 장프랑수아 샹폴리옹은 이 파피루스를 보고 "지나치게 음란해 이집트인의 지혜와 평정심에 관해 몹시 이상한 인식이 생길 정도의 그림"이라고 전했다.

이 이상적으로 여기는 사랑과 애정이 무엇이었는지 좀 더 자세하게 파악할 수 있다. 부조로 새겨진 두 장면은 부부가 효심 가득한 아들이 바치는 음식들을 받는 한편, 레네누테트가 자신의 부모에게 음식과 음료를 정성스레 바치는 모습을 담고 있다.

고대 이집트에서는 혼례 의식을 거창하게 치르는 전통이 없었다. 부부의 결합

✧✧✧ **포옹한 두 사람, 크눔호테프와 니앙크크눔**의 묘는 1964년 이집트 멤피스 인근의 사카라에 있는 공동묘지에서 발견되었다. 이들은 기원전 2460-2430년에 재위한 제5왕조 6대 파라오 니우세라의 궁전에서 함께 왕의 측근 역할을 했다. 두 남성은 (전통적으로 배우자 간의 자세인) 얼굴을 마주하고 코를 맞댄 채 서로 엉켜 있는 모습으로 발견되었고, 함께 누워 있는 무덤에는 다음과 같은 비문이 새겨져 있었다. "크눔호테프와 니앙크크눔은 함께 살았고 서로를 뜨겁게 사랑했다." 처음에는 두 사람을 형제로 보았으나 이제는 동성 커플로 추측한다.

은 부모들에 의해 성사되었고, 재화의 거래와 신부의 몸값을 미리 협의한 후 신부가 자신의 물건을 챙겨 신랑의 집에 들어가는 것으로 거래를 마무리했다. 결혼은 공동체를 안정시키는 동시에 개인이 발전하는 계기로 삼을 수 있는 하나의 실용적인 방편이었다. 하지만 현대의 정서와 비슷하게 로맨틱한 개념도 있었다고 볼 만한 근거도 있다. 아내를 향한 뜨거운 찬사를 담은 파피루스가 많기 때문이다. 기원전 1200년경 쓰인 체스터 비티 파피루스Chester Beatty Papyrus I에는 아내에게 푹 빠진 한 남성의 서정적이고도 열정적인 감상이 기록되어 있다. "살아 있는 여성 가운데 가장 아름다운 그녀에게 그 누구도 감히 비할 수 없다. 보라, 그녀는 풍성한 한 해의 시작을 알리는 시리우스와도 같다. 그녀는 완벽함을 발하고 건강하게 빛난다. 그녀의 눈빛은 너무도 아름답다. 두 입술은 달콤한 말을 하고, 어느 한마디 지나침이 없다. 긴 목과 우윳빛 가슴에 머리카락은 순수한 청금석의 색을 하고 있다. 그녀의 두 팔에 대면 금은 아무것도 아니고, 손가락은 연꽃과도 같다. 엉덩이는 풍만하지만 허리는 잘록하다. 허벅지를 말하자면 그녀의 아름다움이 더욱 돋보일 뿐이다."

애달픈 사연도 있는데, 제21왕조 시대의 관에 새겨진 글에는 아내의 죽음을 애도하는 남편의 기록이 남아 있다. "슬프도다, 아름다운 얼굴의 당신을 빼앗겼도다. 그녀 같은 사람은 어디에도 없고 나는 당신에게서 그 어떤 흠 하나 찾지 못했다." "당신의 형제이자 배우자"라는 서명도 있다(남편을 보통 '형제'라고 불렀으며 아내를 '누이'라고 했다). 이와 유사한 수많은 기록을 통해 당시 이집트인은 남성과 여성이 동등한 파트너이자 친구로 관계를 맺었고, 남성이 집안의 가장이었지만 여성이 남성에게 종속되지 않았음을 확인할 수 있다.

성적인 내용이 담긴 소수의 그림 몇 편 외에는 고대 이집트인의 성생활에 관한 정보는 거의 남아 있지 않고, 성매매가 이루어졌다는 근거 또한 거의 없다. '숫처녀'를 뜻하는 단어도 없었고, 동성애를 금지하지도 않았다. 논쟁은 있지만, 실제로 페피 2세Pepi II(기원전 2278?-2184? 재위)가 군사령관과 동성애 관계였으리라 추측할 수 있는 파피루스 조각들이 남아 있다. 혼자인 여성은 원하면 누구와도 잠자리를 나눌 수 있었고, 피임도 했다. 기원전 1542년경에 작성된 에버스 의학 파피루스Ebers Medical Papyrus에는 피임에 관한 내용이 등장한다. "여성이 1년 또는 2년에서 3년 동안 임신을 피하는 처방전: 아카시아와 대추야자 열매를 곱게 갈아 꿀을 조금 넣는다. 씨

✦✦✦ 기원전 1550-1458년경에 만들어진 가죽 족자 조각에 그려진 성적인 그림. 데이르 엘바흐리 유적지의 하트셉수트 신전에서 동쪽으로 183미터 정도 떨어진 곳에 있는 중왕조 시대 무덤 잔해에서 발견되었다.

를 빼지 않은 목화를 이 약물에 적신 후 여성의 몸 안에 삽입한다."

결혼 생활은 행복했지만 짧았는데, 이혼이 흔한 탓이 아니라(물론 이혼이 가능했고 금기시되지 않았다), 수명이 짧은 탓이었다. 남성은 평균 30대까지 생존했지만, 여성은 열여섯 무렵의 이른 나이에 출산을 치르다 사망하는 경우가 많았다. 하지만 이집트인의 결혼은 비단 이 땅에서만 유효한 것이 아니었다. 부부의 결합은 사후 세계까지 이어졌는데, 이는 성행위도 마찬가지였다. 성행위를 대비하기 위해 가짜 성기를 단 이집트 미라들이 발견되었고, 미라화된 여성의 시신에는 인조 유두가 달려 있다.* 가짜 성기와 가짜 유두 모두 사후 세계에서 필요한 것이었다. 다만, 여기서 사후 세계란 기독교에서 말하는 반짝이는 황금 문을 통과해 맞이하는 천국이 아니다. 갈대밭에서 자신의 배우자와 소유물, 심지어 가장 좋아하는 반려동물들까지 함께 죽음 전의 삶을 그대로 이어가는 세계다. 생전에 배우자를 잘 대해야 하는 이유도 이 때문이다. 사망한 배우자가 사후 세계에서 복수를 한다며 갈대밭에 오지 못하게 할 수도 있다. 혹시나 그렇게 유감스러운 상황이 일어난다 해도 다행히 의지할 곳은 있다. 사제가 주문을 걸어준다면 그 저주를 깰 수 있기 때문이다. 물론 약간의 비용을 지불해야 하지만 말이다.

---

* 투탕카멘과 관련해 제대로 알려지지 않은 사실 하나는 그가 특이한 방식으로 보존 처리되었다는 점이다. 그는 성기가 90도로 선 상태로 미라가 되었다. 이러한 특징을 보이는 미라는 알려진 것 중에는 그가 유일하다. 이런 상태로 묻힌 이유에 대해서는 그를 지하 세계의 신 오시리스의 모습과 최대한 가깝게 만들기 위해서라는 가설이 있다. 오시리스의 부활 능력을 의미하는 발기된 성기는 '곡물 미라'와 비슷한 형태로 만들어졌는데, 곡물 미라는 후대에 오시리스를 기리며 실제 사람이 아닌 재료로 제작한 미라다. 신성한 의미를 담아 발기된 그의 성기는 안타깝게도 무덤이 발견되고 얼마 지나지 않아 부러지고 말았다.

✦✦✦ 신왕조 아마르나 시대인 기원전 1353-1336년경 가족상으로 가정에서 모시던 조각상이다. 이 조각상의 구성원은 모두 남성으로 할아버지와 아버지, 아들로 추정된다.

05 　고대 중국의 러브 스토리

복희여와도(8세기)

오늘날 호신용으로 후추 스프레이를 들고 다니듯, 고대 중국 자금성의 황궁 여성들은 원치 않는 남성의 관심을 피하기 위해 강력한 도구로 무장했다. 그것은 바로 '소매 속 개'라고도 부른, 아주 작은 페키니즈였다. 의복의 소매 속에 털로 덮인 이 작은 무기를 비밀스럽게 숨겨두고는 위협을 가하는 상대를 향해 발사해 물리쳤다. 당시 페키니즈를 고르는 기준으로 주인의 의복에 자연스럽게 섞일 수 있도록 개의 털 색깔까지 고려했는데, 가령 금색과 검은색의 변종인 '사자 개'는 노란색 의복과 멋지게 어울렸다.

특이하게도 소매는 고대 중국의 역사 속 유명한 사랑 이야기와도 연관이 있다. 중국 한 왕조의 애제哀帝(기원전 27-기원전 1)는 스무 살의 나이로 후사가 없는 삼촌 성제劉驁(기원전 51-기원전 7)의 뒤를 이어 제위를 계승했다. 그의 재위 기간은 기원전 7년에서 기원전 1년으로 비교적 짧지만, 그사이에 상당한 부패를 저지르고 백성이 견디기 어려울 만큼 무거운 세금을 부과했다. 하지만 그는 무엇보다 황실의 관리인 동현董賢과의 동성애로 가장 널리 알려졌다(당시에는 이성 배우자와의 결혼에 방해가 되지 않는 한, 동성애를 용인했다). 동현은 황제와의 친분 덕분에 빠르게 높은 벼슬에 오를 수 있었다. 중국어로 동성애를 뜻하는 성어, 단수지벽斷袖之癖(문자 그대로 '소매를 잘라내는 사랑')은 명석에서 함께 잠이 든 두 사람의 이야기에서 탄생했다. 애제는 잠이 든 연인의 머리 아래 깔린 자신의 소매를 잡아당기지 않고 잘라

✳✳✳ 중국의 창조 신화에 등장하는 쌍둥이 남매 복희와 여와를 그린 8세기 족자. 복희와 여와는 태초의 존재들로 전설 속 곤륜산에서 살고 있었다. 그러던 어느 날 두 사람은 부부가 되기로 결심하고 진흙으로 후손을 빚은 후 신비한 힘으로 생명을 주었고, 이들이 최초의 인류가 되었다.

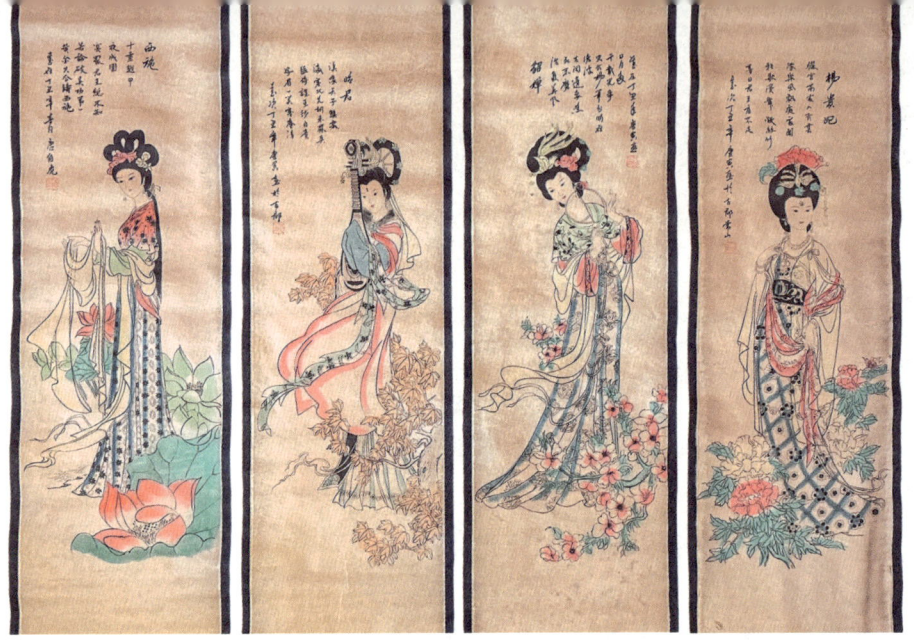

✦✦✦ 고대 중국 역사 속 4대 미인으로 자신들을 총애
하는 황제와 왕을 쥐고 흔든 인물로 악명이 높다.

냈다고 한다.

　중국에서 동성애를 의미하는 또 다른 단어로 '여도餘桃(베어 먹은 복숭아)'가 있다. 고대 중국 위나라의 28대 군주 위영공衛靈公(기원전 534?-492 재위)의 이야기에서 유래된 말로, 위영공은 『논어論語』 제15편의 주인공이기도 하다. 영공이 신하인 미자하彌子瑕를 총애해 자신의 마차를 허락했고, 미자하는 자신이 먹던 유난히 탐스럽게 익은 맛있는 복숭아를 나눠주어 영공을 감동시켰다. 하지만 미자하의 외모가 빛을 잃으며 이는 그저 하나의 예화로 남았다. 연인에게 마음이 떠난 영공은 미자하가 자신의 마차를 훔쳐 타고 먹다 남긴 반쪽짜리 복숭아를 내밀어 자신을 욕보였다고 몰았다. 오늘날에도 베어 먹은 복숭아는 중국에서 남성 간의 사랑을 의미하는 상징으로 쓰인다.

중국은 연인 간의 로맨틱한 사랑이 역사에서 다른 문화권만큼 만연하지 않음에도('로맨스'에 해당하는 단어가 없을 정도다), 현대 중국어에는 사랑과 관련된 성어가 많다. '사랑을 하면 물만 마셔도 배가 부르고, 그렇지 않으면 음식을 먹어도 배가 고프다'라는 말이 있다. '집을 사랑함이 (지붕 위의) 까마귀에게 미친다'라는 말도 있는데, '사랑하는 이의 좋은 면뿐 아니라 나쁜 면도 받아들인다'라는 의미로 쓸 수 있다. 또한 '연인의 눈에는 서시가 나타난다'라는 특이한 표현은 '제 눈에 안경'과 비슷한 의미다. 이 성어에 등장하는 서시는 중국의 사랑에 관한 전설 속 악명 높은 4대 미인 중 한 명으로, 이들은 각 시대에 황제 또는 군주의 눈을 사로잡아 중국 역사에 큰 영향을 미쳤다.

✵✵✵ 로맨틱한 사랑을 가리키는 중국의 표준 정자로, 마음을 뜻하는 心이 정중앙에 자리한다. 중국 표준어 사용자 가운데 연령대가 높은 이들은 이 글자가 조금 肉麻(로우마, '진부한' 또는 '낯간지러운'이라는 뜻)하다고 느껴, 대신 善歡/善欢(시환, '좋아하다')이라는 표현을 사용한다.

중국 역사상 가장 아름다운 여성으로 알려진 서시西施, 왕소군王昭君, 초선貂蟬, 양귀비楊貴妃에 관한 역사적 증거는 거의 없지만, 이 넷의 이야기는 수천 년간 이어져 전설로 남았다. 지금까지도 앞에서 언급한 성어와 이들을 찬양하는 고사가 널리 쓰인다. '침어 서시沉魚 西施'는 서시의 외모가 너무도 아름다운 나머지 물고기가 헤엄치는 것을 잊고 가라앉았다는 데서 생겨난 말이다. 여성의 외모에 미혹된 새가 하늘에서 떨어졌다는 의미의 '낙안 왕소군落雁 王昭君'은 기원전 50년경에 태어나 원제元帝의 궁녀가 된 왕소군의 이야기다. 그런데 원제는 처음에는 그녀를 한 번도 찾지 않았는데, 그녀가 뇌물을 주지 않은 탓에 앙심을 품은 화공이 초상화를 일부러 아름답지 않게 그렸고, 이를 본 원제가 마음이 식은 탓이었다. 마침내 그녀의 아름다움을 알게 된 황제는 곧장 화공을 처형했다. '폐월 초선閉月 貂蟬'은 초선의 미모에 달이 부끄러워 몸을 숨겼다는 데서 비롯된 말이다.

'수화 양귀비羞花 楊貴妃'에는 더 비극적인 사연이 담겨 있다. 8세기 당나라의 현종玄宗은 아름다운 양귀비를 깊이 총애했다. 그러나 안녹산의 난으로 현종과 신하들이 피란할 당시, 호위 병사들이 반란의 원인을 양귀비와 그 가족들 탓으로 돌리며 그녀를 처형해야 한다고 목소리를 높였다. 마지못해 황제는 그녀에게 목을 매도록 명했고, 이로써 그녀는 중국의 사랑에 관한 기록 가운데 가장 비극적인 인물로 남았다. 역사적으로 사연이 가득한 이 네 가지 성어를 오늘날 하나로 엮어(침어낙안 폐월수화—편집자) 사랑하는 연인의 아름다움을 찬미하는 표현으로 쓰곤 한다.

06 죽은 자의 손가락
케익스와 알키오네

고대 그리스인은 실용적이고 사회적인 혜택을 염두에 두고 결혼에 접근했고 가장 주된 목적은 출산이었다. 그런 만큼 이들 신화에 격정적인 로맨스를 주제로 한 경이로운 이야기가 가득한 것은 어쩌면 당연한 일이다. 특히나 흥미로운 이야기들은 그 계보가 현대 문화에까지 이어졌다. 이상적인 시절을 의미하는 '평온한 시기halcyon days'라는 관용구가 그 예다. 이 말은 그리스신화 속 트라키아의 왕 케익스Ceyx와 그의 아내이자 아이올리아의 왕 아이올로스의 딸인 알키오네Alcyone의 이야기에서 비롯했다.

1, 2세기경 아폴로도로스Apollodorus가 쓴 것으로 추정되는 신화집 『그리

✳✳✳ 폼페이에서 발견된 이 프레스코는 제우스가 레다를 품으려 백조로 변신한 신화를 그린 것이다. 이 일로 레다는 알을 두 개 품었는데, 제우스의 자녀인 헬레네와 폴리데우케스, 그리고 스파르타의 왕이자 레다의 남편인 틴다레우스의 자녀 카스토르와 클리템네스트라를 동시에 낳았다.

+++ 샤를앙드레 반 로의 〈케익스와 알키오네〉(1750).

스 신화Bibliotheca』(민음사)에 따르면, 더없이 행복했던 케익스와 알키오네의 비극은 장난삼아 서로를 '제우스'와 '헤라'로 부른 데서 시작했다. 신을 모독하려는 의도는 없었지만 다른 여러 신화에서 드러나듯 제우스는 사소한 구실로도 분노해 파괴적인 힘을 휘둘렀다.

케익스는 안전을 염려해 아내를 남겨두고 배를 타고 바

✢✢✢ 알시오니움 디기타툼, '죽은 자의 손가락'이라고도 부른다.

다로 떠났고(오비디우스는 곤경에 처한 케익스가 신탁을 받기 위해 떠났다고 전했다), 제우스는 케익스의 배를 향해 번개를 내리쳐 전복시켰다. 바다 밑으로 가라앉으며 케익스는 마지막 순간까지 신들에게 자신의 시신이 아내에게 돌아갈 수 있게 해달라고 빌었다. 꿈의 신 모르페우스Morpheus는 남편의 모습으로 알키오네를 찾아가 그의 죽음을 알렸고, 넋이 나간 알키오네는 죽음으로 케익스와 함께하기 위해 바다에 몸을 던졌다. 이를 불쌍히 여긴 신들은 부부를 바다를 나는 헬시언Halcyon, 오늘날 우리가 아는 물총새로 둔갑시켰다.

당시 사람들은 물총새가 해안에 둥지를 지어 알을 낳는다고 믿었다. 위 사진 속 연산호의 이름은 알시오니움 디기타툼Alcyonium digitatum인데('죽은 자의 손가락'이라고도 불리는데, 사진을 보면 그 이유를 알 수 있다), 이 연산호를 헬시언의 해양 둥지라고 믿었던 플리니우스Plinius가 알키오네의 이름을 따서 지었다. 신들은 이 새들이

둥지를 트는 시기인 겨울의 정점에는 방해가 되지 않도록 바다는 고요하고 날은 맑게 다스려주었다. 이때를 바로 '평온한 시기'라고 부른다.

✦✦✦ 장레온 제롬(1824-1904)의 〈피그말리온과 갈라테아〉, 1890년경 작품. 그리스신화에서 피그말리온은 키프로스의 전설적인 왕이었다. 그는 아마토스 도시의 처녀들, 프로포이티데스의 음탕한 모습을 보고 난 후 독신으로 살기를 택했다. 오비디우스의 『변신 이야기』에서는 이 여성들을 두고 "자신의 몸과 명성을 공개적으로 팔아넘긴 최초의 인간들이었고, 수치심을 잃어 두 뺨의 피가 단단히 굳음에 얼굴을 붉히는 능력마저 사라졌기에 이들이 단단한 돌로 변하는 데는 그리 큰 변화가 필요치 않았다"라고 적었다. 집중할 거리를 찾던 피그말리온은 상아로 조각을 시작해 너무나도 완벽한 여성을 만들었고, '갈라테아'라는 이름을 붙이고는 사랑에 빠졌다. 그는 아프로디테의 제단에서 자신이 만든 조각상만큼 아름다운 여인을 만날 수 있기를 빌었다. 집으로 돌아온 그가 갈라테아의 입술에 입을 맞추니 그 입술이 부드럽고 따뜻했다. 아프로디테가 그의 소원을 들어주어 조각상에 생명을 불어넣은 것이었다.

06 죽은 자의 손가락

07 테베의 신성 부대 이야기
카이로네이아의 사자(기원전 338년경)

1818년 6월 3일, 영국의 건축가 조지 리드웰 테일러George Ledwell Taylor(1788-1883)는 파우사니아스Pausanias의 『그리스 이야기Description of Greece』를 여행 가이드 삼아 카이로네이아 마을 인근의 공터를 지나고 있었다. 그러다 무언가에 발이 걸려 넘어졌고, 살펴보니 땅에 박힌 대리석 일부가 튀어나와 있었다. 대리석은 조각상처럼 보였고, 그 지역 농부들의 도움으로 그와 그의 친구들은 옆 페이지의 거대한 사자상을 발견했다. 놀랍게도, 특별한 군대가 묻힌 곳에 기념비로 세웠다고 파우사니아스가 말한 그 사자상으로 보였다.

19세기 후반, 마침내 발굴을 진행했고 그곳에서 집단 매장지를 발견했다. 기념비 옆 터에서 7열로 정렬한 유해 254구가 나왔다. 이들은 '테베의 신성 부대'로 잔인함과 무술 실력, 그리고 전 구성원이 남성 동성애자로 이루어졌다는 사실로 유명했다. 이들은 기원전 4세기 스파르타의 지배에서 테베의 자유를 쟁취하기 위해 힘을 합쳐 싸웠다.

그리스 군인은 대부분 예비군이자 시민군으로 동원령이 떨어지면 무기를 들었다. 반면 신성 부대는 그리스 역사상 최초로 국가의 지원을 받는 전문 상비군이었고 특별한 채용 기준이 있었다. 서로에게 완벽히 헌신하고 충성을 다 하는 남성들로 구성한다면 누구도 막을 수 없는 단결된 부대가 될 거라는 생각에서 비롯된 기준이었다. 군인 간의 정서적 유대감은 부대의 '신성한' 힘이었다. 플루타르코스와

✦✦✦ 테베 신성 부대의 공동 묘지를 기리는 카이로네이아의 사자 조각상. 1907년 촬영된 사진이다.

아리스토텔레스는 테베의 동성 연인들이 헤라클레스의 조카이자 연인인 이올라오스의 사원에서 서로를 향한 맹세를 나눈 만큼 그 연대감은 신성불가침의 영역이라고 했다.

남성 연인들로 이루어진 부대가 특별하기는 하지만 고대 그리스인에게 동성애는 일종의 통과의례라고 할 만큼 일반적이었다. 탄탄한 체격의 10대 후반 남성(에로메노스eromenos, 즉 '사랑받는 사람')과 성인 남성(에라스테스erastes, '사랑하는 사람')이 반드시는 아니지만 대체로 성적인 관계를 맺었다. 이 관계는 교육적이기도 했는데, 성인 남성이 어린 남성에게 철학과 정치, 시에 대해 가르침을 주었다. 고대 그리스인의 성적 지향은 '이성애' 또는 '동성애'로 구분하는 현대의 시각과 달랐다. 동성애 관계를 맺은 남성도 후에는 여성과 결혼을 하고 가족을 꾸릴 것이라 여겼다. 이러한 시각이 그리스 전역에 만연했지만, 동성 간의 사랑을 무기화한 것은 테베인이 처음이었다.

신성 부대라는 명칭이 등장한 최초의 기록은 기원전 324년 아테네 작가 디나르쿠스Dinarchus가 쓴 『데모스테네스에 반하여Against Demosthenes』라는 연설집으로, 펠로피다스 장군이 이끄는 신성 부대 이야기가 나온다. (보이오티아의) 테베 군대 수장 에파미논다스가 지휘하는 부대와 함께 싸운 신성 부대는 기원전 371년 루크트라 전투에서 스파르타를 대패시킨 병력 가운데 일부였다. 사자상이 발견된 카에로네이아 마을 출신인 플루타르코스(46-120)는 신성 부대의 공적을 세상에 알리는 데 결정적인 역할을 했다. 그는 테베의 성채인 카드메아를 점령한 스파르타 병력을 궤멸한 후, 보이오타르크boeotarch(고대 그리스 중부 도시 연합의 지도자—옮긴이)인 고르기다스가 신성 부대를 편성했다고 기록했다.

한편 이 부대에 관한 이야기로 가장 유명한 것은 플라톤의 『향연Symposium』(기원전 380?) 속 파이드로스가 "연인들의 군대"를 언급한 내용이다. 연회를 즐기던 아테네 귀족들은 사랑에 관한 대화를 나누기 시작했다. 손님들 가운데 하나인 파이드로스가 사랑에 동반하는 충성심을 찬미하고, 이를 전장에서 어떻게 활용할지에 대한 고민을 털어놓았다.

어떠한 방법으로 국가나 군대를 사랑받는 어린 남성들과 이들을 사랑하는 남성들로 구성할 수 있다면 … 이들이 서로 나란히 서서 싸운다면 비록 소수라 해도 사실상 누구든 무찌를 수 있을 것이네. 이러한 남성들은 자신이 대열을 이탈하거나 무기를 버리는 모습을 그 누구보다도 연인에게 보이고 싶어하지 않을 테고, 사랑하는 사람을 위해서라면 자신이 대신 죽기를 각오할 테니까.

플루타르코스에 따르면 신성 부대원들은 처음에는 일반 보병대의 최고 정예병들로 분산되어 있었지만, 기원전 375년 지휘를 맡은 젊은 보이오타르크 펠로피다스가 이들을 모아 하나의 부대로 편성했다. 적의 최고 전사들과 지휘관에게 돌격해 죽이는 것이 주요 임무였다. 얼마 지나지 않아 이들은 굉장한 명성을 얻었고 자신들보다 훨씬 많은 병력을 갖춘 적군을 꾸준히 격파하며 스파르타 군대의 무적 신화에 균열을 일으켰다.

이 부대가 최후를 맞이한 곳은 카이로네이아 전투(기원전 338)였다. 테베의 군대와 연합군은 필리포스 2세와 그의 아들 알렉산드로스의 지휘하에 기다란 창으로 새롭게 무장한 군대에게 산산이 부서졌다. 적군에게 포위당한 신성 부대는 함께 완강히 버티며 끝까지 싸우다 결국 제압당했다. 플루타르코스의 기록에 따르면, 높이 쌓인 시체를 보고 이들의 정체를 알게 된 필리포스 2세가 눈물을 흘리며 "이들이 수치스러운 일을 했거나 겪었다고 생각하는 자가 있다면 누구든 반드시 죽이리라"라고 언명했다.

08 ✳ 고대 로마의 사랑
폼페이의 에로티카에서 하드리아누스와 안티노우스까지(123년경)

서기 79년 가을, 베수비오산이 무서운 기세로 분화하며 고열의 화산쇄설물과 가스로 이루어진 유독한 구름 기둥이 33킬로미터 높이로 솟구쳤다. 용해된 암석과 부석, 뜨거운 화산재가 초당 150만 톤씩 쏟아졌다. 히로시마와 나가사키에 투하한 원자폭탄의 10만 배가 넘는 열에너지가 방출되었다. 이로 인해 헤르쿨라네움과 폼페이의 마을, 그리고 그 지역에 거주한 2만여 명이 화쇄암에 갇히고 화산재에 매몰되었다. 18세기, 시간이 멈춘 도시들의 발굴이 시작되었다. 1800년대 초, 특이한 유물이 예상치 못하게 대거 발견되어 말 그대로 분위기가 달아올랐다. 바로 에로틱 예술품들이었다. 온전히 보존된 과거를 마주한 고고학자들은 시선이 닿는 곳마다 보이는 남근상과 조각상, 그리고 줄리아 펠릭스의 저택 유적에서 발견된

✦✦✦ '염소와 성교하는 목신'은 폼페이에서 발굴된 유물로 나폴리 국립고고학박물관에서 가장 인기 있는 전시물이다.

삼족 청동화로 같은 일상 용품마저 발기한 반인반수로 장식된 것을 보고 민망함을 감추지 못했다.

18세기 후반, 스페인 왕 찰스 3세의 명령으로 화산재에 묻힌 폼페이의 보물들을 약탈하려 한 스페인 발굴자들이 있었지만, 유적지 전체를 본격적으로 발굴하기 시작한 것은 1806년 프랑스인들에 의해서였다. 발굴 작업은 나폴리가 스페인의 페르디난도 1세 치하로 돌아간 뒤에도 계속됐다. 프레스코화를 비롯한 가구와 조각상, 장신구가 대량으로 나폴리 국립고고학박물관에 옮겨졌다. 1816년, 폼페이의 에로틱한 보물들을 소개하는 프랑스어 안내 책자가 (당연하게도 삽화와 함께) 출간되었고, 엄청난 인기를 누렸다. 하지만 1819년, 페르디난도의 아들인 프란체스코 1세가 아내와 어린 자녀들과 함께 박물관에 방문했고, 노골적인 예술품에 분개

✦✦✦ 폼페이의 줄리아 펠릭스 저택 유적에서 발견된 청동화로와 성적으로 흥분한 반인반수로 장식된 받침대.

해 선정적인 작품들을 전부 가비네토 세그레토gabinetto segreto(비밀의 방)로 옮기라 명했다. 특별하게 허가를 받은 학자나 뇌물을 많이 바친 사람만 그 공간에 들어갈 수 있었다. 폼페이 유적지에서는 에로틱한 유물이 보관된 곳에 금속 덧문을 달고 입장료를 내는 남성 관광객만 들여보냈다. 1849년에 봉쇄된 이 비밀의 방은 2000년이 되어서야 대중에게 공개되었다.

✦✦✦ 폼페이의 주거지 유적 카사 델 센테나리오(IX 8,3)의 침실(쿠비쿨룸) 벽에 그려진 1세기 고대 로마의 프레스코. 커플이 성관계를 가지는 모습이 담겨 있다.

✦✦✦ 나폴리의 가비네토 세그레토(비밀의 방 또는 박물관)에 보관된 에로틱한 프레스코.

섹스를 대하는 로마인의 태도가 악명 높을 정도로 안일했던 이유 중 하나는 아마도 실피움silphium이라 불리던 기적의 식물이 지닌 피임 효능 때문이었는지도 모른다. 이 식물은 아주 진귀하고 수요 또한 매우 높아서 멸종에 이를 정도였다. 고대 로마인을 사로잡은 이 식물이 무엇인지에 관해서는 의견이 분분한데, 아위속(거대한 회향) 식물이나 '죽음의 당근'이라고도 하는 독초 탑시아Thapsia일 것으로 추정한다. 그리스 철학자 테오프라스토스Theophrastus(기원전 371?-기원전 287?)는 실피움을 두고 굵은 뿌리는 검은 껍질에 싸여 있고, 48센티미터 정도까지 자라며, 깔때기처럼 속이 빈 줄기에 셀러리처럼 금빛 잎사귀가 달려 있다고 묘사했다. 고대 의사 소라누스Soranus는 병아리콩 크기의 실피움을 한 달에 한 번 섭취하면 피임할 수 있고 또한 "기존의 태아도 없앨 수 있다"라고 설명했다. 과한 수확 때문인지, 아니면 고대 키레나이카(현재의 리비아 동부)의 사막화 때문인지는 알 수 없지만, 실피움은 멸종했다. 플리니우스는 키레나이카에서 난 마지막 실피움 줄기가 네로 황제에게 진상되었다고 기록했다.

이 모든 이야기는 분명 고대 로마의 세계를 몹시도 탐욕스럽고 문란한 시대이자 공간으로 그린다. 하지만 연인과의 관계를 지적이고 서정적으로 접근하는 데 더 관심이 많았던 로마인도 있었다. 이들은 로마의 시인 오비디우스Ovidius(기원전 43-서기 17/18)가 가르침을 전하고자 지은 『아르스 아마토리아Ars amatoria』('사랑의 기술') 3부작에서 도움을 받았다. 서기 2세기에 저술된 이 책들은 각각 목표로 한 독자가 있었다. 1권은 남성들에게 여성을 찾는 방법을 가르쳐주고, 2권은 여성이 떠나지 않게 하는 방법을 알려준다. 엊그제 쓴 조언들이라고 해도 믿을 만한 이야기들이다. '그녀의 생일을 잊지 않고' '여성이 당신을 그리워하게 만들되 너무 애태워서는 안 되며' '그녀의 나이를 묻지 않는다'와 같은 내용이 포함되어 있다. 처음 두 권이 나오고 2년 뒤에 등장한 세 번째 책은 여성들에게 남성을 지키는 법에

✦✦✦ 거대한 남근을 가진 헤르메스가 그려진 그림은 악한 기운을 쫓아내는 액막이 부적 역할을 했다.

대해 조언한다. 오비디우스는 "지금까지는 그리스인에게 여전사를 상대할 무기를 주었다"라고 하며, 이어서 "이제 펜테실레이아Penthesileia(그리스신화 속 여전사—옮긴이)에게 그리스인을 상대할 방법을 알려주겠다"라고 썼다.

오비디우스가 굳이 그리스를 언급한 데는 이유가 있다. 고대 로마의 유명한 러브 스토리들은 비극적인 결말을 맞이하는 경우가 많았기 때문이다. 그중에서 가장 유명한 이야기는 로마의 정치인이자 장군인 마르쿠스 안토니우스Marcus Antonius와 이집트 프톨레마이오스왕조의 여왕이자 마지막 통치자로 기원전 51년부터 기원전 30년까지 재위한 클레오파트라 7세Cleopatra VII 필로파토르Philopator('아버지를 사랑하는 자')의 이야기다. 안토니우스는 내전을 잠재우고자 기원전 40년, 카이사르 아우구스투스의 누이인 옥타비아와 결혼을 했다. 그럼에도 클레오파트라와의 사랑은 계속되었고, 이후 두 사람은 알렉산더 헬리오스, 클레오파트라 셀레네 2세, 프톨레마이오스 필라델포스, 이렇게 세 자녀를 두었다. 안토니우스와 아우구스투스의 깊은 갈등으로 기원전 31년 내전이 벌어졌고, 로마 원로원은 클레오파트라에게 전쟁을 선포하고 안토니우스를 반역자로 공표했다. 결국 이집트로 도망친 두 사람은 알렉산드리아 전투에서 패했다. 클레오파트라가 이미 목숨을 끊었을 것이라 믿은 안토니우스는 자신의 검을 몸에 밀어 넣었다. 그의 지지자들이 클레오파트라가 숨어 있는 곳으로 그를 데려간 덕분에 그는 클레오파트라의 품에서 생을 마감할 수 있었고, 그 직후 클레오파트라도 자결했다.

그로부터 100여 년이 지난 후에는 하드리아누스Hadrianus와 안티노우스Antinous의 이야기가 있다. 남성 간의 사랑이 로마인과 그리스인 삶의 일부였다고는 해도 로마 황제 하드리아누스와 클라우디오폴리스(현재의 튀르키예 남서부) 인근의 그리스 가정에서 태어난 젊은 안티노우스의 사랑은 특히나 깊었던 것으로 보인다. 7촌인 비비아 사비나Vibia Sabina(서기 83-136/7)와 하드리아누스의 결혼 생활은 그리 행복하지 않았는데, 그가 일찍부터 동성에게 매력을 느꼈다는 사실이 영향을 미쳤을지도 모른다. 어느 시점부터인가 안티노우스는 하드리아누스가 가장 아끼는 동반자가 되었고, 두 사람은 이탈리아와 소아시아, 북아프리카 전역을 여행하며 좋아하는 사냥을 마음껏 했다. 서기 130년 9월, 두 사람은 사람들을 공격하는 마루시안 사자를 죽였는데, 이후 하드리아누스가 이 사연을 청동 메달로 주조해 널리 알리고 역사가들과 시인 판크라테스에게 이를 기록하게 했다. 이후 서기 130년 10월, 안티노우스가 하드리아누스의 함선에서 떨어져

✦✦✦ 하드리아누스 황제(왼쪽, 서기 125-130)와 안티노우스 (오른쪽, 서기 130-140)의 대리석 흉상.

나일강에 빠져 사망했다는 기록이 있다. 이 익사 사건이 실제로는 황실 사람들 또는 심지어 다혈질로 알려진 하드리아누스가 음모한 암살이었다는 설이 있다. 내막이야 어찌 됐든 하드리아누스는 그의 죽음에 깊은 충격을 받았다. 하드리아누스의 전기 작가 아일리우스 스파르티아누스는 그가 "여자처럼 울었다"라고 기록했다. 괴로움에 빠진 하드리아누스는 안티노우스가 사망한 곳에 안티노오폴리스Antinoöpolis라는 이름의 새 도시를 건립했고, 이후 안티노우스는 오시리스-안티노우스 신으로 숭배의 대상이 되었다.

09 그리스·로마와 중세의 외설적인 부적들
순례자의 배지와 날개 달린 남근

유럽 수로의 강바닥 흙 속을 뒤지고 파내는 고고학자와 머드라커mudlarker(강 근처에서 유물을 찾는 사람들—옮긴이) 같은 열정 가득한 아마추어가 찾아내는 기이한 물건이야 많지만, 여기에서 소개할 유물들이야말로 가장 기이하고 불가사의하며 틀림없이 가장 눈길을 끄는 것들이다. 네덜란드의 스헬데강 어귀부터 파리의 센강 기슭, 런던의 템스강까지 유럽 전역에서 납으로 만든 다양한 소형 배지가 대거 발견되었다. 그중에는 14세기 중반부터 16세기 초에 제작된 물건들도 있었다. 배지의 도상은 무척이나 다양하지만 익살스럽고 독특하다는 특징만은 같은데, 이는 해당 분야를 연구하는 (상대적으로 희소한) 학자들도 마찬가지다. 가장 왼쪽에 자리한 첫 번째 배지는 여성의 질이 말을 탄 채로 석궁을 날리는 모습으로 학자들은 '사냥을 나가는 음부'라고 부른다. 그 옆의 배지는 다리가 달린 남근으로 (학자들은

09 그리스·로마와 중세의 외설적인 부적들

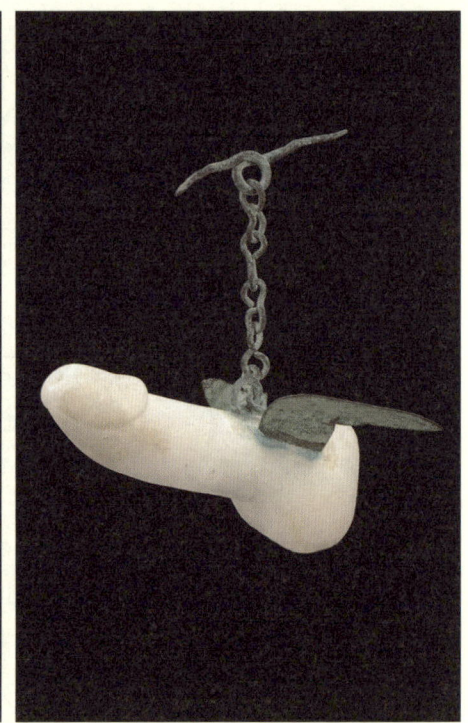

✦✦✦ 중세의 남근 형상 배지에 영향을 미쳤을 것으로 보이는 그리스·로마 시대의 순 청동 부적들. 왼쪽 위 사진은 말의 뒷다리와 엉덩이가 달린 남근으로 위로는 체인이, 아래는 펜던트가 부착되어 있다. 오른쪽 위는 설화 석고로 조각한 남근에 청동 날개가 달린 것으로 기원전 100년경에서 서기 100년 사이에 이탈리아 로마에서 만들어졌다. 오른쪽 또한 하반신은 말이지만 여성이 그 위에 올라탄 형상으로 기원전 100년경에서 서기 400년 사이에 만들어진 유물이다.

"발 달린 음경"이라 부른다), 그 위에 타고 있는 여성은 작은 남근이 여럿 실린 외바퀴 수레를 밀고 있다. 세 번째 배지는 발 달린 남근과 발 달린 질이 대치하고 있는 형상이다.

이 외에도 다양한 배지가 정말 많다. 운이 좋으면 머드라커가 우연히 '구이용 쇠꼬챙이에 남근을 끼운 발 달린 질' '범선에 오른 남근' '남근이 달린 왕관을 쓰고 죽마에 오른 발 달린 질' '사다리에 오르는 질'과 같은 배지들을 발견할 수도 있다. 그런데 (마땅히 궁금할 텐데) 이게 도대체 뭘까? 당시 문헌에서는 이러한 배지들에 대한 언급이 없기에 우리는 배지를 보고 짐작할 수밖에 없다. 빅토리아시대의 학자들은 이 외설적인 형상에 일절 언급을 삼갔던 반면, 후대 연구자들은 이 배지들을 다양한 방식으로 노골적이고 음란하게 묘사해댔다. 이론만 무성했다. 장난기 넘치는 연인들이 주고받던 야한 선물이었을까? 성적 문란함을 알리기 위한 수단이었을까? 다산을 상징하는 물건이었을까? 어쩌면 단순히 건실한 관광 산업의 산물일지도 모른다. 당시에는 행상인들이 순례지에서 순례자들을 대상으로 이와 비슷한 형태의 성자 배지를 판매했고, 순례자는 선의 징표인 배지를 가슴에 자랑스럽게 달고 성자의 치유력을 일부나마 흡수하고자 했다.

정욕과 에로티시즘을 주제로 익살스러울 정도로 과장된 이야기가 오가는 와중에 유력한 이론은 이 배지들이 '액막이' 도구로, '사악한 눈'과 악의를 품은 초자연적 존재에게서 스스로를 지키기 위한 부적이었다는 것이다. 악한 존재들은 터무니없는 형상에 시선을 빼앗겨 배지를 지닌 사람에게 관심을 두지 않게 된다. 또, 어느 곳을 가든 배지 덕분에 터지는 행복한 웃음이 긍정적인 에너지로 작용해 부정적인 힘을 물리치기도 한다. 수 세기 후에도 그 효과는 (어느 정도는) 여전하다!

✦✦✦ 〈알베로 델라 페콘디타〉('다산의 나무'라는 뜻, 현지에서는 음경 나무로 알려져 있다)라는 이름의 놀라운 프레스코는 1265년에 제작됐지만 1999년에 이르러서야 마사 마리티마라는 이탈리아 마을의 밀을 판매했던 상점 지상층 로지아(발코니)에서 발견됐다. 25개의 남성 성기가 나무 열매처럼 달려 있고, 그 아래로 8명의 여성이 막대기로 가지를 치며 떨어지는 열매를 두고 경쟁을 벌인다. 이 작품이 무엇을 상징하는지에 대해서는 논쟁이 있지만, 토스카나의 민담을 재해석한 그림이라는 설이 있다. 이 민담은 후에 악명 높은 마녀사냥 지침서 『말레우스 말레피카룸』('마녀들을 잡는 망치')에 기록되기도 했다. 지침서에는 마녀를 찾으려면 남성의 성기를 훔쳐 새의 둥지에 살아 있는 채로 보관하는 사람을 의심하라고 적혀 있다.

✦✦✦ 위쪽 그림에는 달빛 아래 한 여성이 새의 다리를 한 남근 위에 올라타 있고, 오른쪽 그림에는 날고 있는 음경과 질이 성교를 하고 있다. 구아슈로 그린 이 그림 두 점은 1900년경 인도에서 제작된 것으로 추측된다. 웰컴도서관 소장품으로 작품 소장 목록을 작성하는 사람들을 적잖이 당황스럽게 했다.

10 ✴ 성애와 쾌락의 지침서

『카마수트라』(2-3세기)

『카마수트라Kama Sutra』는 2세기 또는 3세기경 바츠야야나Vatsyayana라는 인도 철학자가 산스크리트어로 저술한 책이지만, 영미권 독자들은 1963년에 출간된 번역본만 구매할 수 있었다. 당시는 펭귄북스Penguin Books가 1960년 역사적인 '채털리 소송'에서 승소하며 D. H. 로런스Lawrence의 『채털리 부인의 연인Lady Chatterley's Lover』이 외설물 출판 혐의를 벗은 지 얼마 지나지 않은 시점이었다.

사실 리처드 프랜시스 버턴 경Sir Richard Francis Burton(1821-1890)이 옮긴 영어 번역본이 1883년에 이미 나와 있었다. 다만 실제로는 그의 친구이자 동료인 포스터 피츠제럴드 아버스넛Forster Fitzgerald Arbuthnot(1833-1901)과 인도의 고고학자 바그완 랄 인드라지Bhagwan Lal Indraji, 그리고 쉬바람 파르슈람 바이드Shivaram Parshuram Bhide라는 이름의 학생이 대부분을 번역했다는 사실은 그리 알려지지 않았다.

자비로 출판한 번역본은 현재 많은 이가 알고 있는 것처럼 성관계에 대한 에로틱한 지침서라는 명성이 퍼져 이내 빅토리아시대에 가장 많은 해적판을 양산한 도서가 되었다. 하지만 성관계 체위와 성생활 관련 체조에 관한 내용은 바츠야야나가 저술한 카마Kama의 일부일 뿐이라는 점에서 이러한 명성은 큰 오해라고 할 수 있다. 카마란 정신과 마음의 도움을 받아 다섯 가지 감각으로 경험을 향유하는 것이다. 수트라Sutra는 교육과 구애, 결혼, 부부로서의 삶까지 남성과 여성 간의 관계의 모든 측면을 다룬다. 바츠야야나는 이 책의 마지막에 이렇게 설명했다. "이

✦✦✦ 인도 카주라호의 락슈마나(또는 락슈만) 사원 벽에 조각된 카마 장식품으로 10세기 작품이다.

✦✦✦ 카트만두에 있는 왕궁의 카마 조각품으로 리차비 시대(4-8세기) 작품이다.

과학의 진정한 원칙들을 숙지한 사람으로서, 자신의 다르마Dharma(선善 또는 종교적 가치)와 아르타Artha(세속적 성취), 카마(육체적 쾌락)를 지키고 사람들이 행하는 관습을 유념하는 자는 분명 자신의 감각을 자유로이 통제할 수 있다. 요약하자면, 욕정의 노예가 되지 않은 채 자신의 다르마와 아르타, 카마를 살피는 총명하고 지혜로운 사람은 자신이 하는 모든 일에서 성공을 거둘 것이다."

『카마수트라』의 1부는 실제로 성관계에 관한 내용이 전혀 등장하지 않는다. 그저 나가리카nagarika(도시 거주자)의 생활양식과 목표, 다양한 여성의 서로 다른 특징에 관해 이야기한다. 2부에서는 남녀 간의 결합에 관한 실질적인 이야기를 파고들지만, 3부에서는 아내를 얻는 방법에 대한 조언으로 방향을 틀며, 4부에서는 가

✦✦✦ 키르티푸르의 우마마헤슈워르 사원의 벽에 성적 행위를 새겨놓은 고대 조각상.

정생활을 이야기한다. 다만 독자 대부분이 서둘러 페이지를 넘겨 찾아보는 부분인 '포옹'과 이후 '교합'에 관한 조언이 있는 것은 사실이다. 이 내용은 연인의 유형을 나누어 설명하며 시작된다. 버턴의 번역본에는 "남성은 세 가지 유형으로 나눌 수 있다"라고 적혀 있다. "즉, 남성의 링감lingam 크기에 따라 토끼, 황소, 말로 구분할 수 있다. 여성 또한 요니yoni의 깊이에 따라 암사슴, 암말, 암코끼리로 분류된다."(바츠야야나가 링감과 요니라는 단어를 쓴 것은 아니고, 충격을 완화하기 위해 버턴이 바꾼 표현이다.) 포옹의 유형으로 소개된 자세 중에는 '자타베쉬티타카 Jataveshtitaka, 또는 덩굴풀 휘감기' '브릭샤디루다카Vrikshadhirudhaka, 또는 나무 오르기' 등이 있는데, 이 둘 모두 서 있는 상태에서 포옹하는 자세다. '틸라-탄둘라카Tila-Tandulaka, 즉 참깨와 쌀의 결합'은 연인이 침대에 누워 서로의 팔다리가 뒤엉킨 채 꼭 끌어안는 자세다. '크시라니라카 Kshiraniraka, 우유와 물의 만남'은 여성이 남성의 무릎 위에 앉는 것이다.

이어지는 장은 '키스에 대하여'로, 다음과 같은 지침이 적혀 있다. "상대의 위아래 입술을 자신의 입술로 물어 '감싸 안은 키스'라고 한다. 한편 여성은 상대 남성이 콧수염이 없을 때만 이 키스를 해야 한다.' '깨물기와 여성의 국적에 따라 다르게 택해야 할 방법들'이라는 장에서는 이런 조언이 등장한다. "신체 어느 곳이나 키스를 하고 깨물 수 있지만, 윗입술과 입안, 눈은 피해야 한다." 가장 널리 알려진 장은 '다양한 체위와 교합 방식'이다. "크게 벌린 자세 … 여성이 허벅지를 높이 들어 크게 벌린 뒤 교합에 응한다." 깍지 자세는 "남성과 여성 모두 두 다리를 상대를 향해 쭉 뻗는다". 여성이 한 다리를 연인의 머리에 기대고 다른 쪽 다리를 쭉 편다면 '삽입 고정하기' 자세이지만, 다리의 위치를 바꾸면 '대나무 쪼개기'라고 한다. 여성이 두 다리를 구부려 자신의 복부에 두면 '게 자세'다.

✴✴✴ 1660년경 성적인 내용이 담긴 인도 경전에 소개된 연인들의 포옹.

수트라에서 저자인 수바르나나바Suvarnanabha는 자세를 물에서 연습한다면 수월할 것이라고 제안했지만, 바츠야야나는 종교적 계율에서 이를 금지한다고 반대했다. 책에서는 다른 선택지들도 제안하고 있다. "여성이 네발짐승처럼 양손을 땅에 대면 연인은 황소에 올라타듯 여성의 몸에 오르는데 이를 '황소의 교합'이라고 한다." "남성이 여러 여성과 함께 즐길 때는 '소 떼의 교합'이라고 한다."

바츠야야나의 글은 아내의 의무, 부부 관계에서 행복을 유지하는 비결 등을 포함해 남성과 여성 모두에게 실용적인 지침을 제공한다는 점에서 주목할 만하다.

✢✢✢ 15세기 프랑스 기도서의 여백에 그려진 삽화. 『카마수트라』의 영향을 받아 그린 것인지, 아니면 지루했던 필경사가 풍자적 의미로 그려놓은 낙서인지는 모르지만, 어느 쪽이든 놀랍기는 마찬가지다. 특히나 이 그림 바로 아래, 페이지 정중앙에 성모마리아가 아기 예수를 안고 당나귀를 탄 장면이 그려져 있음을 감안하면 더욱 놀라울 따름이다.

그는 또한 여성이 배워야 할 64가지 기술을 제안하는데, 요리와 옷 짓기, 향료 제조와 더불어 요술 부리기, 체스, 제본술, 목공과 같이 예상치 못한 기술도 포함되어 있다. 45번 기술은 믈레치타-비칼파Mlecchita-vikalpa로 암호를 쓰는 기술인데, 배우자가 아닌 연인과 비밀스러운 관계를 유지하는 데 도움이 된다. 또 다른 실용적인 조언으로는 대변에 벌레가 있거나 입에서 '까마귀 냄새'가 나는 상대와는 연인 관계를 맺지 말라는 이야기가 있다. 여성은 돈이나 재물을 위해 남성을 이용하는 데 불편함을 느껴서는 안 되고, 더는 이런 것들을 제공할 능력이 없는 남성은 버림받는 것이 마땅하다고 적혀 있다. 쓸모없어진 남성들을 떼어내는 방법으로 "입술을 비틀며 비웃음을 보이고" "쿵쿵대며 걷고" "무시하는" 등의 행위를 소개하고 있다. 또한 남성이 잘 모르는 이야기를 꺼내며 심리적으로 비하하고, 상대가 잘 아는 이야기에는 무심한 태도를 보이며, 의도적으로 그의 의도를 왜곡하고, 그가 진심 어린 이야기를 할 때 웃음을 터뜨리며, 그가 농담하면 다른 것이 재밌다는 듯 웃는 방법을 쓸 수도 있다. 사람들이 있는 데서 그의 나쁜 습관과 결점을 이야기하는 것 또한 방법이다.

물론 이 책에 소개된 조언들이 전부 훌륭한 것만은 아니다. 무엇보다도 남성의 '물건'에 꿀과 산사나무 열매 분말, 검은 후추를 바르면 '황홀감을 일으킬' 수 있다는 조언은 무시하는 편이 좋겠다.

11 ✴ 메소아메리카의 사랑
혀를 뚫는 레이디 쇼크 조각(726년경)

멋지게 조각된 린텔lintel(건축물 입구의 각 기둥에 수평으로 걸쳐놓는 석재—옮긴이)에는 마야 왕 실드 재규어 2세의 왕비 레이디 쇼크Lady Xoc가 존경하는 남편 앞에 무릎을 꿇은 채 흑요석 날이 박힌 밧줄로 혀를 뚫어 제사용 그릇에 피를 받는 장면이 담겨 있다. 마야의 왕족은 피를 내어 제물로 바치면 그들의 신이나 조상과 소통할 수 있다고 믿었다(날카로운 날이 박힌 밧줄로 혀를 뚫고 나면 아무래도 조리 있게 말하기가 쉽지 않겠지만). 마야의 도상에서 이렇게 중요한 의식을 행하는 여성의 모습이 등장하는 경우는 극히 드물다. 조각판 맨 위에 적힌 글을 통해 709년 10월에 행한 의식이었음을 파악할 수 있고, 색소를 추적한 연구로 선명한 빨강과 파랑이 칠해져 있었던 원래의 조각품은 훨씬 더 강렬했으리라는 사실을 짐작할 수 있다. 이 린텔은 고고학자들이 '구조물 23'이라고 부르는 건물의 장식물로, 실드 재규어 왕이 애정을 담아 아내에게 선물로 지어준 공간이다. 아내와 왕족의 여인들이 모임을 하는 장소로 사용했으리라 추측된다. 왕이 아내를 향한 경의를 표현하기 위해 선물한 구조물 23과 그 안의 린텔들을 통해 우리는 마야의 정치 체제에서 여성들의 역할에 관해 많은 것을

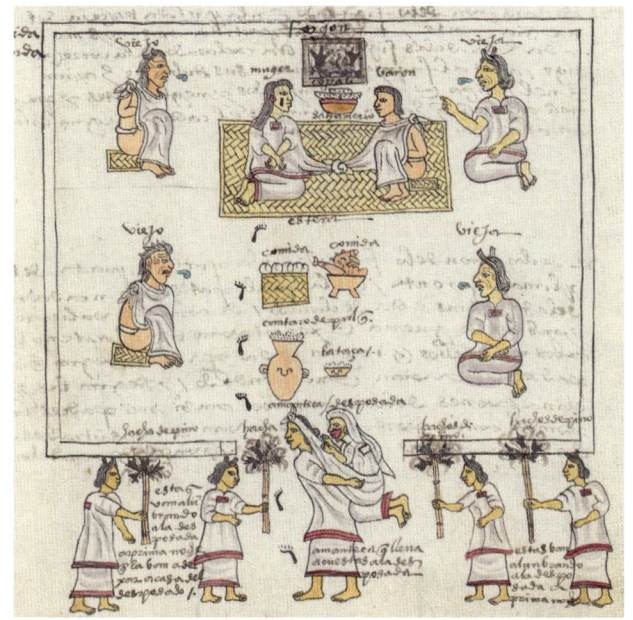

✦✦✦ 아스테카의 결혼식.

알 수 있다.

마야인의 삶에서 중심이 되는 하나는 피였고, 다른 하나는 코코아였다. 피를 뽑기가 여의치 않은 상황에서는 드넓게 펼쳐진 카카오나무들에서 얻은 초콜릿을 붉은색 아치오테 반죽으로 염색해 의식에서 제물의 피 대신 사용했다. 남성이 청혼하면 신부가 될 여성의 아버지는 미래의 사위를 초대해 코코아를 마시며 결혼을 논의했다. 결혼식 날에는 신부와 신랑이 카카오 다섯 알을 주고받는 한편, 하객들은 함께 초콜릿을 마시는 '초콜라흐chokola'j'를 행했다.

아스테카인 또한 마야인과 마찬가지로 코코아를 중요하게 여겼다. 아스테카 황제 모테쿠소마 쇼코요친은 많은 여성을 거느렸는데, 굉장한 양의 코코아 음료를 마신 것이 그 비결이라고 알려져 있다. 아스테카 사회에서는 결혼 지참금으로 코코아가 자주 오갔고, 성관계의 대가 또한 코코아로 지불했으며, 결혼식은 초콜릿으로 가득한 행사였다. 멋지게도, 아스테카인의 역사가 자세히 담긴 기록물인 코덱스 멘도사Codex Mendoza 속 그림을 통해 결혼식의 한 장면을 실제로 확인할 수 있다. 이 기록물은 1541년에 작성된 것으로 보인다.

위 그림은 맨 아래부터 시작해 결혼 의식이 진행되는 과정을 담은 것이다(그 외 세부 사항은 플로렌타인 코덱스라는 문서에 기록되어 있다). 그림 속 저녁 의식은 젊은 부부의 만남을 주선한 사람의 등에 업힌 신부(나이는 보통 15세 정도)가 횃불을 밝힌 사람들과 함께 신랑의 집에 도착하는 것으로 시작한다. 빻은 옥수수와 타메일, 칠면조 머리와 다리로 차린 푸짐한 음식이 제공되고, 그림에서 보이듯 자리에 앉아 조언을 건네는 하객들은 풀케pulque, 즉 용설란으로 만든 발효 음료를 마시며 점점 취해간다. 그림의 상단 정중앙에 나와 있듯, 이제 갓 남편과 아내가 된 부부가 말 그대로 인연의 매듭을 묶듯 상징적으로 자신들의 옷을 묶는다.* 이로써 의식이 끝나고 부부는 침실로 안내받는다. 주기적으로 초콜릿과 타메일, 칠면조 머리를 먹으며, 체력을 회복하는 휴식 시간 외에는 나흘간의 합방이라는 고된 일정을 치러야 한다. 그 후에야 비로소 신혼 생활이 시작된다.

---

* 결혼한다는 의미의 영어 문구 'tying the knot(매듭을 묶다)'이 여기서 유래한 것은 아니다. 많이들 하는 '핸드패스팅handfasting(결혼식 때 부부가 리본이나 줄로 서로를 묶는 의식—옮긴이)'과 비슷하게 은유적인 의미로 서로를 묶는 의식이었다. 부부의 손을 묶는 의식은 인도의 베다족부터 매듭지은 줄로 결혼하는 부부를 묶었던 스코틀랜드의 켈트족에 이르기까지 흔하게 찾아볼 수 있다.

✦✦✦ 그레고리력으로 기원전 957년, 신부 스리 플린트와 신랑 트웰브 윈드 사이에 행해진 미스텍족(콜럼버스 이전의 고유한 문화권)의 결혼식 장면. 사슴 가죽으로 만든 코덱스 주시너틀에 기록된 그림이다. 그림 정중앙에는 신방에 든 부부의 모습이 담겨 있다.

✦✦✦ 믹스텍족의 결혼식 장면을 담은 또 다른 그림으로, 에이트 디어 재규어 클로와 레이디 서틴 서펀트가 코코아 한 잔을 나누고 있다. 에이트 디어 재규어 클로 경(1063-1115)은 11세기 와하카를 통치하던 강력한 지배자로 늘 권력에 굶주린 인물이었다. 여러 코덱스의 기록에 따르면 그는 통치권을 얻기 위한 전략으로 믹스텍의 여러 귀족 혈통과 혼인 관계를 맺었다.

✦✦✦ 페루 남부의 모체 문명은 100년에서 800년경까지 번성했다. 의식용 그릇을 보면 모체 문명은 시체들이 지하 세계에서도 성욕을 느낀다고 믿었음을 알 수 있다. 죽은 자가 자위행위로 정자를 만들어내 살아 있는 땅을 비옥하게 할 수 있음을 비현실적인 신체 비율로 강조했다.

12 바이킹의 연애 가이드
스칸디나비아의 브로치(800-900년경)

바이킹이라고 했을 때 흔히 밝고 감성적인 경험을 하는 인간을 떠올리는 일은 드물다. 심지어 바이킹이 즐기는 여가 활동마저 우리에겐 잔혹하게 느껴진다. 아이슬란드의 여러 영웅 전설을 통해 바이킹이 오락 삼아 했던 다양한 활동을 알 수 있다. 그중에는 상대편의 머리를 향해 뼈를 최대한 세게 던져 죽이는 누투카스트hnútukast라는 게임도 있었다. 이와 상당히 비슷한 스쾨푸레이크르sköfuleikr라는 게임도 있는데, 소뿔로 만든 냄비 긁개를 던진다는 차이점이 있다. 순드sund는 수중에서 레슬링을 펼치며 친구를 익사시키는 놀이다. 불을 피우고 알몸으로 동물 가죽을 당겨 상대방을 불 속에 빠뜨리는 줄다리기와 비슷한 게임도 있었다.

✷✷✷ 덴마크의 호르룬에서 발견된 다량의 유물에 섬세한 세션·세립 세공 기술이 돋보이는 고대 스칸디나비아의 브로치가 포함되어 있었다. 800-900년경에 제작된 것으로, 바이킹 문화에서 전해지는 가장 훌륭한 유물로 꼽힌다. 남성이 부와 지위를 드러내고 신부에게 감동을 주고자 제작한 결혼 선물로 보인다.

이런 점만 보면 바이킹은 로맨틱한 관계에 따뜻한 관심과 노력을 기울일 만한 여유가 없었을 것 같다. 하지만 고고학 유물과 영웅 전설은 그들의 일상에도 로맨틱한 측면이 있었음을 보여준다. 신부 가족과 신랑 사이에 여러 협상이 오가는 결혼은 동맹을 구축하는 하나의 방법이었지만, 이러한 결합을 매끄럽게 진행하는 데 적절한 구애 활동 또한 중요했다. 스칸디나비아인이 인 마트키 문르inn matki munr('위대한 열정')라고 부른 자질을 함양하는 것은 섬세한 기술을 익히는 일과도 같았다. 약혼자에게 다가가는 과정에서 너무 뜸을 들이거나 안일하게 굴면 신부 가족을 모욕하는 잘못을 저지를 수도 있었다. 영웅 전설에는 열정이 없는 태도로 구애에 임한 탓에 피로 물든 결말을 맞이한 이야기가 18가지나 등장한다. 너무 속도를 내어 혼전 임신을 하는 것 또한 마찬가지로 위험한 일이었다. 그들에게는 따라야 할 전통이 있었다. 신부가 될 사람은 남성의 마음을 받아준다는 의미로 남성에게 상의를 만들어주었다. 반면 신랑이 될 사람이 보일 수 있는 최고의 찬사는 자주색 꽃다발로 (관례에 따라) 여성의 뺨을 때리는 것이었다.

결혼을 사회에서 생존하는 데 필수라고 여겼고, 독신자는 사회에서 소외될 위험을 감수해야 했다. 일부러 꾸물대는 미혼 남성은 '질로부터 도망친다'는 비난을 받은 한편, 독신이 될 가능성이 있는 여성은 '음경으로부터 도망친다'는

✦✦✦ 스칸디나비아에서 전해지는 유물 중 유일하게 은으로 제작된 것으로, 덴마크 티쇠에서 발견되었다. 사랑과 유혹의 여신 프레이야의 모습을 하고 있다.

이야기를 들었다.

　기독교가 들어오기 전, 스칸디나비아인이 동성애를 바라보는 관점은 복잡했지만 대체로 관대했다. 여성 동성애에 관해 어떠한 태도를 보였는지에 관한 언급은 없지만, 남성은 자신의 결혼 생활에 문제를 일으키지만 않는다면 다른 남성과 성적 관계를 맺을 수 있었다. 남편의 의무를 다하기만 한다면 아내와 가족은 남성이 침실에 함께하는 동반자를 용인했다.

　영웅 전설에서는 점잖은 언어로 성관계를 묘사했는데, 남성이 '여성을 향해 몸을 돌리고' '그의 손(또는 팔이나 허벅지)을 여성에게 두었다'는 표현으로 관계의 시작을 넌지시 언급했다. 독자들은 글로 드러나지 않은 공백을 상상력으로 메워야 했다. 관계 중인 커플을 묘사할 때면 '침대에서 서로 몸을 밀착시켰다'고 설명했고, 절정에 이른 남성은 '그녀의 배 위에서 신나게 몸을 움직였고' 이내 커플은 '함께 여정을 떠났다'고 표현했다. 성관계를 마친 후에는 '휘라 메드 헨나hvila meth henna'라고 하는 시간(여성과 함께 휴식을 취하는 시간)을 보내거나, 남성이 '혼자 즐기는 시간'을 가졌는데, 믿기 힘들겠지만 이는 조용히 대화를 나누거나 카드 게임을 했다는 의미다.

　고대 스칸디나비아인의 성관계에 관한 속어는 오늘날까지도 남아 영어라는 언어에 드리운 음지를 어지럽히는 데 한몫하고 있다. 베인 것 또는 잘린 틈이라는 의미의 thviet는 고대 영어 thwat의 기원이고, 이후 'h'가 사라지며 현대에서 모욕적인 의미의 단어로 변했다. 여성의 생식기를 가리키는 고대 스칸디나비아어 쿤타kunta 또한 지금까지 남아 있다.

　신부가 순결을 지킨다면 이상적이겠지만 결혼하는 데 필수적인 요소는 아니었다. 남성은 결혼 전 성관계 여부에 아무런 제한이 없었고, 심지어 결혼 후에도 혼외 관계로 자녀가 태어나는 일만 없다면 문제가 되지 않았다. 어떤 식으로든 아이가 태어나면 여성의 가족이 책임졌지만, 아이가 있는 여성은 후에 다른 남성의 신부가 될 가능성이 적었다. 다른 여성과 혼외정사가 허용되었던 것처럼 남성은 프릴레frille, 즉 하층 계급 여성을 첩이자 '침대 노예'로 삼을 수 있었는데, 이 관계에서는 여성의 동의가 전혀 중요하지 않았다. 심지어 이 여성들은 주인인 남성이 죽으면 장례식에서 자신의 목숨을 같이 희생해야 할 때도 많았다. 실제로 한 바이킹 족장을 추도하는 의식에서 이를 목격하고 몸서리를 친 아랍의 탐험가 아흐마드 이븐 파들란Ahmad Ibn Fadlān(879?-960?)은 이 이야기를 소름 끼칠 정도로 자세하게 기록하기도 했다. 이러한 일들이 고대 스칸디나비아의 남성에게는 모두 허용되었다. 그러나 다른 남성의 아내에게 손을 댄다면 벌금을 물거나 처형당했다.

13 아름다운 로자먼드의 비극

헨리 2세와 미로 속의 비밀(1166년경)

로자먼드 클리퍼드Rosamund Clifford(1140년 이전-1175/6)의 실제 삶과 전설에는 비극적인 로맨스를 충족하는 소재가 가득하다. 수 세기 동안 흥미로운 역사적 사건을 기록해온 이들과 영감 넘치는 예술가, 시인들의 미화를 거치며 그녀의 이야기는 중세 영국 역사의 일부가 되었다. 놀라운 이야기들이 등장한다. 뛰어난 미모를 지닌 왕의 정부, 지독할 정도로 질투가 심한 왕비, 치밀하게 숨긴 은밀한 불륜과 핏빛의 비극적 결말까지 말이다. 다만 이야기만 무성한 픽션 속에서 실제 사실은 얼마나 될까?

역사 속 불행한 사건의 시작이 늘 그렇듯, 이 이야기 또한 주변을 훑어보는 왕의 시선으로 시작된다. 헨리 2세Henry II(1133-1189)는 플랜태저넷 왕조의 시작을 알린 첫 잉글랜드 왕으로, 아키텐의 엘레오노르Eleanor of Aquitaine와 1152년에 혼인했다. 푸아티에 가문 상속녀와의 결혼으로 잉글랜드 전역과 웨일스 대부분, 아일랜드 동부, 프랑스의 서부를 아우르는 거대한 왕국을 건설한 그는 엘레오노르와의 사이에 여덟 자녀를 두었다. 재위하는 동안 잉글랜드에서 왕권을 되찾고, 영국 관습법의 기틀을 마련했으며, 루이 7세와의 '냉전' 속에 자신의 왕국을 동쪽과 남쪽으로 확장해 프랑스에서의 지배권을 넓혀가는 등 열정적인 행보를 보였다.

아름다운 외모로 널리 알려진 로저먼드는 귀족인 변경 제후(후작이라는 작위가 등장하기 전의 명칭) 월터 드클리퍼드Walter de Clifford(1113-1190)의 딸로 추정된다.

✣✣✣ 〈페어 로저먼드〉(1861), 단테 가브리엘 로세티(1828-1882)가 그린 초상화.

✣✣✣ 잉글랜드의 국왕 헨리 2세의 초상화, 작가 미상(1597?-1618?).

그녀의 어린 시절은 물론이고 왕을 만난 상황이나 시기에 대해서도 알려진 바가 없지만, 1160년대에 헨리와 로저먼드의 관계가 시작되었다. 전해지는 이야기에 따르면, 엘레오노르가 여덟 번째 아이 존을 임신 중이던 1166년에 시작되었다고 한다. 이것이 사실이라면 왕이 관계를 공식적으로 인정했을 때가 1174년이므로 두 사람의 관계를 꽤 오랫동안 비밀에 부친 셈이다.

로저먼드는 헨리가 가장 좋아하는 별장이었던 우드스톡 궁전에 격리되어 지냈다고 알려져 있다. 훗날 존 오브리가 17세기에 그린 스케치에 따르면, 궁전과 이어진 에버스웰이라는 건물은 못과 회랑, 과수원, 나무 그늘로 만든 휴식 장소와 아름답게 조성된 정원으로 구조가 상당히 복잡하다. 그 안에 있던 한 못은 이후 '로저먼드의 샘'이라는 이름을 얻었다. 이들의 이야기는 중세 유럽 기사의 전설인 트리스탄과 이졸데의 사랑 이야기에 영향을 받은 것으로 보이는데, 트리스탄과 이졸데는 과수원에서 비밀스럽게 만나고 이졸데의 방을 지나는 개울에 잔가지를 띄워 메시지를 주고받았다.

한편 엘레오노르는 로저먼드가 우드스톡 궁전에 있다는 이유로 대신 보몬트 궁전에서 존을 낳았다.

1200년을 앞두고 웨일스의 제럴드가 남긴 기록에는 헨리가 세 자녀의 배신에 대한 책임을 물어 엘레오노르를 감금했다는 내용과 함께 신랄한 재담이 드러나는 대목이 나온다. "오랫동안 비밀스럽게 간통을 저지른 그가 이제는 자신의 정부를 드러내놓고 과시했다. 그녀는 세상의 장미$_{rosa-mundi}$가 아니라 그릇되고 경박한 명성을 지닌 부정한 장미$_{rosa-immundi}$였다."(Gir. Camb. opera, 4.21-2) 하지만 공개적으로 왕의 정부가 된 지 2년째 되는 1176년 무렵, 로저먼드는 갑작스럽게 사망해 고드스토수도원에 묻혔다. 그녀의 무덤은 정성스럽게 세워졌다. 1191년 이곳을 방문한 링컨의 주교 휴는 여러 장식품과 등불, 양초로 화려하게 꾸며진 로저먼드의

✦✦✦ 〈엘레오노르 왕비〉(1858), 프레더릭 샌디스(1829-1904). 한 손에는 독배를, 다른 한 손에는 단검을 쥐었고, 로저먼드의 휴식처가 자리한 미로의 중심까지 찾아가는 데 사용한 빨간 실도 보인다.

✦✦✦ 옥스퍼드셔의 고드스토수도원 터. 이곳 땅속 어딘가에 사라진 로저먼드 클리퍼드의 무덤이 자리하고 있다.

무덤이 교회당의 중앙 제단 바로 앞에 자리한 것을 보고 경악했다. 이를 신성모독으로 여긴 그는 그녀의 무덤을 외부로, 당시 사제단 회의실이었으리라 추측되는 곳으로 옮겼다. 그녀의 무덤에는 다음과 같은 글이 새겨졌다.

이 무덤에는 세상에서 가장 아름다운 장미가 잠들어 있나니,
장미의 향기로움은 이전에 사라지고 이제는 불쾌한 악취만이 남았도다.

시간이 점차 흐르며 너무 이른 죽음을 맞이한 왕의 정부 이야기는 이내 신화가 되어 그녀의 무덤만큼이나 화려한 미사여구로 치장됐다. 16세기와 17세기 초에는 헨리가 우드스톡에 복잡한 미로를 짓고 미로의 한가운데에서 로저먼드와 밀회를 나눴다는 이야기가 생겨났다. 엘레오노르는 실을 따라 미로의 정중앙에 이를 수 있었고 그곳에서 두 사람을 발견하고는 마침내 외도를 알게 됐다고 한다. 전설의

13 아름다운 로자먼드의 비극

또 다른 버전에서는 왕비가 로저먼드를 대면해 독배를 들이킬 것인지 아니면 단검으로 죽을 것인지 선택하라고 말했다고 한다. 로저먼드는 독배를 택했다. 또 다른 버전에서 엘레오노르는 불을 두 군데 피워 로저먼드를 그사이에 들어가게 해 화상을 입히고는 칼로 찌른 뒤 끓는 물이 담긴 욕조에서 피를 쏟게 했다고 한다. 당시 엘레오노르는 아들들을 부추겨 아버지를 상대로 반란을 일으키게 한 죄로 갇혀 있었던 터라 모두 사실이 아닐 가능성이 크다. 하지만 사실들로 흥미로운 전설을 망칠 필요가 있을까.

14 ✳ 두 번의 만남, 필생의 사랑
베아트리체를 사랑한 단테(1265-1321년)

귀스타브 도레Gustave Doré가 그린 「천국Paradiso」 제31곡의 삽화 속에서 단테와 베아트리체는 천상의 장미Rosa Celestial를 올려다보며 천사들이 계급에 따라 동그랗게 모여든 모습에 경이로워한다. 잠시 후 베아트리체가 있던 곳에는 단테를 다음 곡으로 안내할 클레르보의 성 베르나르가 자리한다.

> 그리스도께서 피로 세운 거룩한 군대가 흰 장미의 형태로 모습을 드러냈고, 하늘을 날며 자신들을 사랑하시는 분의 영광을 보고 그 위대함을 찬미하는 천사들은 수많은 꽃잎으로 이루어진 아름답고 거대한 장미 속으로 내려갔다가 그들의 사랑이 깃든 곳을 향해 올라가길 반복했고, 그 모습이 마치 꽃밭에 들어갔다 달콤한 꿀을 빚는 곳으로 돌아가는 벌 떼 같았다.

단테 알리기에리Dante Alighieri(1265?-1321)를 생각하면 베아트리체도 함께 떠올리게 된다. 두 이름은 유스티니아누스와 테오도라, 트리스탄과 이졸데, 랜슬롯과 기네비어처럼 많은 이의 머릿속에 한 쌍으로 묶여 있다. 다만 이들의 실제 관계를 알게 된다면 놀랄지도 모른다. 좀 더 정확히 말하자면 두 사람에게 관계라는 것이 없었다는 사실을 알게 된다면 말이다. 물론 그녀는 단테의 『신생Vita Nuova』(1294)이 탄생하는 데 중요한 영감을 주었고, (1308년에서 1320년 사이에 저술한) 『신곡La

✦✦✦ 『신곡』의 세 번째이자 마지막 편인 「천국」에 실린 귀스타브 도레(1832-1883)의 천상의 장미 삽화. 가장 높은 하늘인 최고천이자 신이 머무는 곳을 묘사한 것이다.

✦✦✦ 영국의 라파엘전파 화가 헨리 홀리데이(1839~1927)의 그림으로, 단테와 베아트리체가 피렌체 거리에서 마주한 상황을 상상해 그렸다. 자료 조사를 위해 피렌체에 직접 방문한 홀리데이는 당시 홍수의 여파로 재건 중이던 베키오 다리의 비계까지 그려 넣을 정도로 그림에 정성을 들였다.

Divina Commedia』에서 신의 은총을 상징하는 인물로 등장했다. 하지만 (단테에 따르면) 두 사람은 겨우 두 번 만난 사이였다.

두 번의 만남 사이에는 9년이란 시간이 있다. 첫 만남은 단테의 부친인 알리기에로 디벨린초네Alighiero di Bellincione(1210?-1283?)가 베아트리체 가족의 집에서 열린 오월제 행사 자리에 단테를 데려갔을 때였다. 당시 두 사람 모두 아홉 살이었고 말 한마디 나눠보지 못했음에도 단테는 '첫눈에' 베아트리체와 사랑에 빠졌고, 이후 단 한 순간도 그녀를 잊은 적이 없었다.* 베아트리체는 피렌체 은행가의 딸인 베아트리체 포르티나리Beatrice Portinari(1265-1290)로 1287년 은행가 시모네 데바르디와 결혼한 인물이라는 것이 학자들의 공통된 의견이다. 한편 단테는 열두 살 때 정혼을 맺은 제마 도나티Gemma Donati(1267?-1333 이후)와 결혼했다. 두 번째 만남은 피렌체 거리에서 우연히 성사되었으나 첫 만남보다 더 짧았다. 단테는 자신이 있는 쪽으로 걸어오는 세 여성 중 흰색 드레스를 입은 인물이 베아트리체임을 알아보았다. 베아트리체가 그를 기억하고 인사를 건넸지만 단테는 너무 당황한 나머지 아무 말도 하지 못하고 그 자리를 벗어났다.**

　이것이 두 사람의 마지막이었다. 7년 후, 스물다섯의 나이로 베아트리체는 세상을 떠났다. 단테는 세상을 등진 채 그녀를, 아니 그가 이상화한 그녀의 모습을 시로 남기는 데 매진했고, 3년 후 『비타 누오바Vita Nuova』('새로운 인생')라는 책으로 출간했다. '기사도적인 사랑'이라는 중세 문학사조가 짙게 밴 작품으로, 이러한 작품에서는 작가나 예술가가 남몰래 홀로 귀족 부인을 흠모하는 한편, 예술적 대상이 되는 그 여성을 단 한 번도 만나지 않는 경우가 많다. 여성은 보통 자신이 뮤즈가 된 사실조차 몰랐다.

---

* 클라이브 제임스Clive James의 『믿을 수 없는 회고록Unreliable Memoirs』(1980)에서 그가 순식간에 사랑에 빠진 어린 시절의 기억에 대해 말하는 내용이 떠오른다. "그녀의 얼굴은 기억나지 않지만, 대단히 행복했던 그 감정만큼은 똑똑히 기억한다. 우리는 빛의 형상은 잊어도 아주 오랫동안 눈이 부신 채 살아간다."
** 베아트리체가 거리에서 인사를 건넨 순간 단테는 극적이고 에로틱한 상상에 사로잡혔다. 이를 바탕으로 소네트 한 편을 지은 그는 반응을 구하고자 시인 친구들에게 자신의 시를 보냈다. 사랑의 신이 그의 앞에 등장하는 이야기가 담긴 시였다. 사랑의 신은 진홍빛 천만 두른 베아트리체를 품에 안고 자신의 타오르는 심장을 그녀에게 먹였다. 친구들은 그에게 소감을 적어 보냈는데, 그중 하나에는 이런 글이 있었다. "고환을 깨끗이 씻도록 해. 그럼 터무니없는 말을 떠들게 만드는 몽롱함이 사라질 테니까." 단테는 "내 꿈이 진정으로 의미하는 바가 무엇인지 이해하는 사람이 아무도 없다"라며 불만을 터뜨렸다.

✳✳✳ 〈사랑의 성 포위〉, 1350-1370년에 제작된 거울 뒷면의 상아 조각품. '사랑의 성'이 점령당하는 이미지는 세속적인 고딕 미술에서 인기 있는 주제로, 이를 조각으로 새긴 장식함과 (이 거울과 같은) 개인 소지품은 셀 수 없이 많다.

✳✳✳ 단 20개만 전해지는 중세의 '뼈 안장' 가운데 하나로 기사도적인 사랑에 대한 그림이 조각으로 새겨져 있다. 행진에서 돋보이려는 의도로 제작했고, 말을 탄 사람은 안장에 새겨진 복잡한 도상이 잘 보이도록 등자를 밟고 선 채 말을 탔다. 안장에 새겨진 조각에는 원래 파랑과 빨강, 초록으로 선명한 색이 입혀져 있었다.

15 ✽ 피투성이의 암사자

잔 드클리송의 '나의 복수'(1343-1359년)

14세기 장 프루아사르Jear Froissart가 쓴, 잔혹한 백년전쟁을 주제로 한 방대한 역사 산문 『연대기Chronicles』의 사본은 150부 정도가 남아 현재까지 전해지고 있다. 삽화가 실린 사본들은 비위가 약한 사람이 보기 어려울 정도로 유혈이 낭자한 전투 장면이 나온다. 이를 차치하더라도, 프루아사르는 여러 잔혹한 장면을 섬세한 세밀화로 남겼다. 그중에서는 이사벨라 왕비에게 간악무도한 농단이 발각된 디스펜서 2세(1287/1289년 출생)가 광장에서 알몸으로 사다리에 묶인 채 거세당하고, 배를 갈라 내장을 드러내고, 심장을 도려내 불에 던지는 형벌을 받는 장면도 나온다. 1393년 1월 28일 파리에서 벌어진 '불타는 남자들의 무도회' 사건도 등장한다. 샤를 6세를 위해 열린 가장무도회에서 '야만인' 의상을 입고 춤을 추던 프랑스 귀족들의 몸에 불이 붙어 네 명은 불에 타 죽고, 한 명은 와인 통에 뛰어들어 겨우 목숨을 구했다. 이런 끔찍한 재앙이 벌어지던 와중에도 음악가들은 연주를 멈추지 않았다고 한다.

　옆 페이지의 그림은 프루아사르의 『연대기』 중에서도 삽화가 가장 풍성한 사본에 실린 것으로, 1470년대 초반 현재의 벨기에인 플랑드르의 브루게에서 복제·채색되었다. 올리비에 4세 드클리송Olivier IV de Clisson(1300-1343)이 처형당하는 장면으로, 브르타뉴 공국의 제후이자 기사였던 그는 공국의 통치권을 두고 벌어진 왕위 계승 전쟁에서 영국의 지원을 받는 몽포르 가문이 아니라 블루아 백작 가문의

dic et le roy dengleterre a
non enfraindre. Comment
le roy de france fist decapi
ter le sire de clicon z pluss
aultres chlrs de bretaigne
z de normadie. Le C.chp.

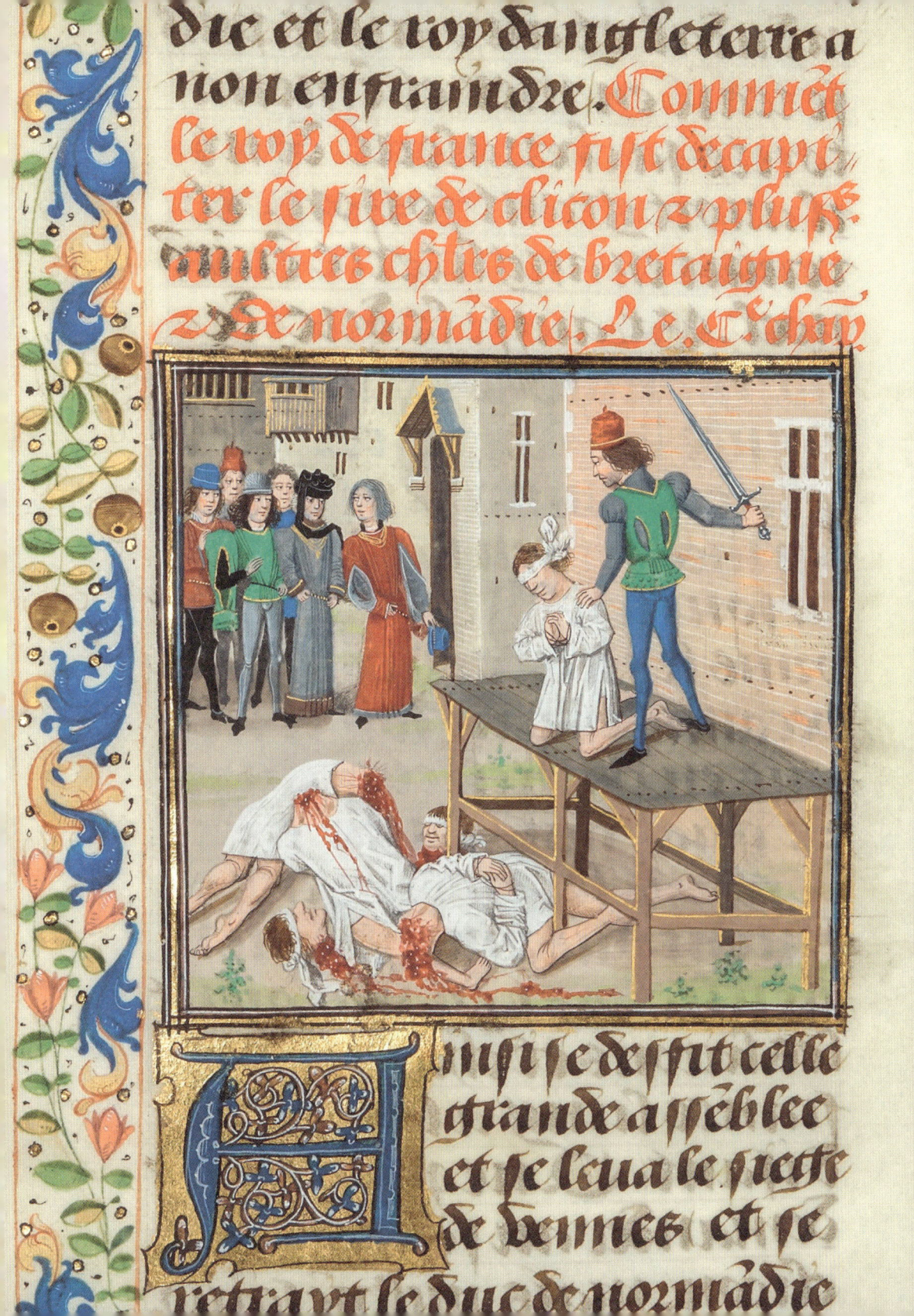

Ainsi se deffit celle
grande assemblee
et se leua le siege
de vennes, et se
retraiyt le duc de normadie

✳✳✳ 삽화가 수록된 벨빌 성무일도서의 한 페이지로 매일 바치는 기도문이 실린 두 권 분량의 이 전례서는 1323년에서 1326년 사이, 장 퓌셀이라는 화가가 제작했다. 성무일도서의 주인이 올리비에 4세 드클리송의 아내, 잔 드벨빌인 만큼 그녀가 제작을 의뢰한 것으로 보인다.

✦✦✦ 잔 드클리송의 사연은 사랑의 복수라는 점에서 소련의 전차병이자 정비공이었던 마리야 바실리예브나 옥탸브르스카야의 이야기와 맥을 같이 한다. 1941년 남편이 동부전선에서 나치군을 상대로 싸우다 전사하자 옥탸브르스카야는 전 재산을 팔아 탱크 한 대를 소련의 전쟁 물자로 기부하며 조건을 하나 내세웠다. 자신이 직접 탱크를 운전해 전쟁터에 나가겠다는 것이었다. 탱크에 '전장의 연인'이라는 이름을 붙인 그녀는 1943년 10월 21일 첫 전투에 참전해 독일 진지를 공격했고, 이후 상사로 진급했으나 1944년 1월 17일이 마지막 전투가 되었다. 포탄 파편에 맞은 그녀는 부상으로 두 달 후 사망했다.

편에 섰다. 도시 반Vannes을 방어하던 드클리송은 영국과 브르타뉴 연합군에 붙잡혔지만 놀랄 정도로 낮은 몸값을 치르고 풀려났다. 이 일로 그가 방어전에서 최선을 다하지 않았고, 연합군과 내통해 도시를 점령할 수 있게 도왔다는 의심을 샀다. 이듬해인 1343년, 영국과 프랑스 사이에 말스트루아 휴전 협정이 체결되어 안심한 그와 노르만 귀족 15명은 덫인 줄 모르고 마상시합에 참석했다가 그곳에서 포박당했고, 재판을 받기 위해 파리로 이송되었다.

드클리송의 아내이자 잔 드벨빌Jeanne de Belleville로도 알려진 잔 드클리송Jeanne de Clisson(1300-1359)은 남편을 구하기 위해 필사적으로 싸웠다. 기록에 따르면, 그녀는 심지어 왕의 친위병에게 '처형을 방해해달라'고 부탁하며 뇌물을 주었다고 한다. 하지만 이내 발각되어 뇌물을 받은 병사는 구속되었다. 1343년 8월 2일, 올리비에 4세 드클리송은 그의 유죄를 입증하는 어떤 증거도 없었음에도 파리의 중앙

시장 라 알에서 참수를 당했다. 이 일은 귀족들을 큰 충격에 빠뜨렸다.

미망인이 된 드클리송이 이런 피비린내 나는 부당함에 어떤 반응을 보일지 아무도 신경 쓰지 않았다. 앞으로 얼마나 큰일이 벌어질지 그 누구도 전혀 예상하지 못했다. 잔 드클리송은 왕의 친위병에게 뇌물을 준 혐의로 감옥에 수감됐지만 탈출했다. 끓어오르는 분노를 발판 삼아 쓰라린 고통을 강철 같은 투지로 승화시킨 그녀는 사랑하는 남편을 비겁하게 살해한 프랑스의 왕 필리프 6세와 샤를 드블루아를 향한 복수를 계획했다.

혼자서 군자금을 마련한 그녀는 클리송 가문의 부동산을 팔아 400명의 군사를 모집했다. 충성스러운 군대를 결성한 그녀는 프랑스 군대의 근거지를 매섭게 공격하기 시작했다. 첫 표적은 비농 외곽의 투푸에 있는 성으로 샤를 드블루아의 사령관이 지휘하는 곳이었다. 잔을 알아본 사령관은 정중하게 그녀를 성안으로 들여보냈다. 그녀와 그녀의 군대는 수비군을 전멸시키고 그 사실을 세상에 알릴 단 한 명만 살려주었다. 낭트 남동쪽의 요새 샤토테보에는 그녀의 남편이 생전에 지휘했던 군대가 있었는데, 이들 또한 같은 운명을 맞았다. 그녀의 군대는 여러 성과 수비군을 거듭 장악하고 약탈하며 나아갔다. 당시 기록자들은 매번 단 한 명의 생존자 외에는 성에서 마주한 모든 사람을 가차 없이 학살하는 그녀의 모습을 기록으로 남겼다.

브르타뉴에서 '피투성이의 암사자 The Bloody Lioness'로 알려진 그녀는 자신의 지지자들과 잉글랜드 왕 에드워드 3세의 도움을 받아 군함 세 척으로 해적 함대를 꾸렸다. 군함을 검은색으로 칠하고 빨간 돛을 달아 기함의 이름을 '나의 복수 My Revenge'라고 지었다. 그녀의 검은 함대 Black Fleet는 비스케이만에서 아홉 달 동안 마주치는 프랑스 선원을 모두 죽이고, 프랑스 배를 족족 침몰시키며 프랑스 왕국을 공포에 떨게 했다.

영국해협까지 진출해 프랑스 상선들을 괴롭힌 그녀의 함대는 마침내 필리프 6세가 파견한 함대에 격파당했다. 하지만 잔과 아들 올리비에는 배에서 탈출해 브르타뉴에 있는 모를레의 안전한 은신처로 피신했다. 그녀는 동요하지 않고 다시 새로운 배들로 함대를 편성해 해적 활동을 이어나갔다. 이후로 13년이 지나서야 비로소 평화로운 은퇴 생활을 누렸다.

16 * 죽은 아내를 위한 대관식

포르투갈의 페드루 1세와 이네스 드카스트루(1361년)

피에르샤를 콩트Pierre-Charles Comte(1823-1895)가 그린 〈1361년 이네스 드카스트루의 대관식Le Couronnement d'Inès de Castro en 1361〉이란 이름의 유화는 포르투갈 역사상 가장 기괴한 순간을 담은 그림이다. 포르투갈의 왕 페드루 1세Pedro I(1320-1367)의 왕비가 책봉되는 순간이었다. 사람들로 가득한 홀에서 페드루는 이네스 드카스트루Inès de Castro 옆에 선 채 신하가 무릎을 꿇고 왕비에게 경의를 표하는 모습을 내려다보고 있다. 그곳에 있는 거의 모든 사람의 시선은 바닥을 향해 있다. 그것이 존경의 표현으로 보인다면 어딘가 이상한 여왕의 혈색과 푹 꺼진 피부에 어떤 내막이 있는지 모르기 때문이다. 사람들은 공포와 혐오감에 시선을 피했을 것이다. 신하가 입을 맞추는 손의 주인이 시체이기 때문이다. 왕비의 대관식을 거행했던 1361년은 이네스 드카스트루가 사망한 지 4년째 되던 해였다.

1340년 열다섯 살이었던 이네스가 카스티

✦✦✦ 그림 속 왕좌에 앉은 이네스 드카스트루의 시체를 확대한 자료.

✦✦✦ 사후에 포르투갈의 여왕이 된 이네스 드카스트루의 석관은 매우 정교한 조각으로 장식되어 있다.

야 가문의 뜻에 따라 페드루의 첫 아내인 카스티야의 콘스탄사Constanza of Castile를 모시는 시녀로 들어오면서 둘은 처음 만났다. 페드루와 이네스는 불륜 관계를 시작했고, 5년 후 콘스탄사가 (이후 포르투갈 왕의 자리에 오르는) 페르난두 1세를 출산하고 얼마 지나지 않아 사망하자 페드루는 부친이자 왕인 아폰수 4세에게 이네스와 혼인하겠다고 허락을 구했다. 그녀를 합당하게 여기지 않았던 아폰수 4세는 그녀를 궁에서 내쫓았지만 그럼에도 페드루와 이네스는 코임브라 인근의 마을에서 관계를 이어가며 1346년에서 1354년 사이에 네 자녀를 낳았다. 두 사람이 머문 집은 후에 '눈물의 저택'이라는 이름을 얻었다. 한편 아폰수 왕은 이네스로 인해 카스티야 사람들이 아들에게 영향력을 행사하게 될 것을 걱정했고, 결국 이네스에게 암살자 세 명을 보냈다. 암살자들은 저택의 분수 옆에서 그녀를 발견하고 잔인하게 살해했다.

큰 상실감에 빠진 페드루는 이네스를 코임브라의 산타클라라아벨랴수도원에 묻었다. 1357년 부친의 사망으로 왕위를 물려받은 페드루는 곧장 복수를 다짐했다. 아내를 살해한 암살자 두 명이 잡히자 그는 자신의 눈앞에서 이들의 심장을 적출하라는 명령을 내렸다. 그런 뒤 그는 자신이 이네스와 비밀리에 혼인한 사이라고 밝혔다. 이는 심장이 멈췄다 하더라도 그녀가 적법한 포르투갈의 왕비라는 의미였다(페드루가 1357년에 거행된 자신의 즉위식에서 이네스의 대관식도 함께 치러야 한다고 주장했다는 설도 있지만, 이 그림은 1361년 이네스의 시체를 꺼내 왕비로 임명했다는 다른 버전의 이야기를 바탕으로 한다). 왕비의 대관식을 위해 이네스 드카스트루의 시체를 파내어 왕비의 의복을 입히고 왕좌에 앉혔다. 페드루의 이러한 로맨틱한 행동에는 둘 사이에 태어난 자녀들에게 정당성을 부여하려는 현실적인 계산도 있었다. 이후 시신은 그녀의 석상이 새겨진 석관에 안치되어 알코바사수도원으로 옮겨졌다. 페드루의 무덤은 그녀의 맞은편에 세워졌는데, 이는 죽은 자들이 모두 부활해 천국으로 가게 되는 최후의 심판의 날이 오면 두 사람이 다시 만나기 위함이었다.

17 연인에게 바치는 궁전

타지마할과 사마르칸트의 모스크(15세기)

세계에서 가장 유명한 건축물이라 할 만한 이곳의 중심부에는 비밀이 하나 숨겨져 있다. 하얗게 빛나는 타지마할Taj Mahal 묘소를 매일같이 찾는 수많은 방문객은 거대하고 둥근 양파 모양의 돔 아래에 자리한 두 석관을 마주한다. 아름답게 장식된 이 석관들은 무굴제국의 황제 샤 자한과 아내 뭄타즈 마할의 것이다. 하지만 이것이 가짜 석관이고, 황제와 황제가 지극히 사랑한 나머지 건축물로 기리고자 했던 여성의 진짜 묘는 지하에 있다는 사실을 아는 사람은 많지 않다. 그곳에서 두 사람은 함께 안식을 취하고 있다.

1628년 1월부터 1658년 7월까지 샤 자한Shah Jahan(1592-1666)이 재위한 기간은 무굴제국의 문화적 황금기로, 예술과 건축이 새로운 경지에 이른 시기였다. 황제의 유산은 그의 치세에 건립된 수많은 건축물에 고이 새겨져 있는데, 아그라의 진주 모스

❖❖❖ 샤 자한과 뭄타즈 마할.

크가 그중 하나다. 그는 델리에 신도시를 건설해 수도로 삼기도 했다. 붉은 요새라고 불리는 거대한 성과 위대한 자미 마스지드 모스크, 샬리마르 정원, 페샤와르의 마하바트 칸 모스크도 빼놓을 수 없지만, 그가 전 세계의 문화적 기억에 각인된 계기는 1631년부터 시작된 타지마할('궁전의 왕관'이라는 뜻) 건축이었다. 세 번째 부인이자 그가 가장 사랑한 아내로, 후에 뭄타즈 마할Mumtaz Mahal('궁전의 보석')이라는 이름을 얻은 아르주만드 바누Arjumand Banu(1593-1631)가 열네 번째 아이를 출산하던 중 사망하자 그 깊은 상실감에 필적하는 웅장한 규모로 지은 건축물이다. 그녀가 사망하기 전까지 두 사람은 뗄 수 없는 사이였다고 한다. 왕비는 아름다운 외모로 정평이 나 있지만, 그뿐만 아니라 믿을 만한 조언자였고, 황실의 인장을 하사받기도 했다. 궁정 기록원이었던 모타미드 칸Motamid Khan은 『자한기르의 영광의 서Iqbal Namah-e-Jahangiri』에서 미모와 지성을 갖춘 그녀의 매력 때문에 다른 여성들

✦✦✦ 뭄타즈 마할(왼쪽)과 샤 자한(오른쪽)의 실제 무덤.

은 빛을 잃었고, 황제는 다른 아내들과의 관계에 관심을 두지 않았으며, 그들과는 "혼인 관계 그 이상이 아니었다. 샤 자한이 뭄타즈와 나눴던 친밀함, 깊은 애정과 관심, 편애는 다른 부인들과는 차원이 달랐다"라고 기록했다.

형제들 간의 왕위 계승 다툼에서 승리를 거둔 셋째 아들 오랑제브에 의해 황제는 아그라 요새에 가택 연금을 당한 채 마지막 8년을 보냈다. 자한의 장녀 자하나라 베굼 사히브가 부친을 돌보기 위해 자발적으로 그곳에 함께 갇혀 지냈고, 황제는 장녀의 돌봄 속에 1666년 1월 30일, 77세의 나이로 사망했다. 오랑제브는 샤 자한을 뭄타즈 마할의 묘비 옆에 안치하는 데 동의하며 이렇게 썼다. "아버지는

✦✦✦ 사마르칸트에 있는 비비하님 모스크.

어머니를 향해 깊은 사랑을 보여주었다. 따라서 아버지의 안식처를 어머니와 가까운 곳에 마련하겠다."

우즈베키스탄의 사마르칸트에 있는 비비하님 모스크Bibi-Khanym Mosque는 타지마할만큼 알려지지는 않았지만 그 화려함은 뒤지지 않는, 이슬람권에서 가장 아름다운 모스크 중 하나다. 1399년 타메를란Tamerlane('절름발이 티무르'라는 뜻으로 티무르의 별명—옮긴이), 즉 티무르 황제의 황후이자 배우자인 사라이 물크 하눔Saray

✧✧✧ 런던의 앨버트 기념비. 1861년 앨버트 공이 사망하자 빅토리아 여왕은 사랑하는 남편을 기리기 위해 기념비 건립을 의뢰했고, 1876년 완공했다. 이 기념비가 관련 건축물 중 가장 유명하지만, 처음 세워진 앨버트의 기념물은 아니다. 토머스 워딩턴이 설계한 맨체스터의 앨버트 기념비는 앉아 있는 앨버트의 모습을 담은 첫 기념비로 1865년에 완성됐고, 이보다 이른 1862년에는 스와니지에 그를 기리는 오벨리스크 기념비가 세워졌다.

✦✦✦ 석상으로 된 거대한 책 받침대가 있는 사마르칸트의 비비하님 모스크는 15세기에 지어진 건축물로 이슬람권에서 가장 아름다운 모스크 중 하나다.

Mulk Khanum(1343-1406)은 원정을 떠난 남편을 놀래주려 사원 건립을 지시했다. 최고의 건축가와 장인이 쉼 없이 매달려 1404년에 비비하님 모스크('가장 오래된 아내의 모스크')를 완성했다. 지금도 그곳의 뜰 중심에는 길이 2.28미터, 너비 1.98미터에 이르는 석상으로 된 책 받침대가 놓여 있다. 현재는 비어 있지만 과거에는 금으로 장정되어 무게가 300킬로그램에 달하는, 세계에서 가장 오래된 쿠란 중 한 권이 놓여 있었다. 이 쿠란은 본래 무함마드(이슬람교 창시자이자 예언자—옮긴이)의 사위인 우스만의 것이었는데, 우스만이 쿠란을 읽던 중 살해당해 그의 피가 튀었고 이로 인해 성물이 되었다. 한 성자가 사마르칸트로 가져온 이 고대 유물은 몇 세기 동안 석상으로 된 받침대에 안치되어 지역 사람들과 순례자들의 숭배를 받았다. 사람들은 이 쿠란이 아이를 바라는 이들에게 마법과도 같은 힘을 발휘한다고 믿었다. 아들을 원하는 여성이 임신하길 바라는 기도를 외우며 받침대를 세 바퀴 돌면 그 바람이 이루어진다는 이야기가 있다.

18 영원한 포옹
묘비와 석관에 새긴 부부 조각상

"대지가 그대의 팔과 다리를 원할 때, 그대는 진정으로 춤추게 되리라." 시인 칼릴 지브란 Khalil Gibran(1883-1931)이 남긴 글이다. 고고학이 발견한 가장 특이하고도 가슴 아픈 유물은 이러한 죽음의 춤을 영원히 함께하는 커플들이다. 아래에 보이는 에트루리아의 석관 뚜껑은 기원전 350년에서 300년 사이에 응회암으로 조각된 것으로 가장 아름다운 합장의 모습을 보여준다. 주름진 깔개 위에 남편과 아내가 베개를 함께 베고 누워 애정 어린 포옹을 나누고 있다. 이 석관은 그 시대의 합장묘로 전해지는 몇 안 되는 귀한 유물일 뿐 아니라 예술적 가치만으로도 훌륭한 작품이다. 석관 네 면은 긴 띠 형태의 정교한 조각으로 장식되어 있는데, 각각 그리스인들과 여전사들의 전투, 사자 두 마리가 황소 한 마리를 물어 쓰러뜨리는 장면, 그리핀 두 마리가 쓰러진 말을 물어뜯는 장면, 전투를 벌이는 기병들과 보병들의 중심에서 벌거벗은 병사가 칼과 방패를 들고 영웅의 자세를 취하는 모습이 새겨져

있다. 하지만 무엇보다 우리의 감탄을 자아내는 것은 석관 뚜껑에 조각된 부부로, 이들의 모습은 놀라울 정도로 사람의 심장 형태를 닮았다. 석관에 새겨진 글을 통해 이것이 탄크빌 타르나이와 그녀의 남편이자 아른스 테트니에스와 람타 비스나이의 아들, 라르스 테트니에스의 묘라는 사실을 알 수 있다.

 에트루리아는 그리스에 비해 여성이 의식과 공적 활동에서 중요한 역할을 했던 만큼 에트루리아의 예술품에서 부부가 함께 등장하는 모습을 쉽게 찾아볼 수 있다. 그 증거이자 에트루리아의 장례 예술품 가운데 가장 뛰어난 작품으로 꼽히는 (아래의) '부부의 석관Sarcophagus of the Spouses'은 기원전 530년에서 510년 사이에 제작된 것으로, 부부가 미소를 머금은 채 함께 베개에 기대 즐거운 시간을 보내는 모습이 조각되어 있다. 남편의 팔은 다정하게 아내의 어깨에 올라가 있다. 이 석관은 실제로 사망한 부부의 유골을 보관하기 위해 제작된 함으로, 400개의 조각으로 부서져 있던 것을 공들여 다시 복원했다. 지금은 로마의 빌라줄리아 국립에트루리아박물관에 안치되어 있다.

✦✦✦ 기원전 530년에서 510년에 만들어진 부부의 석관 테라코타는 에트루리아 예술품 중에서도 걸작으로 꼽힌다.

놀랍게도 에트루리아의 유물보다 2천 년도 더 전에 완전히 다른 대륙에서 제작된 조각상에서도 비슷한 모습을 발견할 수 있다. 옆의 그림에서 볼 수 있듯, 이 조각상에서도 애정 어린 미소를 머금고 편안하고도 친밀하게 서로에게 팔을 두른 부부의 모습이 표현되어 있다. '왕의 지인인 메미와 사부The King's Acquaintances Memi and Sabu'는 뉴욕 메트로폴리탄미술관 소장품으로 사부의 머리 모양으로 미루어 이집트 고왕국 시대인 기원전 2575년경에서 2465년 사이에 제작된 조각상으로 보인다. 관련 정보가 거의 없지만 멤피스 지역의 기자 서부 묘지에서 발견된 것으로 추정되고, 조각상에 새겨진 글로 보아 이들이 왕족은 아니지만 왕족의 '지인'이었음을 알 수 있다. 무엇보다 이 유물을 진정으로 돋보이게 하는 것은 조각 그 자체인데, 언뜻 보면 그 위대함을 놓치기가 쉽다. 이러한 부부 조각상에서는 남성이 한 걸음 앞으로 나와 좀 더 지배적인 느낌을 주는 자세가 흔하다. 하지만 이 조각상은 부부가 나란히 서서 사부가 오른팔로 메미의 허리를 감아 남편의 포옹에 응답하고 있다. 4,500여 년 전의 행복한 부부 관계를 기념하는 조각상처럼 보인다.

✦✦✦ 이집트 고왕국 시대인 기원전 2575년경에서 2465년 사이에 제작된 메미와 사부의 조각상.

죽음 후에도 포옹을 나누는 부부는 영국의 유명 석관에서도 찾아볼 수 있다. 치체스터대성당에 있는 이 석관은 10대 아룬델 백작인 리처드 피츠앨런Richard Fitzalan(1376년 사망)과 그의 두 번째 아내 랭커스터의 엘리너Eleanor of

✦✦✦ 메미와 사부의 조각상과 놀라울 정도로 유사한 자세로 앉아 있는 도곤족 부부상은 18세기 또는 19세기 초에 서아프리카에서 만들어졌다. 삶을 함께하는 조화로운 동반자로서 서로 다른 동시에 상호 보완적인 남성과 여성의 역할을 우아하게 표현한 작품이라 해석된다.

✦✦✦ 클루지나포카의 연인들. 루마니아 클루지나포카의 과거 도미니크수도원에 있던 신성한 묘지에서 2013년 고고학자들이 발견한 이 유골은 지난 5천 년간 손을 잡고 있었다. 사망 당시 30세 정도였을 이들은 손을 맞잡은 채 서로를 마주 보는 자세로 묻혔다. 남성은 한차례 심각한 구타를 당한 것으로 보인다.

✢✢✢ 1956년 1월 연인 모니카 존스가 사망한 후 치체스터대성당을 다녀온 필립 라킨은 「아룬델 무덤」이라는 시를 써 '우리 중 살아남을 것은 사랑'이라고 밝혔다. 그의 마음에 큰 감동을 안긴 것은 아룬델의 백작 리처드 피츠앨런(1313?-1376)과 그의 두 번째 아내 랭커스터 엘리너(1318-1372)가 손을 잡고 나란히 누워 있는 석관이다.

Lancaster(1372년 사망)의 안식처로 여겨진다. 남성은 피츠앨런 가문의 문장이 새겨진 전사용 갑옷을 입은 한편, 여성은 우아한 베일을 쓰고 있다. 기사는 용기를 상징하는 사자 위에, 그의 아내는 충성심을 의미하는 개 위에 다리를 올려두었다. 아내의 손을 잡은 남성의 오른손은 장갑을 벗은 채 연약함을 그대로 드러냈다. 이 성당을 방문한 시인 필립 라킨Philip Larkin은 함께 안식을 취하고 있는 남편과 아내의 모습에 크게 감동한 나머지, 그들을 기리며 「아룬델 무덤An Arundel Tomb」(1956)이라는 시를 쓰고 마지막을 이렇게 맺었다.

> 돌로 새긴 신의信義
> 두 사람이 의도하지 않았으나
> 이들의 마지막을 장식한 그것은
> 우리가 본능적으로 진실에 가깝다고 느끼는 것이 사실이라고 말한다
> 바로 우리 중 살아남을 것은 사랑이라는 사실 말이다

✦✦✦ J. W. C. 판호르큄과 그의 아내 J. C. P. H. 판아페르던의 무덤이 개신교와 가톨릭 묘지를 나누는 담장을 넘어 손을 맞잡고 있다.

네덜란드 루르몬트의 오래된 묘지 헤트 아우더 케르크호프에 있는 특별한 무덤 한 쌍은 손을 맞잡으면 죽음이라는 장벽만이 아니라 사회적 장벽 또한 넘을 수 있다는 사실을 보여준다. 네덜란드 기병 부대의 지휘자이자 림뷔르흐의 의용대 대장이었던 J. W. C. 판호르큄van Gorcum은 38년간의 결혼 생활을 끝으로 1880년에 사망한 뒤 지역의 개신교 묘지 외벽 앞 무덤에 안치되었다. 8년 후, 그의 아내이자 가톨릭 신자인 J. C. P. H. 판아페르던 van Aefferden은 사망하며 가족묘가 있는 가톨릭 묘지에 묻히고 싶지 않다는 말을 남겼다. 대신 그녀는 남편의 무덤이 맞닿아 있는 담장 앞에 묻어, 옆의 사진처럼 두 사람이 손을 맞잡은 듯이 비석을 세워달라고 요청했다. "사랑받는 이들은 죽음이 가능하지 않다." 에밀리 디킨슨은 이렇게 적었다. "사랑은 불멸이기 때문이다."

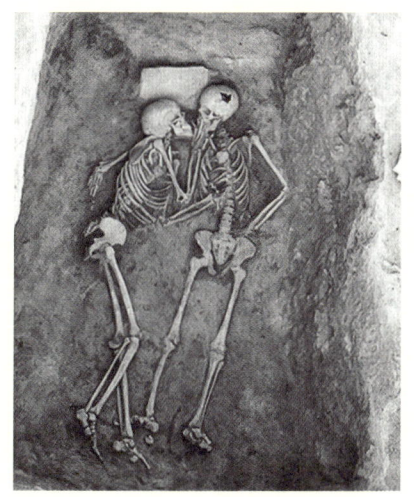

✱✱✱ 발다로의 연인들은 6천여 년 전 유골로 추정된다. 2007년 고고학자들이 이탈리아의 만토바 인근, 산조르조에 자리한 신석기시대 무덤에서 '연인의 포옹'을 나누는 이 유골들을 발견했다.

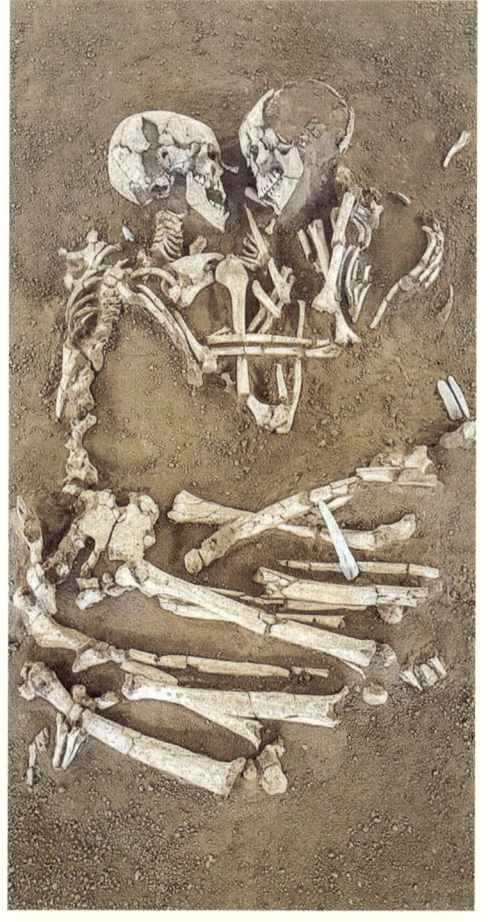

✱✱✱ 하산루 연인들은 1972년 이란 서아제르바이잔주의 유적지 테페 하산루에서 발견되었다. 두 남성은 기원전 800년경 함께 질식사했다.

✱✱✱ 2009년, 오늘날 이탈리아 모데나에서 고고학자들이 손깍지를 낀 두 남성의 유골을 발견했다. 모데나의 연인들이라고 불리는 이 유골은 4세기에서 6세기 사이의 것으로 추정된다.

19 ✳ 그림 속에 숨은 비밀
⟨지오반니 아르놀피니와 그의 부인의 초상⟩(1434년)

얀 반에이크Jan van Eyck(1390?-1441)가 1434년에 그린 ⟨지오반니 아르놀피니와 그의 부인의 초상Arnolfini Portrait⟩만큼 집요하고도 철저하게 연구된 그림은 없었다. 한 부부를 그린 그림을 들여다보며 이곳저곳에 담긴 상징과 실마리를 쫓다 보면 조금씩 어딘가 어긋난 듯한 기이함이 느껴진다. 이 개인적인 공간에 자리한 모든 요소가 단 하나의 메시지, 즉 부부의 부유함을 드러내기 위해 신중하게 선택되고 준비된 것처럼 보인다. 빛나는 샹들리에의 정교한 금속 공예와 괴상한 볼록거울, 스테인드글라스 창과 바깥으로 언뜻 보이는 벚나무가 심긴 정원. 사치품이나 다름없는 과일이 창턱과 그 근처에 있는 나무로 된 함 위에 무심히 놓여 있고, 바깥에서 들어온 빛으로 화려하게 조각된 가구와 이를 장식하는 비싼 직물이 은은한 진홍색으로 빛난다. 이 진홍색을 배경으로 부부가 입은 호화로운 털, 실크, 벨벳, 울의 색감이 뚜렷하게 대비된다. 바닥에는 동양풍 카펫이 깔려 있다.

하지만 좀 더 가까이 다가가 특이한 점들을 자세히 살펴보면 의문이 피어오른다. 그림에는 종교적 상징이 가득하다. 볼록거울은 그리스도의 수난 장면을 묘사한 10개의 작은 그림으로 장식되어 있다. 왼쪽 아래에 그려진 남성의 나막신은 (그리고 뒤편에 보이는 여성의 신발도) 출애굽기 3장 5절 "너의 선 곳은 거룩한 땅이니 네 발에서 신을 벗으라"를 의미하는 것이 분명하다. 신성한 의식을 행한다는 증거일까? 샹들리에에는 촛불이 하나만 켜져 있는데, 이는 지켜보는 신의 눈을 뜻

✦✦✦ 초상화 속 볼록거울을 자세히 보면 부부의 맞은편에 선 두 인물이 보이는데, 그중 하나를 반에이크로 추측한다.

한다. 티 하나 없이 깨끗한 볼록거울은 전통적으로 성모 마리아의 순결함을 상징한다. 그 옆에는 구슬 묵주가 걸려 있다. 창가의 오렌지들은 다산을, 벚나무는 사랑을 의미한다(언뜻 여성이 임신한 것처럼 보일 수 있지만 사실은 당시 예법에 따라 드레스를 한 움큼 감싸 잡았을 뿐이다).

그렇다면 이 그림 속 인물은 누구일까? 정확히는 알려진 바가 없다. 최초로 이 작품이 소장된 목록에는 그림 속 창백한 남성을 '에르놀 르 핀' 또는 '아르누 핀'이라고 기록했는데, 아마도 브루게에서 거주한 이탈리아 상인 조반니 디니콜라오 아르놀피니Giovanni di Nicolao Arnolfini라고 추측한다. 이 그림이 그려진 시기와 그의 나이가 어느 정도 일치한다. 그림 속 여성은 그의 두 번째 부인으로 보인다. 그는 첫 부인 코스탄차 트렌타Costanza Trenta가 1433년에 사망한 후 재혼했지만 이를 기록으로 남기지는 않았다. 최근에는 이 그림이 코스탄차가 살아 있을 때 그리기 시작해 그녀가 사망하고 1년 뒤에 완성된 사후 초상화라는 이론에 힘이 실리고 있다.

1934년 미술사학자 에르빈 파노프스키Erwin Panofsky는 이 작품이 결혼식을 입증하는 법적 증거로 그려진 그림이라고 주장했다(오늘날에는 논쟁의 여지가 있는 이론이다). 부부의 손을 보면 결혼식에서 혼인을 서약하는 모습이 연상되고, 볼록거울

위로 보이는 반에이크의 서명은 그림에 남기는 화가의 서명이라기보다는 공문서의 형식에 가깝다. 서명에는 Johnnes de Eyck Fuit hic. 1434('얀 반에이크가 이곳에 있었다. 1434')라고 적혀 있다.

무엇보다 그림 속에서 가장 특이한 부분은 뒤쪽 벽에 걸린 볼록거울이다. 세부 묘사에 뛰어난 반에이크의 특징이 멋지게 발휘되었다. 방의 전경이 완벽한 비율로 축소되어 비치는 거울 속에는 부부의 앞, 그러니까 그림에는 드러나지 않는 곳에 두 명의 인물이 서 있는 모습이 보인다. 반에이크가 조수와 함께 이 집에 온 자신의 초상을 교묘하게 그려 넣은 것일까?

✦✦✦ 좀 더 분명하게 부부의 낭만적인 모습을 담아낸 1609년경 그림 〈인동덩굴 그늘 아래〉. 바로크 시대의 플랑드르 화가 페테르 파울 루벤스와 그의 첫 아내 이사벨라 브란트의 자화상이다. 1609년 10월 3일 두 사람의 결혼을 기념하는 그림으로 사랑과 신의를 상징하는 인동덩굴과 다산을 의미하는 정원 등 낭만적인 상징이 가득하다. 부부는 오른손을 맞잡으며 결혼으로 하나가 되었음을 보여주는 손동작을 하고 있다.

20 * 남편과 아내의 결투의 역사
한스 탈호퍼의 『싸움의 책』(1459년)

15세기에서 16세기 초, 싸움의 기술을 알려주는 지침서에 특이한 유행이 번졌는데, 옆 페이지에 실린 그림들처럼 기괴한 삽화를 싣는 것이었다. 부부관계가 파경에 이르렀을 때를 위한 해결책 몇 가지를 생생하게 묘사한 이 그림은 독일의 검술 대가이자 용병이었던 한스 탈호퍼Hans Talhoffer(1410-15? 출생, 1482? 사망)가 1459년에 출간한 『싸움의 책Fechtbuch』에서 가져온 것이다. 책의 한 챕터는 당시 부부 사이의 분쟁을 해결하는 데 어떠한 선택지가 가능했는지를 보여준다. 부부가 합의에 이르거나 이혼을 발효할 마땅한 법적 장치가 없는 경우, 게르만의 법적 관례를 따라 결투 재판을 벌였다.

결투 재판을 묘사한 9장의 그림을 보면 신체적 우위에 있는 남성은 형평성을 위해 허리 깊이의 구덩이 안에 들어가 있다. 남편은 검을 든 반면 아내는 돌을 넣은 천 같은 것을 곤봉처럼 휘두르고, 두 사람 모두 상·하의가 연결되어 머리까지 감싸는 옷을 입고 있다. 불리한 위치에 있는 남성이 얻어맞고, 뒤로 넘어간 채 목이 졸리고, 얼굴을 찔리고, 헤드록을 당하는 그림이 이어진다. 남성은 칼을 크게 휘둘러 아내의 다리를 베고, 아내를 구멍 안으로 끌어당겨 머리부터 곤두박질치게 만드는 등 공격에 몇 차례 성공하기도 한다. 두 사람이 피를 흘리며 바닥에 쓰러진 채로 숨이 끊어진 모습을 담은 마지막 그림에는 "서로 끝을 내다"라는 글귀가 적혀 있다.

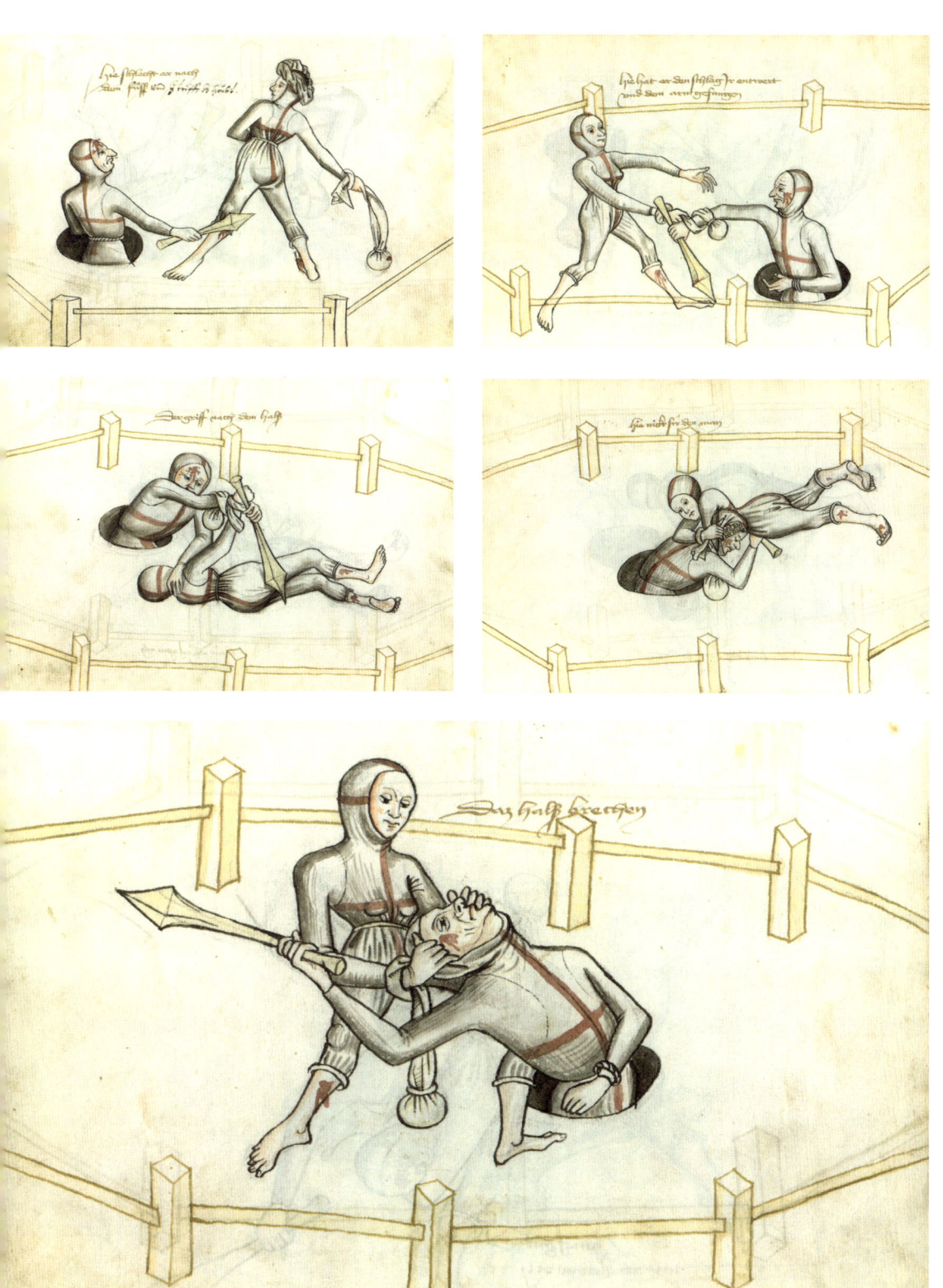

바이에른 왕실의 검술 대가였던 파울루스 칼이 1400년에 만든 필사본은 초기의 싸움 지침서 중 하나로, 단검이나 검, 삽, 돌로 싸우는 법과 부부 간의 결투 진행 방식이 적혀 있다. 칼은 남편이 구덩이 안에 서 있는 그림 옆에 남성이 불리한 점을 다음과 같이 적어두었다. "분명 단단히 마음을 먹고 나왔을 여성의 전투복 소매는 작은 자루처럼 115센티미터 정도 길게 늘어져 있다. 그 안에는 1.4킬로그램 정도 무게의 돌이 들어 있다. 여성은 전투복 외에는 달리 소지한 것이 없고, 전투복은 위아래가 이어져 다리 사이의 끈으로 고정되어 있다. 남성은 아내와의 결투를 준비하며 구덩이 안으로 들어간다. 허리 아래로는 파묻힌 채 한 손은 팔꿈치 높이에 고정되어 묶여 있다."

마지막으로 기록된 부부 사이의 결투 재판이 스위스 바젤에서 1400년에, 즉 칼이 필사본을 집필했을 당시에 행해졌으므로, 이후 부부의 결투를 다룬 글들은 칼의 필사본에 나온 정보를 그대로 베꼈다고 볼 수 있다. 부부 사이의 결투 관행이 사라진 것은 여성을 향한 사회적 인식이 완화되었기 때문이 아니라 도리어 그 반대인 것으로 보인다. 이를 두고 사학자 앨리슨 쿠더트Allison Coudert는 다음과 같이 설명했다. "15세기와 16세기에 법과 관습, 종교는 공격적이고 자기주장이 강한 아내에게 불리하게 작용했기에 유럽 어느 곳에서도 아내가 남편에게 검은커녕 돌로 공격하는 일을 용인하는 시민 정부가 있었으리라 상상하기는 어렵다."

결투가 선택지에 없었던 영국의 불행한 부부들은 아내를 판매하는 괴이한 관습을 택할 수 있었다. 17세기 후반 영국에서 갑자기 생겨난 것으로 보이는 이 관습은 무려 20세기가 시작될 무렵까지 행해졌다는 기록이 있다. 합법적인 이혼은 부유한 이들에게만 가능한 선택지였다. 당시 매우 엄격한 영국의 이혼법에서 예외를 인정받기 위해서는 의회에서 개별사건법률을 적용받아야 했는데, 이 절차는 보통 사람들에게는 감당할 수 없을 정도의 비용과 시간을 쏟아야 하는 일이었다.

✦✦✦ 독일의 검술 대가이자 모자 장수 외르크 빌할름(15세기 후반-16세기 중엽)이 1523년에 쓴 싸움 책 필사본의 한 페이지다. 그림의 위에는 수염을 기른 성직자 두 명이 스파이크가 박힌 몽둥이를 서로에게 휘두르려 하고, 아래에는 아내가 천으로 급조한 철퇴로 남편을 내려칠 준비를 하며 행복한 얼굴을 하고 있다.

✦✦✦ 〈아내 경매〉, 토머스 롤런드슨(1756-1827)의 1814년 펜 스케치 작품으로 아내를 판매하는 영국의 관습을 그림에 담았다.

그래서 사람들은 법적 기반은 없지만 사람들에게는 인정받는 유사 이혼이라는 관습을 따랐다. 결혼생활에 종지부를 찍고자 하는 부부는 공개 경매에 참가해 아내를 사람들 앞에 세워두고 장점을 소개했다. 괴이하게 느껴지지만 당시 여러 자료를 보면 이 관행은 실로 부부 모두에게 이롭게 작용했다. '낙찰자'는 보통 아내의 연인일 때가 많았기에 다들 자유를 얻고 자신의 행복을 찾아 떠나는 셈이었다.

아내 판매에 관한 가장 인상적인 사례는 2대 챈도스 공작 헨리 브리지스Henry Brydges(1708-1771)의 전기에 등장한다. 공작은 런던으로 가던 중 식사를 하러 뉴베리에 있는 펠리컨 여관에 들른다. 그곳에서 객실 청소부이자 그의 두 번째 아내가 될 앤 웰스Anne Wells를 처음 만났다. 전해지는 이야기에 따르면 그가 숙박업소에 머무를 당시 한 남성이 마당에서 자신의 아내를 팔고 있었다고 한다. 밖으로 나간 공작의 눈에 고약한 남편에 의해 경매에 오른 여성이 들어왔다. 공작은 그녀를 자유롭게 해주기 위해 돈을 치렀고, 이후 1744년 크리스마스에 두 사람은 결혼해 1759년 여성이 사망할 때까지 함께했다.

21 ✱ 풀리지 않은 유니콘의 미스터리

〈유니콘 태피스트리〉(1499년)

토머스 브라운 경Sir Thomas Browne이 당시 많은 사람이 믿었던 오해와 미신을 폭로한 저서 『전염병 유견Pseudodoxia Epidemica』(1646)에서 유니콘을 다뤘을 때는 이미 유니콘 신화가 1,600년 이상 이어져 내려온 뒤였다. 유니콘은 이미 문학과 예술의 소재로 널리 활용되었고, 다산과 유혹부터 순수함, 신성함, 치유, 희생까지 수많은 상징성이 확립된 후였다. 그럼에도 뉴욕 메트로폴리탄미술관에 전시된 울과 은, 금을 엮어 만든 7개의 거대한 공예품 〈유니콘 태피스트리The Unicorn Tapestries〉 또는 〈유니콘 사냥The Hunt of the Unicorn〉에서 각 유니콘이 어떤 의미인지, 누가 제작하고 의뢰했는지 아직도 의견이 분분하다는 사실이 놀라울 뿐이다. 꼭두서니(붉은색)와 대청(푸른색), 목서초(노란색)로 염색한 색이 여전히 선명하게 빛나는, 중세의 신비스러운 유물 중 가장 아름다운 이 작품을 누가 만들었는지, 또 어떤 순서로 봐야 하는지 하나도 알려진 바가 없다.

유니콘이 사냥을 당해 갇힌 것으로 봐서 암호가 숨겨진 성혼 서약서의 일부이자, 부유한 커플의 혼인을 축하하기 위해 제작된 것이라는 설이 중론이다. 기독교적 상징들도 있어 그리스도의 수난을 의미하는 알레고리로 해석하기도 한다. 〈숲으로 들어선 사냥꾼들The Hunters Enter the Woods〉이라는 이름의 태피스트리는 밀플뢰르millefleur('천 개의 꽃'이라는 뜻으로, 다양한 작은 꽃과 식물을 빼곡하게 채우는 배경 양식—편집자) 양식으로, 벚나무를 포함해 꽃을 피운 갖가지 나무와 꽃이 무성한

✦✦✦ 〈감금된 유니콘〉

✦✦✦ 〈숲으로 들어선 사냥꾼들〉.

✦✦✦ 〈유니콘을 발견하다〉.

푸른 들판을 배경으로 한다(7개의 태피스트리에 101종에 달하는 식물이 등장하는데, 그중 85종은 어떤 식물 종인지 밝혀졌다). 복잡한 배경에 눈이 조금 익숙해지고 나면 벚나무 몸통에 새겨진 'A & E'라는 글자를 확인할 수 있고, 다른 네 편의 장면에서도 이를 찾아볼 수 있다. 이 글자들은 태피스트리의 주인을 암시하는 것으로 보이지만 그들이 누구인지는 아직도 비밀에 싸여 있다. 정찰을 나선 사람이 벚나무 아래서 들뜬 모습으로 사냥꾼들을 향해 손을 흔든다. 유니콘을 발견한 것이다.

〈유니콘을 발견하다 The Unicorn is Found〉에는 오색방울새와 꿩들이 앉아 있는 분수 앞에 유니콘이 물을 정화하려는 듯 분수에서 물이 나오는 곳에 뿔을 담그고 있다. 유니콘 주변으로 사냥꾼 12명이 둥그렇게 모여 있는데, 그리스도의 열두 제자와 같은 숫자다. 분수에서 나오는 물이 흐르는 개울 주변으로 중세에 해독용 약초로 쓰였던 식물들(세이지, 금잔화, 오렌지)이 가득 자리하고 있다.

〈공격을 당하는 유니콘 The Unicorn is Attacked〉에서는 순식간에 혼돈의 전투 상황으로 장면이 전환된다. 몇 명이 뿔피리를 불고, 사냥꾼들은 개울을 뛰어넘어 도망치는 유니콘을 향해 창을 찔러 넣으려 한다('A & E'라는 글자가 태피스트리 각 네 모서리와 중앙에 자리한 오크나무에서 또 한번 발견된다).

〈방어하는 유니콘 The Unicorn Defends Itself〉에서 유니콘은 사냥꾼을 향해 뒷발로 세차게 발길질을 하는 동시에 뿔로는 그레이하운드 한 마리를 반으로 가르듯 길게 베었다. 왼쪽 하단에 그려진 뿔피리를 부는 사냥꾼의 칼집에 ave regina c[oeli]('하늘의 여왕에게 경배를')이라는 글귀가 적혀 있다.

〈순결한 여성에게 잡힌 유니콘 The Unicorn Captured by the Virgin〉은 두 개의 작은 태피스트리 조각으로만 전해진다. 울타리를 친 정원에 갇힌 유니콘은 한 순결한 여성에게 복종하고, 이 여성은 사냥꾼을 향해 뿔피리를 울리라는 손짓을 한다.

〈죽은 유니콘을 성으로 데려가다 The Unicorn is Killed and Brought to the Castle〉에는 두

✳✳✳ 〈공격을 당하는 유니콘〉.

✳✳✳ 〈방어하는 유니콘〉

✦✦✦ 〈순결한 여성에게 잡힌 유니콘〉의 태피스트리 조각들.

✦✦✦ 〈죽은 유니콘을 성으로 데려가다〉.

가지 스토리가 한 태피스트리에 담겨 있는데, 모두 그리스도의 고난을 뚜렷하게 상징한다. 태피스트리 왼쪽에 사냥꾼들이 유니콘을 창으로 찔러 죽이는 한편, 이들의 일행인 한 남성이 뿔피리로 유니콘의 피를 받고 있다. 이는 십자가에 못 박힌 그리스도의 피를 성배에 받은 천사들을 떠올리게 한다. 중앙에는 아까 그 유니콘이 말 등에 실린 채 왕실 사람들 앞에 자리하고 있는데, 목에는 그리스도처럼 가시나무로 만든 관을 두르고 있다.

마지막으로 등장하지만 가장 중요한 이미지를 담은 〈감금된 유니콘The Unicorn in Captivity〉은 이번 장 서두에서 한 페이지(141쪽 그림)를 장식하고 있다. 이 태피스트리 연작 중 가장 많은 사랑을 받는 작품이자 연작의 일부가 아니라 단독 태피스트리로도 제작됐을 가능성이 있는 작품이다. 나무에 느슨하게 묶인 유니콘은 만족스러운 얼굴을 하고 있고, 울타리를 둘러쳤지만 유니콘이 원한다면 충분히 뛰어넘을 수 있는 높이다. 나무에 열린 잘 익은 석류들은 중세에 다산과 결혼을 상징했으므로, 상류층 신혼부부의 첫날 밤 침대 머리 위에 걸어놓는 용도로 이 태피스트리를 제작했다는 가설에 힘을 싣는다.

태피스트리 연작에 담긴 수수께끼의 해답을 당당하게 세상에 공표했던 때가 있었다. (현재 이 작품이 전시된) 메트클로이스터스(메트로폴리탄미술관의 분관—편집자)의 수석 큐레이터이자 이 태피스트리를 해석해야 한다는 벅찬 과제를 맡았던 제임스 로리머는 1942년에 이렇게 적었다. "이 난해한 과제의 끝이 보인다."

1937년에 메트로폴리탄미술관에 작품을 기부한 사람은 금융가 존 D. 록펠러 주니어John D. Rockefeller Jr(1874-1960)로 그는 이 태피스트리 연작을 1922년 라 로슈푸코 가문에게서 구입했다. 이 작품은 적어도 1680년부터 이 프랑스 귀족 가문의 소유였지만, 프랑스혁명 당시 잠시 도난을 당한 적이 있었다. 이후 태피스트리를 되찾았을 때는 겨울 동안 과일나무를 감싸는 데 쓰였던 후라 귀퉁이가 찢어지고 중간중간 구멍이 나 있었다. 태피스트리에서 몇 가지 상징(매듭지어진 끈과 줄무늬 스타킹, 다람쥐)을 발견한 로리머는 이 작품의 원주인이 브르타뉴의 안느이고 1499년 루이 12세와의 혼인을 기념하기 위해 제작된 것이라 밝혔다.

1976년, 보조 큐레이터 마거릿 프리먼Margaret Freeman이 로리머의 이론을 뒤집는 책 한 권을 출간했다. 이 태피스트리를 결혼을 축하하는 의미로 제작했을 수도 있지만, 상징물에 대해서는 다른 해석도 가능했다. "태피스트리 속 다람쥐는 어떠한 의미를 상징하려는 의도로 넣은 것일 수도 있지만, 단순히 다람쥐가 있는 나무로 시선을 환기하기 위해 넣은 것일 수도 있다." 이후 미술관의 공식 안내서에는 로리머의 이론이 점차 사라졌고, 중론으로 인정받던 사실들 또한 줄어가 세계에서 가장 유명하고 흥미로운 예술품 중 하나인 이 태피스트리 연작 옆에는 이제 설명문이 한 문장씩만 적혀 있다.

메트클로이스터스 강연자인 다니엘 오터리Danielle Oteri는 이렇게 설명했다. "내가 아는 가장 위대한 시각시visual poem라고 할 수 있다. 유니콘과도 같이 매혹적이고 난해한 작품이다." 메트로폴리탄미술관의 전 디렉터이자 CEO인 토머스 P. 캠벨Thomas P. Campbell은 2020년 『파리 리뷰Paris Review』에 이런 말을 전했다. "사람들이 다음 세대를 위해 여러 스토리와 해석을 내놓을 것이라고 믿어 의심치 않는다."

22 하트(♥)의 기원
심장의 모양에서 사랑의 상징이 되기까지

사랑의 감정을 상징하는 가장 대표적인 부호인 하트가 우리 몸속 장기를 의미한다는 것이 이상하게 느껴지지 않는가? 실제 장기와는 사실 조금도 닮은 구석이 없는데 말이다. 그렇다면 하트라는 개념은 어떻게 탄생한 것일까?

고대부터 신체의 모든 기관은 신비의 대상이었지만 그중에서도 생명의 북소리를 울리는 심장은 존재를 이루는 핵심이라고 여겼다. 아리스토텔레스는 기원전 350년경에 저술한 『영혼에 관하여De Anima』에서 플라톤과 마찬가지로 영혼이 자리하는 곳은 뇌가 아니라 심장이라고 주장했다. 몇 개의 방으로 이루어진 그곳에 영혼이 자리하며 사랑과 감정, 행동 일체를 관장한다는 것이 고대 그리스의 시각이었다. 닭의 배아를 관찰하며 심장이 가장 먼저 발달하는 기관이라는 사실을 밝혀낸 것이 어느 정도 영향을 미쳤다. 가장 강력한 기관이 가장 먼저 생겨나는 것이 자연의 섭리라 본 것이다.

이러한 고대의 심혈관 지식을 이어받아 이를 바탕으로 이론을 펼쳐나갔던 작가들로는 의사 갈레노스Galenus(129-216?)와 페르시아의 박식가 이븐 시나Ibn Sina(980-1036) 등이 있다. 이들은 심장을 신체를 치유하는 힘의 원천이자 성장의 동력이라는 내용의 책을 저술했다. 아리스토텔레스, 플라톤과 함께 권위 있는 인물들의 의견이 중세에 인체를 이해하는 시각을 지배했고, 이는 수 세기 동안 이어졌다. 놀랍게도 당시에는 심장에 대한 연구가 거의 이루어지지 않았는데, 여러 필

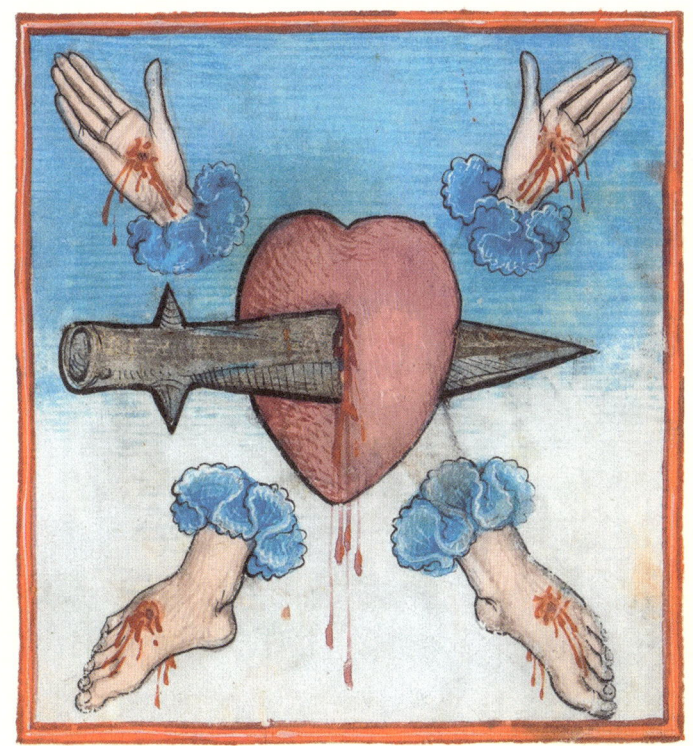

✢✢✢ 『발트부르크의 게오르크 2세의 기도서』(1468)에 담긴 그리스도의 성흔.

✢✢✢ 1250년대에 쓰인 『배의 로맨스』라는 중세 프랑스의 연애 서사시 필사본에 실린 삽화. 심장을 사랑의 상징으로 그린 최초의 그림으로 알려져 있다. 이 삽화 속 ('달콤한 눈빛'을 의인화한) 남성은 배 모양을 한 자신의 심장을 연인에게 바치고 있다. 배는 '솔방울'과 비슷한 모양인데, 갈레노스와 이븐 시나가 심장을 묘사한 형태와 유사하다.

✦✦✦ 지오토가 1305년에 파도바의 스크로베니예배당의 '자비'를 비유적으로 그린 그림에는 자비가 자신의 심장을 예수 그리스도에게 바치는 모습이 담겨 있다. 여기에서도 심장은 당대 해부학에서 보여주는 것과 같이 솔방울 모양을 하고 있다. 바로 앞의 그림과 마찬가지로 솔방울 모양의 심장을 거꾸로 쥐고 있는데, 14세기 후반에 들어 이러한 양식이 달라진다.

사본에서 심장이 각기 다른 모양으로 등장하는 것도 어느 정도 이런 이유 때문이다. 17세기에 들어와 영국의 의사 윌리엄 하비William Harvey(1578-1657) 덕분에 처음으로 혈액 순환에서 심장이 어떤 역할을 하는지가 완전히 밝혀졌다.

심장이 정서에 얼마나 중요한 의미를 지녔는지는 오늘날에도 사용하는 영어의 초기 형태에 고스란히 반영되어 있다. 'courage(용기)'는 고대 프랑스어로 심장을 뜻하는 coeur에서 비롯했다. 정서의 중심이란 의미로 'core'와 (무엇을 암기하다learn 'by heart'라는 의미의) 'record' 모두 라틴어로 심장을 의미하는 cor 또는 cordis에서 유래했다. 감정이 자리하는 곳인 심장은 이미 10세기부터 사랑의 원동력으로 여겨졌고, 당시 유대교 이집트인 의사이자 시인이었던 모세 벤 아브라함 다리Moses Ben Abraham Dar'I는 눈보다 심장이 더욱 훌륭한 안내자 역할을 한다는 글을 썼다.

내가 사랑하는 이의 이름을 알려달라고 하는 자들을 향해,

나는 외친다. '당신은 눈이 먼 심장으로 고통받고 있구나!'

두 눈의 빛이 어둑해져야,

심장의 눈으로 보기 시작할 것이다.

1180년대 지로 드보르넬Giraut de Bornelh(프랑스의 음유시인—옮긴이)이 프랑스어로 쓴 글에는 두 눈이 심장의 근면한 하인이라는 내용이 등장한다.

그리하여 눈을 통해서 사랑은 심장에 이른다.

눈은 심장을 위해 정찰을 하기에,

눈은 찾아 다닌다

심장이 기뻐하며 품을 무언가를.

심장을 이렇게 여기는 시각은 귀부인에게 구애하는 기사들의 이야기, 즉 음유시인과 음악가가 찬미하는 궁정풍 연애의 핵심이 되었다. 한편 도상적으로 하트는 놀라운 변화를 거치며 하나의 상징으로 자리 잡았는데, 다음 페이지에 등장하는 여러 이미지를 통해 이를 확인할 수 있다.

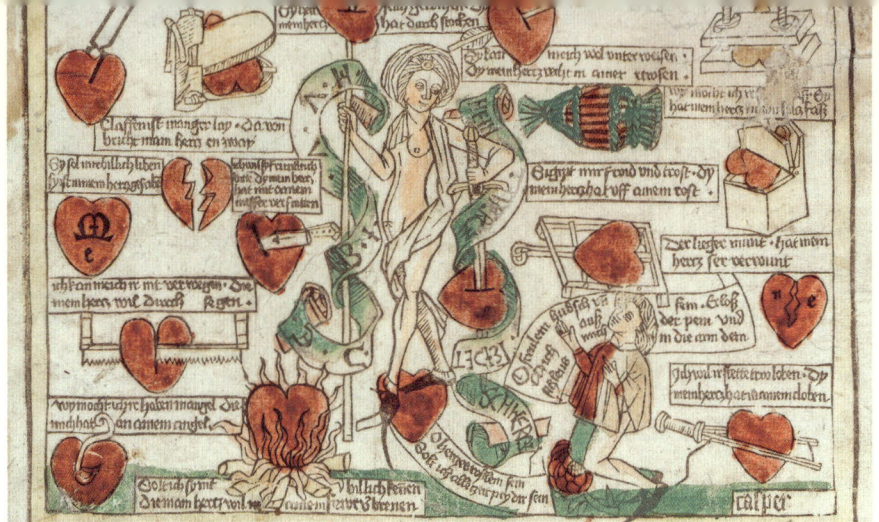

✦✦✦ 독일 예술가들에게 가장 인기 있었던 주제인 프라우 민네('궁정풍 연애 속 귀부인')를 그린 1485년 그림. 19개의 심장을 태우고, 톱질하고, 납작하게 만드는 등 다양한 방법으로 가슴이 찢기는 고통을 상징적으로 표현했다. 무력함에 빠진 남성은 아연한 얼굴로 이를 바라보고 있다.

✦✦✦ 1480년경 브뤼셀에서 제작된 〈책을 든 청년〉에는 한 남성이 오른쪽 그림과 유사한 심장 모양의 필사본을 들고 있다.

✦✦✦ 15세기에 들어 언제부턴가 하트 모양의 부호(♥)가 초기 중세의 솔방울 형태를 대체했다. 그 전환이 어떻게 일어났는지는 알려지지 않았지만, 아마도 새로운 사랑을 봄과 연관 짓기 시작하며(259-266쪽 참고) 나뭇잎 모양의 부호가 인기를 얻은 것으로 보인다. 어떤 연유에서든 1470년대에는 ♥가 심장을 상징하게 됐고, 아주 특별한 『하트 모양 가곡집』(1470년대)이 나올 수 있었다. 『장 드 몽슈뉘 가곡집』으로 알려진 프랑스의 하트 모양 필사 악보는 1460년에서 1477년 사이에 주교장 드몽슈뉘의 의뢰로 제작되었다. 악보를 펼치면 하트 두 개가 나란히 이어지는데, 이는 노래 속에서 서로를 향해 사랑의 편지를 보내는 연인을 의미한다.

✦✦✦ 일본에서는 17세기 화살촉 안에 그려진 하트와 비슷한 형상을 '이노메'라고 하며 오래전부터 악령을 쫓는 데 사용했다. '멧돼지의 눈'이라는 문자 그대로의 의미처럼 성난 멧돼지의 흉포함을 상징하는 이 하트 형상은 일본의 갑옷과 무기는 물론 신사와 절에서도 찾아볼 수 있다.

✦✦✦ 히포의 아우구스티누스가 손에 든 심장이 신성한 진리(베리타스)가 발하는 빛에 불타오르는 모습을 담은 그림으로, 필리프 드샹파뉴(1602-1674)의 1650년경 작품이다.

✦✦✦ 1733년에 사망한 독일 제국 육군 원수 크리스토프 오토 폰펠렌의 심장이 담긴 납 보관함으로 라에스펠트예배당에 있다.

✦✦✦ 19세기 후반의 '비니거 밸런타인' 카드로 당시 밸런타인데이 즈음에 익명으로 로맨틱하지 않은 메시지를 보내는 전통이 있었다(265쪽에서 다른 이미지를 확인할 수 있다).

✦✦✦ 멕시코의 화가 호세 데파에스(1720?-1790?)의 1770년경 작품 〈예수의 신성한 심장과 로욜라의 이냐시오 성인과 루이스 곤사가 성인〉.

23 문학 속 부정행위와 간통법의 역사

아이언 스파이더(15세기)

인간이 지닌 본성의 놀라운 특징 하나는 금단을 향한 참을 수 없는 호기심이다. 금할수록 우리는 그 대상을 더 알아보고 싶고, 해보고 싶고, 먹어보고 싶다. 간통법이 엄격할수록 간통이 문학의 주제로 인기를 얻는 현상은 이러한 성향이 잘 드러나는 사례다.

간통법은 최초의 법전에서도 찾아볼 수 있다. 바빌로니아에서 기원전 18세기에 제정된 함무라비법전은

✳✳✳ 쥘 아르센 가르니에(1847-1889)의 〈간통한 자들을 벌하다〉(1876).

간통죄를 범하면 물에 빠뜨려 죽이는 벌을 내린다고 규정했다. 고대 그리스와 로마 법에서는 간통한 기혼 여성에게 사형을 내렸는데, 남성은 보통 가벼운 벌에 그쳤다. 10세기에 잉글랜드가 통일되기 전에는 앵글로색슨 왕국마다 간통죄를 다스리는 법이 달랐다. 가령 7세기 켄트 왕국의 애델베르흐트 왕법에는 아내와 잠자리를 한 상대 남성에게 남편이 배상을 청구하거나 복수를 하는 것이 허용되었다. 상대 남성은 금전만이 아니라 아내를 대신할 여성으로도 보상해야 한다고 규정했다. "만일 한 남성이 [다른] 남성의 아내와 동침한다면, 이 남성은 [여성의 남편에게] 인명금[배상금]을 내고 자신의 돈으로 지불한 두 번째 아내를 남편의 집에 데려다 놓아야 한다." 9세기 웨섹스 왕국의 알프레드 왕법은 "밀실이나 한 이불 아래서 자신의 아내와 함께 있는 다른 남성을 발견한다면" 피해를 입은 남편은 간통을 저지른 남성을 폭행할 수 있다고 정했다. 1114년에서 1118년 사이 헨리 1세 법이 등장하며 이러한 원칙이 사라졌고, 새로운 법에서는 간통한 남성에게 오로지 왕만이 벌을 내릴 권한이 있었다. 간통을 저지른 여성을 벌할 권한은 주교에게 있는 것으로 규정했다.

✦✦✦ 욕정에 사로잡힌 자들이 머무는 제2지옥에 간 단테는 남편의 동생인 파올로 말라테스타와의 외도를 발각당해 남편인 조반니 말라테스타에게 살해당한 프란체스카 리미니를 만난다.

한편 문학사에서 간통은 늘 인기 있는 소재였다. 구약 창세기 16장에는 아브라함이 자녀를 얻기 위해 아내의 이집트인 여종 하갈과 잠자리를 했고, 그리스신화에는 제우스가 때로는 동물로까지 변신하며 셀 수 없이 많은 여신 혹은 여성과 잠자리를 가져 자신의 누이이자 아내인 헤라를 절망에 빠뜨린다. 실제로 로맨스부터 파블리오fabliaux(중세 프랑스에서 유행한 유머러스하고 풍자적인 운문 형식의 짧은 이야기—옮긴이)까지 간통은 스토리텔링 장치로서 중세 유럽에서 많은 사랑을 받은 문학 작품의 동력이기도 했다. 한 예로 13세기 말 자케몽 사케세프Jakemon Sakesep가 쓴 「쿠시 영주와 파얄 부인 이야기The tale of the Châtelain de Councilet and the Lady of Fayal」가 있다. 전쟁을 나가는 쿠시의 라울에게 유부녀이자 그의 연인인 파얄 부인이 자신의 땋은 머리카락을 잘라 보석 장식함에 넣어 정표로 주는 이야기다. 쿠시 영주는 전쟁 중 독화살을 맞고 쓰러졌고, 자신의 심장을 꺼내 보석함에 넣은 후 내 심장은 당신의 것이라고 당부하는 편지와 함께 부인에게 전해달라고 하인에게 부탁했다. 안타깝게도 이를 먼저 발견한 파얄 부인의 남편이 그의 심장을 확인하고는 몰래 이를 요리해 아내에게 주었다. 이후 연인의 심장을 먹었다는 사실을 알게 된 파얄 부인은 식음을 전폐했고 얼마 지나지 않아 사망했다.

단테는 지옥편 「인페르노Inferno」의 제2지옥을 간통죄로 벌 받는 자들의 공간으로 설정했는데, 지옥을 방문한 그는 그곳에서 실존 인물이었던 프란체스카 다 리미니Francesca da Rimini(1255-1285?)를 발견했다. 그녀는 남편의 동생인 파올로 말라테스타와의 외도가 발각돼 남편인 조반니 말라테스타에게 살해당했다. 프란체스카는 작품 속 지옥에서 단테가 만나는 첫 번째 영혼이자 꽤 비중 있는 화자로 등장해 본인의 이름이 역사적으로 처음 등장한 기록의 내용이 사실임을 인정한다. 지옥에서 프란체스카와 그녀의 연인 파올로는 두 사람을 휩쓴 욕정처럼 매섭게 휘몰아치는 바람에 시달리는 처지다. 파올로가 뒤편에서 흐느끼는 동안 프란체스카는 자신의 이야기를 단테에게 들려주며 두 사람은 사랑에 빠진 무력한 희생자였다고 설명한다. "사랑이란 순수한 심장에서 더욱 빠르게 타오르고, 사랑이 제 아름다움을 빌려 이 남자를 사로잡았기에 저는 아직도 고통스럽습니다. … 사랑이 우리 두 사람을 죽음으로 이끌었어요."

대체로 당시의 간통 이야기는 도덕적 교훈이 담겨 있고 부정을 저지른 연인들의 잘못이 결국 드러났지만, 늘 이 공식을 따랐던 것은 아니다. 13세기 말, 여러 유명 설화를 정리한 모음집『게스타 로마노룸Gesta Romanorum』에 담긴 이야기 두 편이 그 예다. 이 모음집을 보면 영리한 사람이 잘 속아 넘어가는 사람을 희롱해 자신의 잘못을 감쪽같이 숨기는 이야기를 중세 사람들이 얼마나 좋아했는지 알 수 있다.

먼저 첫 번째 이야기에는 한 기사가 포도를 따러 포도밭에 간 동안 그의 아내가 연인을 불러 침실로 향하는 내용이 등장한다. 안타깝게도 눈과 머리를 다친 기사가 집에 예정보다 일찍 들어왔다. 아내는 남편이 침실에 들어오기 전에 재빨리 연인을 숨겼고, 방에 들어온 남편은 통증에 신음하며 침대에 누웠다. 아내는 다치지 않은 쪽 눈도 조심하지 않으면 상처가 옮을지도 모른다고 남편에게 말했다. 아내는 커다란 붕대를 감아 남편의 눈을 가렸고 그사이에 아내의 연인은 집을 빠져나갔다(저자의 해석에 따르면 이 이야기는 남의 말을 잘 믿는 어리석은 남편은 교회의 고위 성직자와 같다는 교훈을 담고 있다. "선물에 눈이 멀어 성직자의 두 눈이 제 역할을 하지 못할 때가 많다").

두 번째는 노모를 아내에게 맡기고 전장에 나선 군인 남편의 이야기다. 남편이 없는 동안 아내에게는 애인이 생겼는데, 어느 날 밤 전투를 치르고 잔뜩 지친 남편이 예상치 못하게 집으로 돌아왔다. 아내의 연인은 안 보이는 곳에 숨은 한편, 남편은 아내에게 쉬어야겠으니 잠자리를 준비해달라고 부탁한다. 아내는 어쩔 줄

✦✦✦ 초서가 사망하고 10년쯤 지난 1410년경에 제작된 이 필사본은 『켄터베리 이야기』 최초의 사본으로 알려져 있다. 위 사진은 '방앗간 주인의 이야기'가 시작하는 첫 페이지로, 그림 무늬로 꾸민 이니셜이 보인다.

몰라 했지만, 남편의 어머니 덕분에 궁지에서 벗어날 수 있었다. "얘야, 그 전에 네 남편에게 우리가 만든 새 이불을 보여주자꾸나." 두 여성은 남편 앞에 커다란 천을 펼쳐 보였고, 상황을 눈치챈 연인은 그 뒤로 숨어 몰래 집을 빠져나갔다. "아내는 육신을, 어머니는 세상을 의미하고, 이불은 세속적인 욕망을 뜻한다"라고 저자는 이 이야기에 담긴 본질을 설명했다.

조금 더 유명한 이야기로는 제프리 초서Geoffrey Chaucer의 『켄터베리 이야기Canterbury Tales』(1380-1390년대)에 수록된 '방앗간 주인 이야기'가 있다. 앨리슨은 남편인 존을 두고 하숙인 니콜라스와 바람을 피우는 한편, 또 다른 청년 압솔론의 구애를 물리친다. 그가 키스를 해달라고 하자 엉덩이를 내밀며 막아냈고, 앨리슨에게 속아 어둠 속에서 'ers(ass, 즉 엉덩이를 뜻하는 중세 영어—옮긴이)'에 입을 맞춘 데 화가 난 압솔론은 새빨갛게 달궈진 가랫날(농기구 가래의 날)을 챙겨 앨리슨에게 한번 더 입맞춤을 요구했다. 안타깝게도 이

번에는 심심했던 니콜라스가 창문 밖으로 엉덩이를 내밀었고 자신의 부정한 행실에 어울리는 천벌을 받고 말았다.

이렇듯 익살스러운 이야기들은 간통이 가벼운 일처럼 여겨졌다는 인상을 줄 수 있지만 사실은 전혀 그렇지 않았다. 간통이 살인 다음으로 가장 무겁게 다뤄지던 죄였음을 보여주는 가장 극단적인 사례는 잔인하게도 '가슴 절단기'라고 불리는 고문 도구로, '아이언 스파이더 Iron Spider'라는 유사한 도구도 있었다. 여성혐오mysogyny가 고문의 역사를 지배한 것은 누구나 아는 사실이지만, 이 도구는 특히 충격적

✦✦✦ 15세기 독일에서 사용한 고문 기구로, 가슴 절단기로 알려진 이 기구는 간통을 저지른 여성을 벌하는 용도로 쓰였다. 독일 바덴뷔르템베르크주 브라이스가우 지방의 프라이부르크에 있는 고문 박물관에서 소장하고 있다.

이다. 간음이나 혼외 임신, 자가 낙태 시술, '성적인 백마법'을 행한 여성을 벌하기 위해 뜨겁게 달군 채로 사용했다고 한다.

영국에서는 1857년에서야 혼인사건법이 통과되었고, 결혼과 이혼, 간통에 대한 권한이 교회재판소에서 민사재판소로 이전되었다. 이 법이 통과되기 전인 19세기에는 간통을 행한 자에게 교회에서 벌을 내렸는데, 교구 신자들 앞에서 참회의 흰 천을 쓰는 등 공개적으로 속죄를 해야 했다. 법이 제정된 후에도 남성과 여성의 이혼 사유는 동등하게 다뤄지지 않았다. 남성은 아내가 간통을 저지르면 이혼할 수

있었지만, 아내는 남편이 간통과 함께 다른 범죄까지 저질러야만 이혼할 수 있었다. 1923년 혼인사건법이 개정된 후에야 이러한 불균형이 바로잡혔다.

현대에도 간통에 대한 법적 근거는 저마다 다르다. 미국의 워싱턴주에서는 두 배우자 중 누구나 사유에 대한 입증 없이 이혼을 청구할 수 있으므로 간통은 이혼과 아무런 관계가 없다. 한편 뉴욕에서는 간통을 죄로 본다. 뉴욕과 같은 기조를 유지하는 노스캐롤라이나는 간통으로 피해를 입은 배우자 측이 간통한 상대자를 대상으로 소송을 하고 판사와 배심원에게 보상적 손해배상을 명하도록 요청할 수 있는 몇 안 되는 주 가운데 하나다. 동성 관계의 경우에는 간통의 법적 의미가 어떻게 달라지는지 논할 만한 근거가 거의 없다. 2003년 뉴햄프셔 대법원의 블랜치플라워 대 블랜치플라워 소송에서는 『웹스터 사전Webster's Third New International Dictionary』의 정의에 따라 여성 간의 성관계를 성행위로 보기 어렵다는 판결을 내렸다. 따라서 유책 배우자로 지목된 아내는 간통죄 무죄 선고를 받았다.

24 질투의 탑

중세 필사본 속 사랑(12-15세기)

연애 조언과 로맨틱한 이야기, 상처받은 마음을 치유할 약 혹은 그저 설렘을 얻고 싶었던 중세 지식인들은 수도사들이 기록실에서 피땀 흘리며 필사하고 채색한 필사본에서 그 답을 찾았다. 아서왕의 모험과 수차례 각색된 알렉산드로스대왕의 기원 이야기처럼 역사 혹은 신화 속 인물의 고전적인 모험담부터 갈레노스의 부정확한 과학 이론과 오비디우스의 사랑에 관한 조언 등 고대의 권위자에게서 전해진 지식까지 소재는 매우 다양했다. 이러한 이야기들이야 오늘날 독자에게도 익숙할 것이다. 그러나 이 외에도 모두의 관심사인 사랑을 주제로 한 기이하고도 덜 알려진 필사본이 많으니, 이를 알아보는 것도 무척 즐거운 일일 것이다.

예를 들자면, 고대 프랑스어로 쓰인 방대한 분량의 시 『장미 이야기Romance of the Rose』가 있다. 작가의 꿈 이야기를 우의적으로 풀어낸 작품으로, 중세의 기사도적 사랑이라는 예술 양식을 그대로 반영한 '사랑의 거울'이었다. 1230년경부터 기욤 드로리스Guillaume de Lorris가 4,058행을 써 내려간 이 이야기는 사랑하는 여성을 상징하는 장미Rose의 마음을 얻는 연인의 여정을 담았다. 기쁨Déduit이라는 귀족이 소유한, 벽으로 둘러싸인 정원을 발견한 그는 날개 달린 사랑의 신God of Love의 도움으로 장미를 찾으러 떠난다. 45년 후인 1275년경에 장 드묑Jean de Meun이 1만 7,724행을 더해 작품을 완성했는데, 그는 정원 울타리 너머의 세상으로 이야기를 전개함으로써, 사랑의 철학적 담론 전체를 아우르고자 했던 로리스의 비전을 실

A intenant est
fait quelq die
La contenance
sa Ialousie
Qui est male suspection
Il ny euft ou pays macon
Ne pionnier quelle ne mande
Si leur fait faire et comande
Entre les rosiers des fosses
Qui constent deniers asses

Car ilz sont larges et pfons
Dessus les bors sont les macons
Ung mur de quarreaux bie taillie
Bien appointez et habillez
Dont le fondement par mesure
Est assis sur rocke tresdure
Iusque au pie du fosse descent
Et vient amont en estresset
Loeuure en est plus forte et sse
Les murs furent si compasses

현했다. 14세기와 15세기에 널리 읽힌 작품 중 하나로(현재까지 300부가량의 필사본이 남아 있다), 당시 선정적인 글과 그림으로 도덕주의자들의 분노를 샀지만 교회의 처벌을 받지 않고 무사히 넘어갔다.

연애를 하며 겪는 암울한 일들에 대한 경고부터 분노와 우울, 질투 같은 감정을 다루는 법까지 사랑의 모든 면을 담아낸 작품이다. 왼쪽 페이지의 그림은 1500년경에 쓰인 이례적인 필사본에 담긴 그림 92점 중 하나로, 해당 필사본은 대영도서관에서 소장하고 있다. 세밀화로 정교하게 그린 '아름다운 환대Welcome가 갇힌 질투의 탑'에는 장미가 포로로 잡혀 있다. 연인은 출입문 열쇠를 지닌 위험Dangier과 탑에 있는 장미를 지키는 수비병들에 가로막혀 담장 밖을 서성인다.

✦✦✦ 질투의 성을 지키는 수비병들과 그 아래 중앙에는 손에 열쇠 꾸러미를 쥔 수염 난 위험이 보인다. 1490년경에서 1500년에 완성된 『장미 이야기』 채색 필사본에서 발췌했다.

1440년 즈음, 요하네스 구텐베르크Johannes Gutenberg의 활판 인쇄 기술이 등장해 텍스트를 대량 제작하고 널리 보급할 수 있게 되었고, 이로써 『장미 이야기』와 사랑을 주제로 한 몇몇 필사본은 베스트셀러라 할 만한 인기를 누렸다. 그중 하나

✦✦✦ 대중적이고 부담 없는 소재인 사랑의 성(105쪽 참고)을 우의적으로 활용해 깨달음을 주는 이 그림은 궁정풍 연애 속 기사들이 성을 포위하고 여성들은 꽃으로 방어하고 있다. 1325-1340년에 제작된 러트렐 시편서에서 발췌했다.

✦✦✦ 『탑의 기사의 책』 독일어 번역본에 수록된 이 판화는 알브레히트 뒤러(1471-1528)의 작품이다.

는 귀족인 조프루아 4세 드라투르랑드리Geoffroy IV de la Tour Landry 경이 1371년에 집필을 시작한 작품으로, 영어로는 『탑의 기사의 책The Book of the Knight of the Tower』이라는 제목으로 알려져 있다. 아내와 사별한 기사인 저자는 어린 딸들에게 궁을 방문할 때 지켜야 하는 예의, 허영심의 위험성, 무엇보다 순진한 아가씨를 이용하려 드는 궁정 안 교활한 청년들과의 관계에서 빠지는 함정과 이를 다루는 요령에 관한 조언을 담은 책을 쓰고 싶었다. "내게 다가오는 딸들이 보인다." 그는 이렇게 책을 시작한다. "아이들에게 세상에 이미 벌어진 좋은 일과 악한 일을 배우고, 익히고, 이해할 수 있는 책을 만들어주고 싶었다. 이후 나쁜 일을 겪지 않도록 말이다."

여성에 대한 사회적 기대에 관한 통찰과 딸을 위험한 세상으로 내보내야 하는 중세 아버지의 걱정을 누구나 공감할 수 있게 풀어낸 이 이야기는 지금도 매력적인 작품으로 인정받는다. 백년전쟁에 참전해 살아남은 저자는 시대상을 현실적으로 반영해 엄혹한 조언을 책에 담았다. 아내는 남편의 악독함을 참아야 하고 무조건 남편에게 복종해야 한다는 식이다. 독실한 믿음을 지키고 몸을 함부로 허락하지 않아야 한다는 등의 교훈을 이야기로 풀어냈다. 조프루아 경의 이야기에는 세상 물정을 모르는 비잔틴제국의 젊은 공주 둘이 등장하는데, 그중 하나는 신앙심이 깊고 다른 하나는 죄를 짓는다. 공주들과 연인 사이인 두 기사가 밤에 이들을 찾아온다. 신앙심이 깊은 공주의 연인은 순간 공주가 수의를 입은 종교인 천 명에게 둘러싸인 환영을 보고는 겁을 먹고 도망친다. 다른 기사는 죄인인 공주와 아무 문제 없이 하룻밤을 보내고 공주는 임신한다. 공주의 부친인 황제가 이 사실을 알고는 죄를 지은 공주를 물에 빠뜨려 죽이고 기사는 산 채로 피부를 벗겼다. 독실한 공주는 이후 훌륭한 왕과 결혼해 모든 이의 사랑을 받으며 살았다.

이 책은 수 세기에 걸쳐 사랑받았다. 윌리엄 캑스턴 William Caxton이 1483년 영어로 옮겼고, 1493년 슈바벤의 귀족 마르크바르트 폰스타인 Marquard von Stain이 번역한 독일어판이 출간되었다. 그는 두 딸을 위해 이 책을 번역했다고 밝혔다.

한편 연애에 성공하는 데 도움이 필요한 청년을 위한 작품으로는 코덱스 마네세 Codex Manesse라고 하는 1304년경의 필사본이 있는데, 중세 고지 독일어로 쓰인 필사 노래 모음집으로 역사상 가장 아름다운 독일어 필사본으로 유명하다. 135명의 시인이 쓴 사랑 시와 더불어 시마다 어울리는 삽화를 실었다. 순서는 연대순이나 알파벳순이 아니라 사회적 지위에 따라 신성로마제국 황제 하인리히 4세의 시로 시작해 공작, 기사, 평민의 순서로 등장한다.

필요한 기술을 갖춘 청년들은 한 걸음

✢✢✢ 독일 시인 콘라트 폰 알트슈테텐(1320년 활동)이 연인을 안고 있는 이 삽화는 135명 시인의 시마다 서로 다른 세밀화가 실린 코덱스 마네세에 수록되어 있다.

✦✦✦ 1500년경의 『작은 사랑의 책』 속 삽화.

더 나아가 사랑하는 연인을 위해 채색 필사본을 직접 제작하기도 했다(276쪽에 등장하는 헨리 힐디치 벌클리존슨이 이 전통을 이어받았다). 로맨틱한 맞춤형 선물로 가장 널리 알려진 작품은 1500년경 프랑스 작가 피에르 살라Pierre Sala의 사랑스러운 『작은 사랑의 책Petit Livre d'Amour』이 있다. 인쇄 기술이 무르익은 시기였지만 살라는 시와 이야기, 우의적 삽화가 담긴 책을 한 부씩만 만들어내는 채색 필사본 기법을 선호했다. 그가 마르그리트 빌리우를 위해 만든 『작은 사랑의 책』에는 4행시가 적힌 페이지마다 금색 필기체로 대문자 'M'과 그의 이니셜 'P'가 적혀 있고, 삽화에도 이니셜이 장식처럼 새겨져 있다. 전면 세밀화가 수록된 마지막 페이지에는 그의 초상화가 있는데, 그의 친구이자 노련한 세밀화 화가인 장 페레알의 작품이다. 이 책은 효과는 확실했다. 살라는 빌리우의 마음을 얻었고, 이후 두 사람은 부부가 되었다.

✦✦✦ 중세 필사본을 평생 작업해온 필경사와 예술가에게는 특히나 성과 나체가 인기 있는 스토리텔링 장치였다. 템페라와 금으로 채색한 그림 속에서 다윗 왕을 유혹하는 밧세바는 알몸으로 목욕을 하고 있다. 다윗 왕이 훔쳐본 것만을 강조하는 기독교 해석과 달리, 뒤를 향한 밧세바의 시선은 공모하는 듯한 인상을 준다. 당대 최고의 프랑스 필사본으로 꼽히는 루이 12세의 기도서(1498-1499)에 수록된 삽화다.

DŌE NE ĪFVRORE TVO ARGVAS ME NEQVE

✦✦✦ 프랑스의 장 르누아르가 제작한 노르망디의 공작 부인, 룩셈부르크의 본느의 기도서 속 그리스도의 상처. 중세 후기에는 종교적 상징이 그리스도의 육체적 고통을 의미하는 상처에 집중되었고, 상처는 생명이 몸에 깃드는 문이자 떠나는 문이라는 믿음으로 개인 필사본에 위와 같은 삽화가 널리 실렸다. 그 이미지가 (어쩌면 교회 탄생의 근원일지도 모를) 여성의 질과 상당히 유사하다는 점에서 지속적인 논의의 대상이 되고 있다.

✦✦✦ 어부 왕(아서왕의 전설에서 성배를 지키는 수호자-옮긴이)의 딸인 코르베닉의 일레인 공주가 마법의 힘으로 랜슬롯의 눈에 자신을 귀네비어로 비치게 만들어 그를 유혹하고 있다. 1410년에서 1425년 사이에 쓰인 『호수의 랜슬롯』에 수록된 삽화.

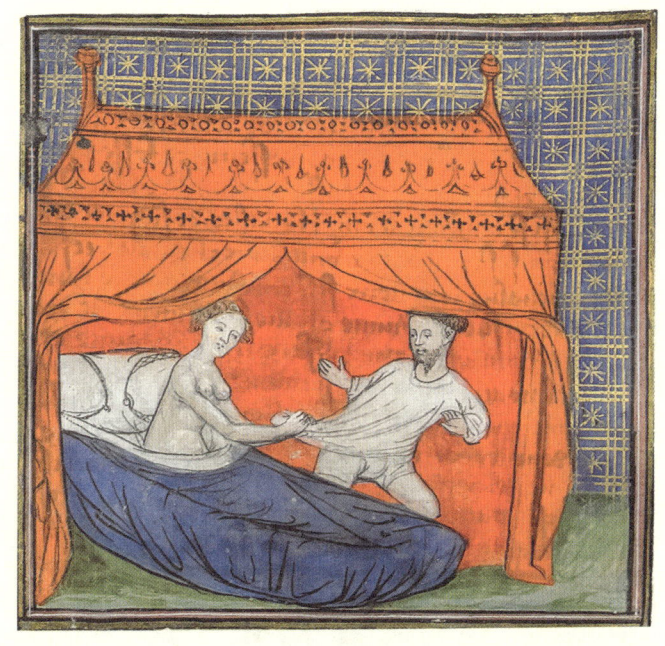

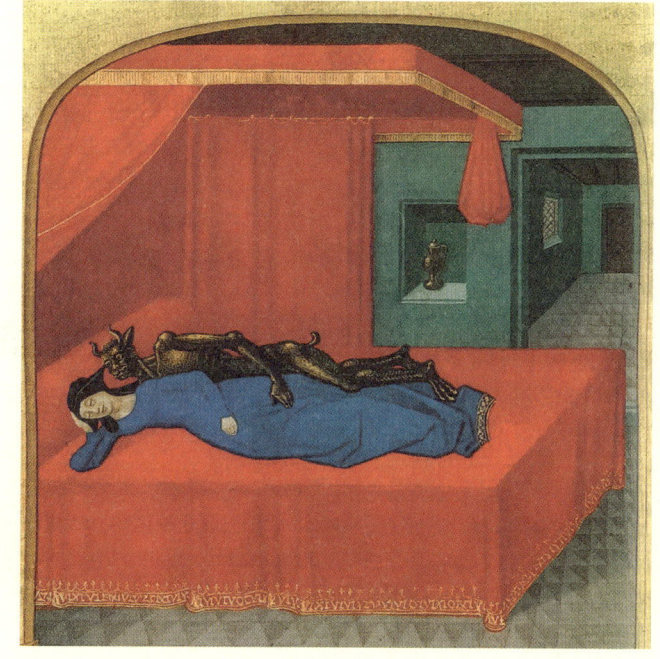

✦✦✦ 아서왕 전설에 따르면 멀린은 '악마에게서 태어난' 존재였다. 1450-1455년경 작품 『멀린 이야기』에 실린 이 삽화에는 밤에 멀린의 모친을 찾아온 악마의 모습이 담겨 있다.

✦✦✦ 알렉산드로스의 탄생 비화. 모친인 올림피아스와 함께 침대에 누운 용은 사실 이집트 왕이자 마법사, 점성술사인 넥타네보 2세가 변장한 것이다. 올림피아스의 남편인 필리포스 2세가 문에 난 구멍으로 두 사람을 몰래 지켜보고 있다. 다수의 엉뚱한 '알렉산드로스 일대기' 중 하나로 1468-1475년경 제작된 프랑스어 필사본 『알렉산드로스대왕의 역사』 속 삽화다.

25 사랑의 주문

마법의 파피루스와 중세의 주문서들

"바다에서 주운 조개에 몰약의 잉크로 티폰 Typhon[악마]의 형체를 그려라." 대영도서관에 소장된 4세기 이집트의 그리스 마법 파피루스에는 무관심한 남성의 마음을 얻는 고대 사랑의 주문이 적혀 있다. "남성의 이름을 원을 그리듯 적고 온탕의 열기 속으로 던진다. 다만 조개를 던질 때 이 주문을 외워야 한다. 'X는 나에게 빠져든다. X는 무관심했던 내게 빠져든다. 오늘, 지금 바로 이 시간부터, 불타는 영혼과 심장으로, 빠르게, 빠르게. 지금 당장, 지금 당장."

이 파피루스에는 조금 더 직접적인 방법을 원하는 사람을 위한 주문도 등장하는데, 온 세상의 주인인 달의 여신 셀레네에게 특별한 기도를 드려야 한다. 찰흙과 유황, 점무늬가 있는 염소의 피를 섞어 셀레네 여신 상을 만든 뒤, 올리브 나무로 만든 사당을

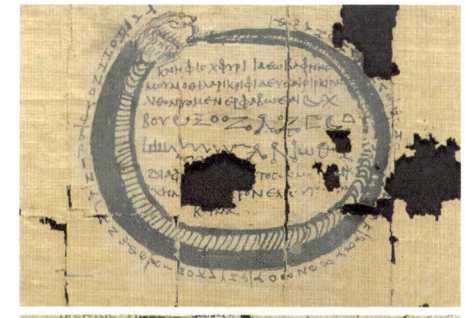

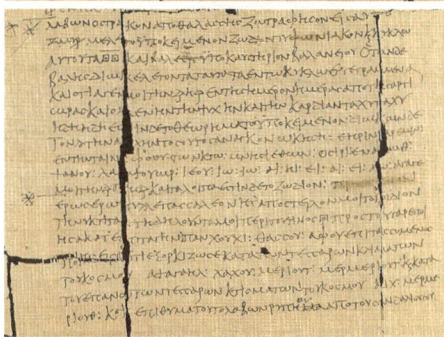

✦✦✦ 존 윌리엄 워터하우스(1849-1917)의 〈율리시스에게 잔을 바치는 키르케〉(1891). 고혹적인 마녀 키르케는 오디세우스에게 마법을 걸기 위해 마법의 물약이 담긴 잔을 내민다. 하지만 이미 헤르메스에게서 경고를 들은 오디세우스는 약초 몰리를 섭취한 덕분에 마법에 빠지지 않았다.

헌당하되 사당은 결코 태양을 향하지 않게 한다. 이렇게 하면 셀레네가 보낸 신성한 천사가 겁에 질려 잠에 들지 못하고 있는 상대(피해자?)를 주문을 외운 자 앞에 끌어다 놓을 것이다. "주문이 강력하기 때문에" 성공이 확실히 보장된다.

이 예시처럼 마법이 적힌 필사본에는 대체로 두 가지 주제의 주문이 적혀 있다. 그것이 초기 그리스의 파피루스 마법 주문서든, 텔 인가라와 이신(오늘날 이라크)에서 발굴된 기원전 2200년경 고대 메소포타미아의 쐐기 문자판이든, 초기 근대 유럽의 악명 높은 마법서든 마찬가지다. 주제 중 하나는 보물찾기다. 전통적으로 매장된 보물들은 유령이나 악마가 지키고 있다고 믿었다. 그러므로 보물이 있는 위치를 찾아 발굴하려면 이를 보호하고 있는 혼들에게 마법을 걸어 통제할 주문이 필요했다. 일례로 1466년 케임브리지셔의 로버트 바커는 영혼을 소환하고 숨은 금을 찾는 책과 이상한 형상이 그려진 그림들, 금박을 입힌 지팡이를 소유한 혐의로 주교에게 재판을 받았다. 그는 맨발로 케임브리지 시장을 느리게 도는 벌을 받았고, 마술 장비들은 광장에서 소각당했다. 1429년 폴란드에서는 왕족인 보헤미아의 헨리가 크라코프대학교 소속 교수 두 명과 왕실 동물원에서 보물을 찾는 주문을 외웠다고 자백했다(불법적인 행위를 저지르는 장소로는 더 비밀스러운 곳을 택했어야 하지 않을까 싶지만 보물찾기가 취미인 마법사의 열정이 그 정도로 뜨거웠으리라.)

두 번째로 가장 흔한 주제는 사랑이었다. 1517년 모데나의 성직자 돈 캄파나가 "『솔로몬의 작은 열쇠Clavicula Salomonis』와 『알만델Almandel』이라는 마법서, 그 밖에도 사랑의 주문을 행하는 법이 적힌 소책자들을 소지한 적이 있고, 모두 태웠다"라고 고해한 기록이 남아 있다. 상심한 이들에게 희망과 기운을 주는 가벼운 약 처방처럼 쓰이는 사랑의 마법도 있었지만, 어떤 마법은 성적 경험을 향상시키고 두 사람의 관계를 오래 지속시킬 수 있다고 보장했다. 구속력을 지닌 좀 더 어두운 형태의 마법은 원하는 상대를 사로잡으며 사악하게 유혹하는 효력을 내기도 했다.

1410년 프랑스 남서부의 카르카손에 제로 카성디라는 공증인은 흑마법 책과 성모마리아 그림에서 긁어낸 금가루로 악마를 소환해 지역에 사는 한 여성을 유혹하려 했다는 사실이 종교 재판관에게 발각되었다. 또 한번 카르카손에서 피에르 레코르드라는 수도사는 (고문을 받다가) 자신의 침과 두꺼비 여러 마리의 피를 채운 밀랍인형을 악마에게 바쳤다고 자백해 남은 평생을 감옥에서 보냈다.

사랑의 마법은 경쟁 상대의 성욕과 성적 능력을 앗아가는 무기로도 사용되었다. 『피카트릭스Picatrix』라는 흑마법서에는 마법의 힘으로 누군가를 성적 불능으로 만드는 방법이 적혀 있다.

남성이나 여성을 결박하고 싶다면 다리는 위로, 머리는 아래를 향하는 형상을 만든다. 밀랍으로 만들어야 하는데, 이때 이렇게 말해야 한다. "내가 아무개 여성의 아들 N을, 그의 모든 핏줄을 결박했으니 그는 남성으로서 욕구를 잃게 되리라." 이제 그 형상을 남성이 다니는 길에 묻으면 그것이 멀쩡하게 남아 있는 동안은 그가 여자를 원하지 않게 될 것이다. 형상은 양자리의 두 번째 데칸decan에 해당하는 날에 만들어야 한다.

이러한 주문들은 마법이 사악하다는 인식을 더욱 부추겼고, 마법서들은 부지런히 불 속에 던져졌다. 때로는 책들과 함께 그 책을 쓴 저자들까지 불쏘시개가 되기도 했다.

✱✱✱ 〈사랑의 주문〉, 1470–1480년, 작자 미상.

✳✳✳ 히브리어판 『피카트릭스』 발췌본(1500-1599). 이 마법서에는 가벼운 것부터 사악한 것까지 다양한 사랑의 마법이 자세히 적혀 있다.

✳✳✳ 〈질투〉라는 그림으로, 런던 웰컴도서관에서 소장 중인 필사본 『모든 마법 기술에 관한 가장 희귀한 마법 전서』(1792년 이후 제작)의 삽화. 책에서는 마법 주문을 사용할 때 경계해야 할 여러 욕망을 언급하는데, 무엇보다 배우자가 있는 사람의 마음을 얻기 위해 사용하는 것을 경고하는 그림이다.

26 정조대에 잠긴 비밀
속박을 거부한 여성들

정조대는 수명 주기가 역으로 흐르는 기이한 유물 중 하나다. 시간이 지날수록 전설로서 존재감은 약해지는 반면에 현실감은 점점 더 커지고 있다. 분명 오늘날 이 물건은 드넓은 대중의 상상 속에 존재할 뿐 아니라, BDSM(구속Bondage, 훈육Discipline, 지배Dominance, 굴복Submission, 가학Sadism, 피학Masochism에서 성적 흥분을 느끼는 취향이나 행동—옮긴이) 행위자들의 침대 옆 협탁은 물론, 심지어 신문 헤드라인에 등장할 때도 있다. 2004년 2월 6일 『USA투데이』는 그리스의 아테네 공항에서 한 여성 휴가객이 차고 있던 정조대 때문에 금속 탐지기가 울린 사건을 보도했다. 휴가 중 혼외정사를 하지 못하도록 남편이 강요하는 바람에 입었다고 설명한 후에야 그녀는 런던행 비행기에 오를 수 있었다. 2012년 9월 12일 『중국인민일보』는 중국 장춘시 북동쪽에 있는 지린성의 장춘세계조각공원에서 리우라는 50대 남성이 알몸에 직접 만든 정조대만 입은 채, 그 지역 출신의 아내를 구한다는 내용의 현수막을 높이 들고 있었다고 보도했다. "하루라도 빨리 결혼하고 싶은 제 마음을 널리 알리고 싶었습니다." 이렇게 말한 그는 배우자를 위해 정조를 지키겠다는 의지로 정조대를 입었다고 설명했다. "저런 식으로는 결혼할 여성을 찾기는 어려울 것 같아요." 한 구경꾼은 이렇게 말했다.

 (스스로 원한 것이든 원치 않은 것이든) 성관계를 일체 차단하겠다는 목적을 지닌 정조대는 일반적으로 그 기원을 11세기에서 13세기까지 이어진 십자군전쟁으로

본다. 참전이나 성지순례로 집을 비운 기사들이 말 그대로 배우자의 정조를 단속하려 했다는 것이다. 하지만 이러한 중세 설화를 두고 역사가들은 내내 의아하게 여겼다. 지금까지 전해지는 유물도, 이에 대해 언급한 당시의 기록도 (거의 전무하다시피) 부족하기 때문이다. 그렇다면 정조대의 시작이 빅토리아시대일 수도 있을까? 아래 사진은 런던의 웰컴도서관에서 소장하고 있는 정조대로, 원래 벨벳 안감이 부착되어 있었다. 1500년대 기록물과 함께 발견되었지만 1800년대 만들어진 것으로 추측된다고 도서관은 밝혔다.

정조대가 등장하는 최초의 이야기는 12세기 후반 마리 드 프랑스Marie de France(1180년 활동)가 쓴 기주마르Guigemar 서사시다. 브르타뉴의 기사인 기주마르가 집을 떠나기 전 연인에게 정조의 징표를 바라는 이야기가 나온다. 연인은 기주마르의 셔츠를 자신만 풀 수 있는 매듭으로 묶었다. 그에 따라 기주마르는 나체를 한 연인의 허리에 띠를 둘러 매듭을 지었고, 여성은 외력 없이 이 허리띠를 풀 수 있는 그만을 사랑하겠다고 맹세했다.

✦✦✦ 런던의 웰컴도서관에 소장 중인 이 정조대는 1500년대 유물로 추정하고 있다.

다만 이 이야기에 나오는 것은 우리가 (또는 리우 씨가) 생각하는 정조대는 아니다. 그리하여 등장하는 것은 『벨리포르티스 Bellifortis』라는 군사 무기 도해 백과사전으로, 1405년 콘라트 카이저 폰아이히슈테트 Konrad Kyeser von Eichstadt가 저술한 이 책은 괴팅겐대학교에서 소장 중이다. 여러 전쟁 무기가 담긴 삽화 가운데 매우 거추장스러워 보이는 정조대가 있고, 그 아래로 "피렌체 여성들이 입는 무쇠 반바지로 앞이 닫히는 형태다"라고 라틴어로 설명이 적혀 있다. 이후 17세기 초의 프랑스 역사가이자 브랑톰의 수도원장이었던 피에르 드 부르데유Pierre de Bourdeille는 "앙리 왕 시대에 있었던" 일들을 기록한 글에서 금속 물건을 취급하는 상인이 잠금장치와 열쇠로 작동하는 정조대를 여러 개 가져와 생제르맹의 축제 때 판매한 일을 언급하며 다음과 같이 적었다. "소변용으로 고작 구멍 몇 개만 나 있는 이런 정조대에 결박당한 여성은 사랑의 기쁨을 경험하는 것이 불

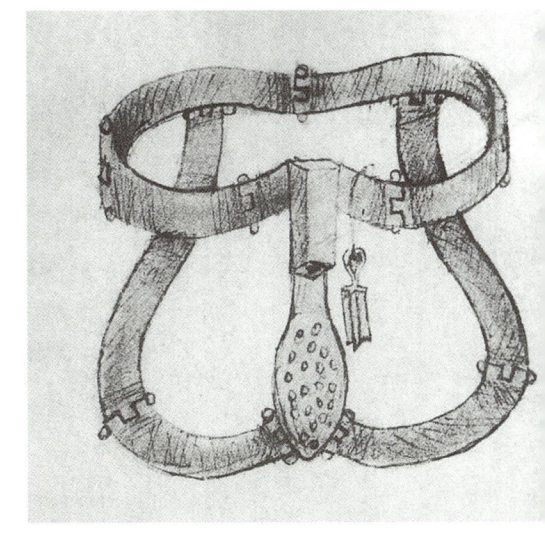

✳✳✳ 콘라트 카이저 폰아이히슈테트가 1405년 프랑크어로 저술한 군사서 『벨리포르티스』에 실린 정조대 그림.

가능하다." 당시 몇몇 남성이 정조대를 구매해 아내를 구슬려 착용하게 했다. 다만 문제가 있었는데 드부르데유가 설명하길, 아내들이 자물쇠 수리공에게 도움을 요청해 열쇠를 만들어 마음대로 정조대를 벗고 (예상대로) 수리공과 관계도 맺었다. 이후 상인은 다시 이곳에 와서 정조대를 팔면 가만두지 않겠다는 살해 협박까지 받았다. 또, 그는 사람들의 지시에 따라 "남은 물건을 전부 [하수구에] 버렸고, 그날 이후로 어느 누구도 다시는 정조대를 언급하지 않았다."

정조대는 여러 박물관의 소장 목록에서 눈에 띄지만 많은 의문이 뒤따른다. 정조대의 존재가 16세기 이전에는 등장하는 바가 없고, 전해지는 것들은 19세기 이후의 물건으로 보이는 탓이다. 파리의 클뤼니중세박물관에 정조대 두 개

✦✦✦ 〈정조대의 사용〉. 헨리 헤이먼 (1853-1922)의 1916년 유화.

가 전시되어 있는데, 벨벳과 철로 된 정조대는 메디치의 카트린Catherine de' Medici(1519-1589)이 입었던 것으로 알려져 있고, 아담과 이브의 그림이 새겨진 다른 하나는 오스트리아의 안느Anne of Austria의 허리를 지켰다는 이야기가 있다. 1889년 골동품 수집가가 오스트리아 린츠에서 16세기에 사망한 것으로 추정되는 젊은 여성의 무덤을 조사하다가 가죽과 철로 된 정조대를 발견했다. 하지만 지역 기록 보관소에는 젊은 여성을 매장했다는 기록이 없었고, 이후로 이 정조대 또한 자취를 감추었다. 다른 정조대들은 뉘른베르크의 게르만국립박물관과 런던의 대영박물관에 있지만 진위가 의심되어 전시하지 않을 확률이 높다. 정조대의 진짜 기원에 관해서는 아직도 잠겨 있는 비밀이 많다.*

---

* 다만 그 역사가 비밀에 휩싸여 있다 해도 그 개념에 착안해 새로운 발명을 하는 일만큼은 막을 수 없다. 라비쥬르라는 일본 기업은 2014년 사랑하는 사람과 함께 있을 때만 풀 수 있는 브래지어를 출시했다. "여성의 진심을 읽어내는 혁신적인 브래지어"라고 광고한 이 상품은 착용자의 심장박동을 감지해 얼마나 '사랑을 느끼는지' 또는 흥분했는지를 파악하고, 앱을 통해 신호를 보내 브래지어가 자동으로 풀린다(여성이 혼자 있을 때 속옷을 벗고 싶다면 어떻게 해야 하는지는 알려지지 않았다).

27 바다 위에서 넘실대는 사랑
섹스 너트와 스크림쇼, 수형자의 동전

식물계에서 가장 큰 씨앗은 바다 야자 또는 코코 드 메르coco de mer, 겹야자라고도 하는 로도이세아 나무 씨앗이다. 평균 무게가 15-30킬로그램인 이 씨앗은 크기도 크기지만 앞은 여성의 엉덩이를, 뒤는 여성의 배와 허벅지를 꼭 빼닮은 모양이 놀라울 정도다. 그리하여 학명은 '아름다운 엉덩이'라는 의미의 그리스어인 로도이세아 칼리퓌게Lodoicea callipyge다. 수 세기 동안 이 씨앗은 사람들의 마음을 사로잡은 대상이자 추측 어린 전설의 소재였다. 이 야자나무 희귀종은 인도양의 세이셸 제도에서 볼 수 있는데, 거대한 씨앗이 해류를 따라 이동하다 몰디브와 같이 먼 해안가로 떠밀려 오기도 한다.

씨앗의 기원이 밝혀지기 전에는 마법처럼 보이는 현상을 둘러싸고 엉뚱한 가설들이 제시되었다. 바다에 떠다니는 코코 드 메르 열매를 목격한 말레이반도 선원들의 눈에는 그것이 마치 해저에서 '위쪽으로 떨어진' 것처럼 보였고, 그래서 인도양 바다 밑바닥에 자리한 숲의 나무에서 자라는 열매라고 믿었다. (마젤란이 대항해 중 횡사한 후 뒤를 이어 항해를 지휘한 인물인) 안토니오 피가페타Antonio Pigafetta의 기록에 따르면, 말레이인은 그 나무가 거대한 새를 닮은 괴물 가루다Garuda의 집이라고 믿었다. 그 괴물은 코끼리를 낚아채가길 좋아하고, 한

✱✱✱ 스트라다누스의 1592년경 판화에는 좌측 상단에 전설의 새 가루다가 코끼리를 낚아채는 모습이 그려져 있고, 전 세계의 바다에 출몰한다고 알려진 온갖 존재들에 둘러싸인 배와 그 위에 앉아 있는 항해사 마젤란의 모습이 담겨 있다.

번씩 수중에 있는 코코 드 메르 나무가 일으킨 파도에 갇힌 선원들도 잡아간다고 했다.

세이셸제도의 존재가 밝혀진 후 이 거대한 씨앗은 암컷 코코 드 메르 나무에서만 볼 수 있고, 수컷 나무에서는 놀라울 정도로 남근과 비슷하게 생긴 꽃차례가 열린다는 사실이 밝혀졌다. 이로 인해 그 지역에는 폭풍우가 몰아치는 밤이면 수컷 나무가 땅에서 뜯겨 나와 암컷 나무로 다가간 후 격렬한 성관계를 나누고 에로틱한 형상의 열매를 맺는다는 전설이 생겼다. 나무들의 성교를 실제로 '목격한' 사람이 한 명도 없는 이유는 이 나무들이 수줍음이 많고, 훔쳐보는 사람의 시력을 앗아가는 힘이 있기 때문이라 믿었다(다만 현재까지도 코코 드 메르의 수정이 어떻게 이루어지는지 완전히 밝혀지지 않았으므로, 무엇이 사실일지는 모를 일이다).

섹스 너트sex nut의 전설은 빅토리아시대까지 이어져 존경받는 장교이자 기독교인이고 우주론자인 찰스 조지 고든Charles George Gordon 육군 소장은 세이셸이 성서 속 에덴동산이고 코코 드 메르 열매가 아담이 베어 문 후 이브에게 건네준 금단의 열매라고 선언했다. 열매의 크기와 무게, 돌처럼 단단한 껍질을 고려했을 때 그것이 물리적으로 어떻게 가능한 일인지 고든에게 묻는 이는 아무도 없었다.

한편 세이셸보다 춥고 에로틱과는 거리가 먼 환경에서 19세기 고래잡이배 선원들은 취미이자 예술을 개발 중이었다. 1826년 항해일지에 최초로 '스크림쇼scrimshaw'라고 언급되지만 그 명칭의 유래는 알 수 없다. 그것은 굴곡진 부분에 글자나 그림을 새긴 작품으로, 집에 두고 온 배우자와 가족의 (아주 대략적인) 얼굴 외에도 바다 모습과 기억 속 고향의 풍경을 주로 그렸다. 고래, 때로는 바다코끼리, 최후의 수단으로는 소의 뼈와 이빨에 바늘로 그림을 새기고, 거기에 그을음이나 담배를 씹어 거뭇해진 침을 문질러 선이 선명해지도록 했다. 지금까지 전해지는 가장 오래된 스크림쇼 작품에는 동물 이빨에 이런 글이 새겨져 있다. "이 이빨은 1817년 [런던의] 아담호 선원들이 갈라파고스섬 근처에서 잡아 100배럴의 기름을 얻어낸 향유고래의 것이다." 고래잡이는 낮에만 하는 일이라 스크림쇼는 집으로 돌아가 선물할 사랑의 정표를 만들며 긴 저녁 시간을 보내기에 좋은 방법이었다.

18세기 후반에서 19세기, 여행길에 오른 또 다른 부류가 있었다. 사랑하는 사람들이 있는 집으로 다시는 돌아올 수 없는 여정을 떠나는 이들이었다. 호주국립박

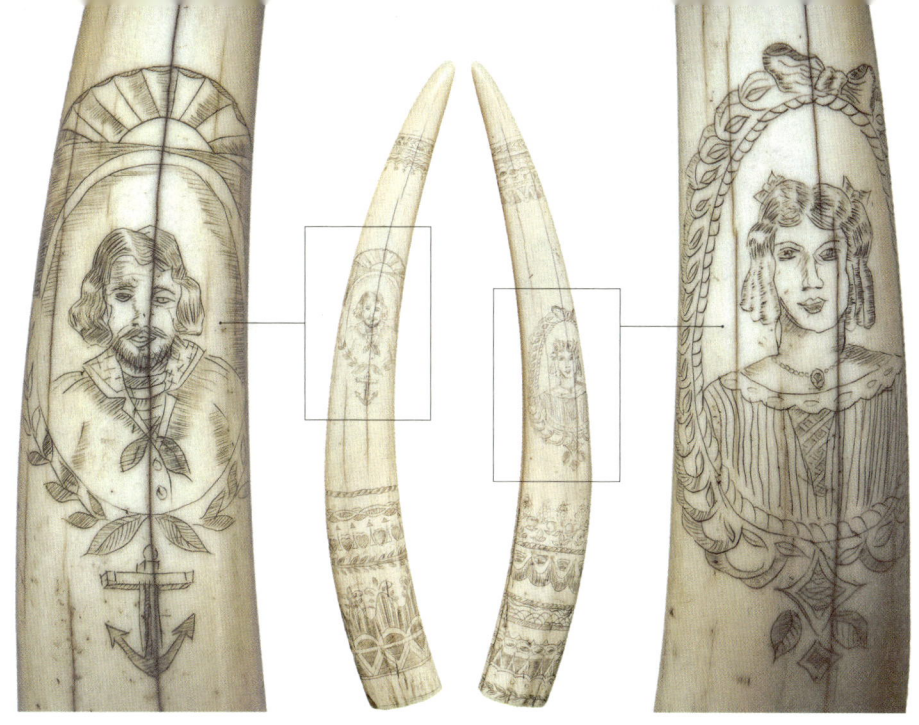

✦✦✦ 1900년경 로드아일랜드 또는 코네티컷에서 선원들이 바다코끼리 엄니 한 쌍으로 만든 스크림쇼 작품.

물관은 '수형자의 동전convict coin'이라는 소장품을 많이 보유하고 있는데, 이는 사형까지는 내리기 어려운 범죄를 저질러 호주의 식민지로 추방당하는 벌을 받은 중죄인들이 만든 사랑의 정표다. 범죄자들이 사랑하는 사람에게 자신을 추억할 만한 무언가를 선물하기 위해 동전의 표면이 매끄러워질 때까지 문지른 후 메시지와 그림을 새긴 데서 시작되었다. 다음 페이지에 나오는 첫 번째 동전은 1781년 찰스 크로튼Charles Croughton이란 사람이 새긴 것으로, 한쪽 면에는 "찰스 크로튼, 버밍엄, 워릭셔, 1781", 다른 면에는 "우리가 멀리 / 떨어져 있지만 / 이것을 보면서 / 나를 기억해줘 / 3월 4일 / 1781년"이라고 적혀 있다.

✦✦✦ 1781년에 찰스 크로튼이라는 수형자가 글을 새긴 동전.

✦✦✦ "죽음으로 내 숨이 멎을 때까지 당신을 사랑합니다"라는 문구가 새겨진 1802년 수형자의 정표.

✦✦✦ 1826년 제임스 도스가 그림을 새긴 수형자 동전으로, 스무 살의 아프리카계 미국인이자 '상점 심부름꾼'이었던 그는 동전 몇 개를 훔친 죄로 7년 추방형을 받았다. 그는 1832년에 해방 증서를 받았다.

✳✳✳ 1825년 열아홉 살의 코닐리어스 도노번이 런던의 한 상점에서 바느질실을 훔친 죄로 7년 추방형을 받고 템스강 위 감옥선에서 괴로워하며 동전에 이 '수레바퀴'를 새겼다. "반 디멘스 랜드로 떠나며 내 손으로 직접 만든 동전이다"라는 글을 새기고, 뒷면에는 "EWN / CD"라는 이니셜이 적힌 하트 위로 잉꼬 한 쌍이 맴도는 그림을 그렸다. 수령자는 미상이고, 1825년 9월 8일 반 디멘스 랜드에 도착한 후 도노번의 운명 또한 알 수 없다.

✳✳✳ 1817년 조지프 스미스는 절도로 사형을 선고받았으나 이후 종신 추방형으로 감형되었다. 그는 사랑하는 아내 메리에게 자신을 추억할 만한 정표를 선물하기 위해 이를 만들었다. "조지프 스미스 / 사형선고 / 1817년 7월 4일 / 33세." 반대쪽 면에는 "메리 앤 스미스 / 27세"라고 새겨져 있다. 1819년 6월 메리는 소매치기로 역시나 '종신' 추방형을 받았다. 두 사람이 이후로 다시 만났는지는 알려진 바 없다.

✦✦✦ 가혹하기로 유명한 윌리엄 블라이 함장이 수집한 소라 껍데기 중 하나다. 그에게 불만을 품은 선원들이 플레처 크리스천의 주도하에 바운티호에서 반란을 일으켰다. 블라이는 후에 집으로 돌아가 아내 엘리자베스에게 선물하기 위해 남해 인근을 항해하면서 조개껍데기를 모았고, 그렇게 완성된 그녀의 수집품은 세계 최고 수준이었다. 그녀가 사망한 뒤 런던의 딜러 존 모는 그녀의 소장품을 연구해 1821년 세계 최초의 조개 수집 가이드인 『여행자의 동반자, 조개껍데기 수집가를 위한 안내서』를 출간했다.

(186쪽 위의 오른쪽에 있는) 1802년에 새겨진 다른 동전은 중앙에는 한 여성이 하트 두 개가 그려진 상자, 아마도 관에 몸을 기댄 채 그 위를 나는 새 한 마리를 가리키는 모습이 새겨져 있고, 테두리에는 정교하게 그린 잎이 장식되어 있다. 그 테두리를 따라 "죽음으로 내 숨이 멎을 때까지 당신을 사랑합니다"라는 문구가 새겨져 있다. 가슴을 저릿하게 하는 이 동전들은 크기가 작고 소박하지만, 그 주인이 어쩔 수 없이 남기고 떠나야만 했던 사랑을 기리는 기념물이다. 대부분의 경우, 감옥선 승선자 명단을 제외하면 이 동전이 수형자에 대한 유일한 기록이다. 이들 중에는 사소한 죄로 지구 반대편으로 추방당한 경우도 많았다.

28 불타는 사랑의 고통
〈불꽃에 둘러싸인 남자〉(1600년경)

한 남자가 화염에 휩싸여 있다. 하지만 고대 전설 속 불도마뱀처럼 그의 머리와 새파란 망토는 매섭게 일렁이는 불길에도 끄떡없다. 평온한 표정과 한 올도 흐트러지지 않은 머리카락은 그가 이 상황에 전혀 동요하지 않음을 보여준다. 그의 머리 위로 Alget, qui non ardet('차가워진 남자는 불에 타지 않는다')라고 적혀 있다. 영원한 화염 속에 갇힌 그는 누구일까? 어쩌다 이런 난처한 상황에 처한 걸까?

아이작 올리버Isaac Oliver(1565?-1617)가 겨우 가로 4.4센티미터, 세로 5.2센티미터의 작은 프레임에 아주 정밀하게 그린 이 인물화는 아마도 영국 르네상스 예술에서 가장 흥미로운 세밀화 작품일 것이다. 이 화법의 전통은 머리글자를 복잡한 형태로 새겨 넣고 책장에 몇 센티미터의 작은 크기로 그림을 그린 필사본 삽화가들의 기술에서 시작됐다. '미니어처miniature(세밀화―옮긴이)'라는 단어는 '연단red lead으로 채색하다'라는 뜻의 라틴어 miniare에서 유래했는데, 이는 필사본을 만들던 필경사들이 사용하던 기법이었다. 부유한 고객에게는 이렇게 작은 그림을 사치스러운 장식품으로 활용하는

✳✳✳ 아이작 올리버의 〈불꽃에 둘러싸인 남자〉, 1600-1610년경 작품.

것이 매력적으로 느껴졌을 것이다. 무언가를 기념하거나 종교적 의미를 담은 그림을 목에 걸거나 주머니에 넣어 다닐 수 있고, 가족이나 친구, 연인을 향한 사랑과 존경의 정표로도 주고받을 수 있으니 말이다.

올리버의 〈불꽃에 둘러싸인 남자 A Man Consumed by Flames〉는 그림 속 인물에 관한 정체를 파악할 만한 기록도, 화염이라는 모티프가 어떤 의미인지에 대한 설명도 없지만 단서를 몇 가지 읽어낼 수는 있다. 남성은 상대적으로 노출이 있는 옷차림에 (살짝 미소를 머금은 듯한 입매 덕분에 근엄함은 사라진 채) 고대 영웅의 흉상처럼 포즈를 취하고 있고, 불꽃은 조각상같이 서늘한 피부를 침범하지 못한다. 그의 시선은 그가 바라는 이 그림의 주인에게 닿으려 뻗어 나가고, 수 세기를 가로질러 우리는 불청객으로서 그 은밀한 마음을 엿보고 있다. 세밀화가 사랑의 정표였다는 점을 생각해보면, 전통적인 해석으로는 남성이 열정이라는 불길에, 어쩌면 상대는 모르는 짝사랑의 고통에 휩싸여 있다고 볼 수 있다. 그림 속 라틴어 문구는 죽음만이 잠재울 수 있는 불타는 사랑을 의미하는 것일 수 있다. 르네상스 문학에서 자주 등장하는 주제이지만, 이러한 세밀화에서는 쉽게 찾아볼 수 없었다. 이 그림 외에 알려진 비슷한 작품으로는 올리버의 스승인 힐리어드의 초기 작품밖에 없다.

1460년경부터 활자본과 경쟁해온 세밀화 화가들은 이러한 증표에 대한 수요에 기쁘게 응했다. 세밀화 장식품을 만드는 일은 까다롭고 비용도 많이 드는 작업이었다. 단 두세 번의 만남으로 트럼프 카드만 한 크기의 양피지에 상대의 얼굴을 담으려면 손을 떨지 않는 대담함도 갖춰야 했다. 세밀화 작품을 지지하는 용도로 트럼프 카드를 자주 활용했는데, 국립초상화미술관에 있는 엘리자베스 1세의 세밀화 뒷면은 아이러니하게도 하트 여왕이 맡고 있다('국가와 결혼했다'고 선언한 엘리자베스 1세는 평생 결혼을 하지 않았다—편집자).

1520년대에는 세밀화 형식의 초상화가 프랑스와 영국 왕실에 등장하기 시작했다. 군주의 호의를 의미하는 증표로 왕실에서 의례적으로 내리는 하사품인 경우가 많았다. 1580년대 엘리자베스 1세 주변의 부유층은 여왕을 향한 애정과 충성을 드러내기 위해 그녀의 초상화를 몸에 지니고 다녔다. 1603년 제임스 1세가 즉위한 후에는 아이작 올리버와 그의 스승이자 세밀화로 가장 유명한 화가인 니컬러스 힐리어드Nicholas Hilliard(1547?-1619) 등의 예술가가 왕실 세밀화 관행을 이어갔다. 왕가의 세밀화 속 주인공들은 여기에 소개된 그림 속 인물과 달리 그 신원을 밝히기가 훨씬 수월하다. 평생을 사랑의 불꽃 속에서 고요히 이글거리는 남자들의 그림은 전 세계에 다섯 점밖에 없는 희귀한 작품이다.

✳✳✳ 니컬러스 힐리어드의 1600년경 작품〈불꽃에 휩싸인 남자〉. 올리버의 작품보다 몇 년 앞서 그린 것으로 추측되는 이 그림 속 남자 또한 신원을 알 수 없다. 그는 자신이 마음을 바친 대상의 모습이 드러나지 않도록 목에 걸린 펜던트를 정중하게 심장 쪽으로 돌려놓았다. 힐리어드는 화가의 목적이 "매력적인 품위와 재치 있는 미소, 번개처럼 순식간에 스쳤다 사라지는 은밀한 시선"을 포착하는 것이라고 적었다.

29 　심장의 지도를 그리다

〈애정의 땅〉(1654년)

이 장에서 소개할 지도를 따라 세상에 존재하지 않는 나라를 가로지르는 여정을 떠나보자. 사랑의 여러 단계가 가상의 지형으로 형상화된 길을 조심히 헤쳐나가야만 한다. 1654년 이러한 우의적 의미를 담은 지도 그림을 최초로 선보인 프랑스 작가 마들렌 드스퀴데리Madeleine de Scudéry(1607-1701)는 애정의 땅The Land of Tenderness이 기쁨과 위험이 공평하게 자리한 세계라고 경고했고, 추천한 경로를 따라야만 인생의 보상을 확실하게 얻을 수 있다고 밝혔다.

그렇다면 사랑에 빠진 사람은 어떤 길을 택해야 할까? 지도 속 나라에는 3개의 큰 강이 자리한다. '인정'과 '존경' '끌림'의 강이 있고(세 강 모두 이를 가로지르는 마을이 형성되어 있다), 강물은 모두 '위험의 바다'로 흘러 들어간다. 여행자들의 출발점은 가장 남쪽의 '새로운 우정'이고, 이들이 마주한 4개의 경로에는 모두 집들이 자리하고 있다. 경로가 끌림의 강 중심에 가까울수록 결과는 긍정적이다. 따라서 끌림의 강 서쪽 경로를 택하면 '안주'와 '소소한 배려들'을 지나 '순종' '지속적인 우정'을 거쳐 마침내 '인정을 바탕으로 한 애정'에 이르게 된다. 끌림의 강 동쪽으로 향한다면 젊은 연인은 가장 먼저 '위대한 정신'과 '듣기 좋은 이야기들'을 만나고 난 뒤 '정직'과 '존중'을 지나 '존경을 바탕으로 한 애정'에 다다를 것이다(원한다면 '끌림을 바탕으로 한 애정' 다리를 건너 언제든지 이웃한 긍정의 경로로 바꿀 수 있다).

지금까지는 좋다. 그런데 이렇게 고귀한 가치들에서 벗어난 사람들은 무엇을 마주하게 될까? 먼 동쪽으로 가면 '소홀'을 거쳐 '미지근함'으로 향하고 최종적으로는 '무관심의 호수'에 빠지게 된다. 이보다 더욱 최악으로는 먼 서쪽으로 '경솔함'이 '불신'과 '피해'로 이어지고 '적대'라는 끔찍한 운명에 빠져 지도 속에 그려진 침몰하는 배와 같은 결말을 맞이한다.

본래 드스퀴데리는 이 지도를 자신의 로맨스 소설인 『클레리Clélie』(1654-1661)에 실으려고 제작했다. 책 제목과 동명인 여주인공은 아론케스의 연인이었지만

✳✳✳ 〈애정의 땅〉

✦✦✦ 〈여성의 마음속 지도〉(1840), 조지프 허슨.

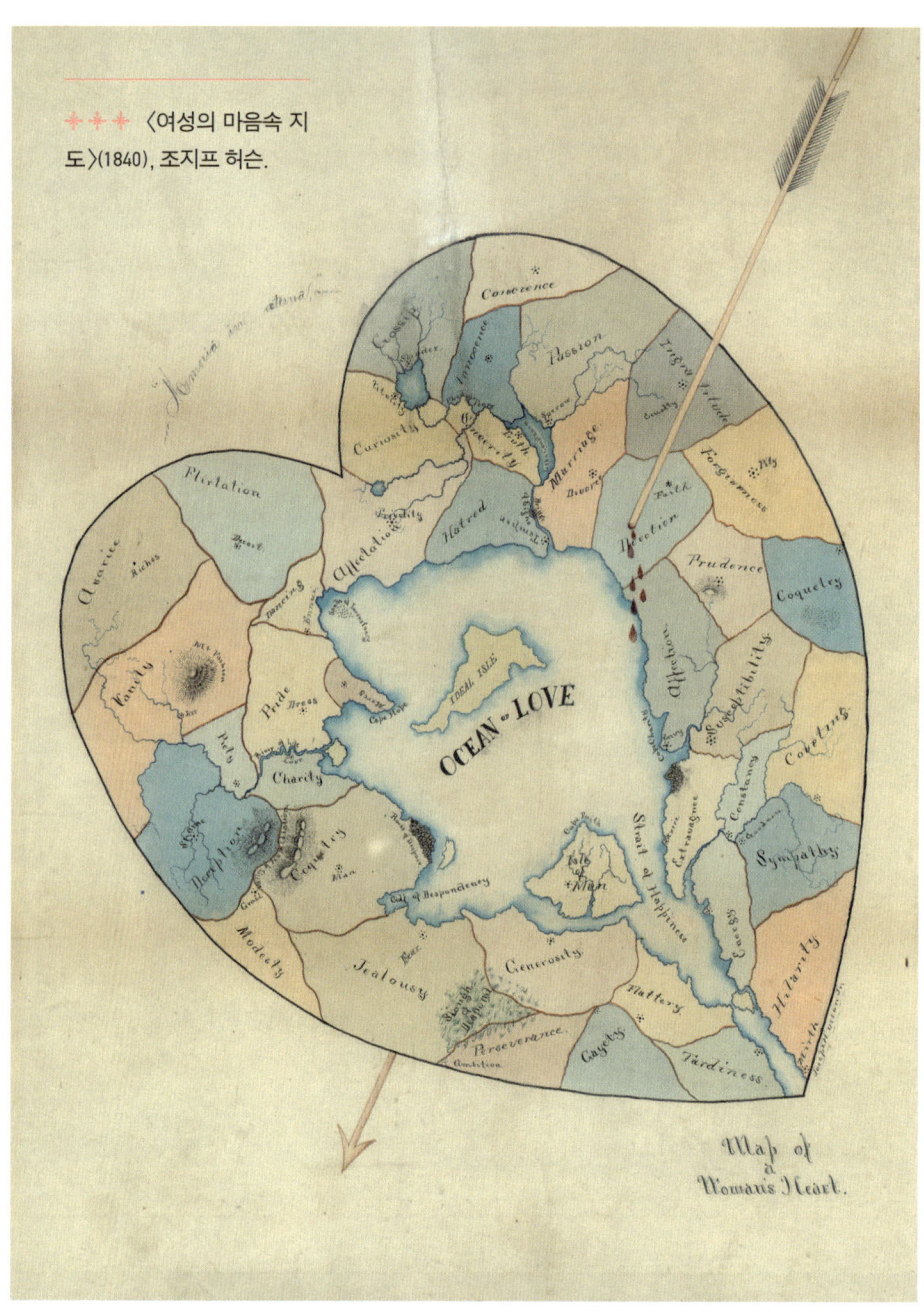

지진이 벌어지는 동안 아론케스의 경쟁자인 호라티우스가 여주인공을 앗아가는 내용이다. 지도와 그 점잖은 콘셉트가 사교계의 게임으로 큰 인기를 끌었는데, 처음에는 저자가 속한 고상한 문학 그룹인 '레 프레시외즈Les Précieuses'(사교계 및 상류층의 과장되고 지나치게 고상한 언어와 매너를 추구하는 17세기 프랑스 문학 양식—옮긴이) 내에서 유행하다가 이후 여성이 생각하는 '애정'이란 무엇인지 배울 수 있다는 말이 퍼지며 신사다운 청년들이 직접 사본을 만들어 가지기도 했다. 몰리에르Moliére의 냉소적 코미디 작품 「우스꽝스러운 프레시외즈Les Précieuses ridicules」로 인해 '레 프레시외즈'를 향한 대중의 동경은 5년밖에 이어지지 못했고 이후에는 프랑스의 웃음거리로 전락했지만, 사랑과 결혼, 마음의 지형을 땅에 비유해 지도로 표현하는 전통은 오늘날까지도 이어져 역사에 남을 아름다운 그림지도들을 우리에게 보여주고 있다.

✲✲✲ 〈결혼의 바다〉(1906)는 신혼부부가 허니문섬Honeymoon Island에서 첫 부부싸움 암초First Quarrel Reef를 지나 바가지 긁기 곶Cape Henpeck을 거쳐 소소한 행복들Little Blessings과 안락 만Comfort Cove, 마침내 기쁨 산Mt. Joy까지 안전하게 항해하는 경로를 보여주는 포켓 지도다.

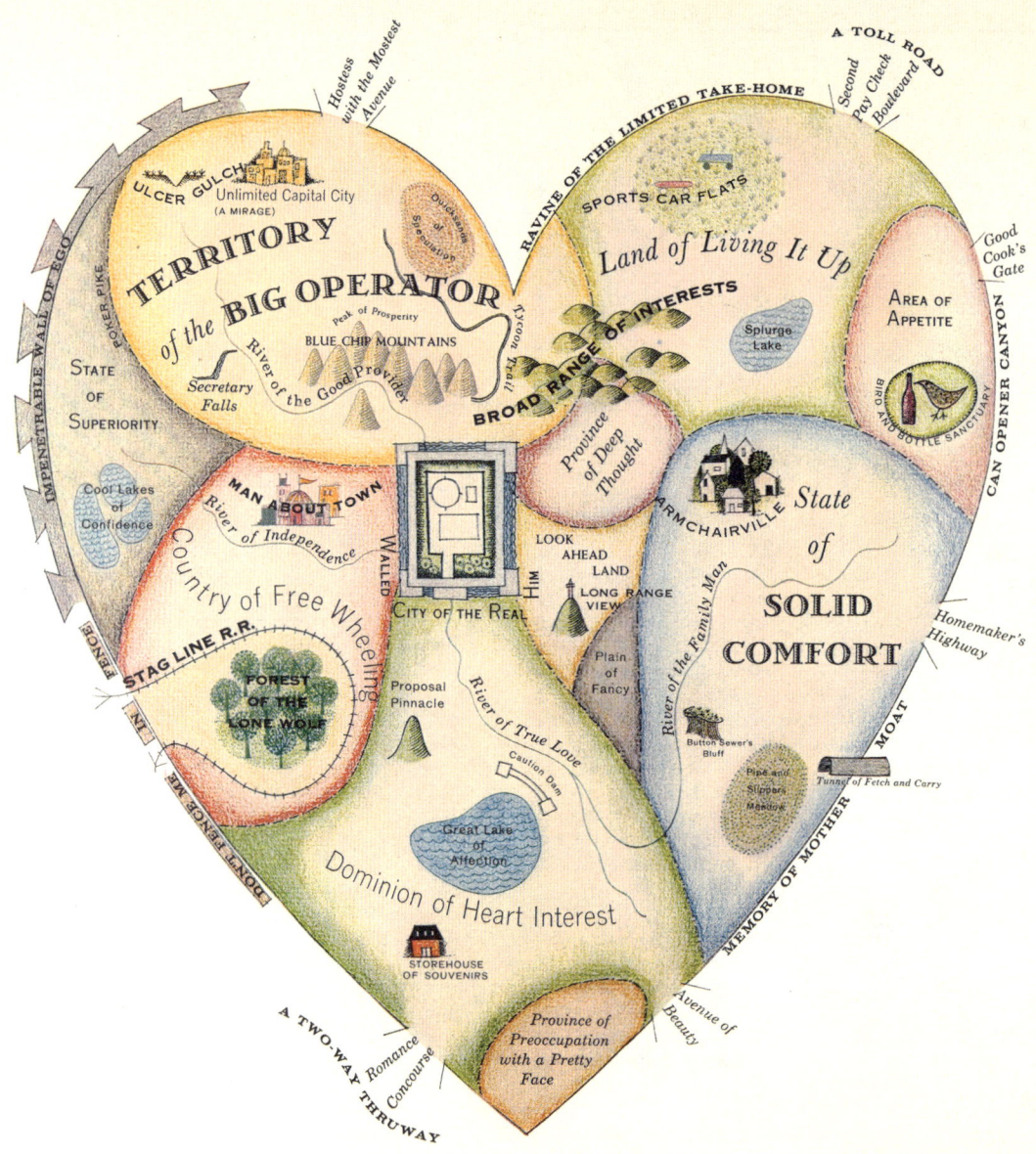

GEOGRAPHICAL GUIDE TO A
MAN'S HEART
with obstacles and entrances clearly marked

✦✦✦ 조 로리의 1960년 작품, 〈장애물과 입구가 분명하게 표시된 남성의 마음 지리 안내서〉.

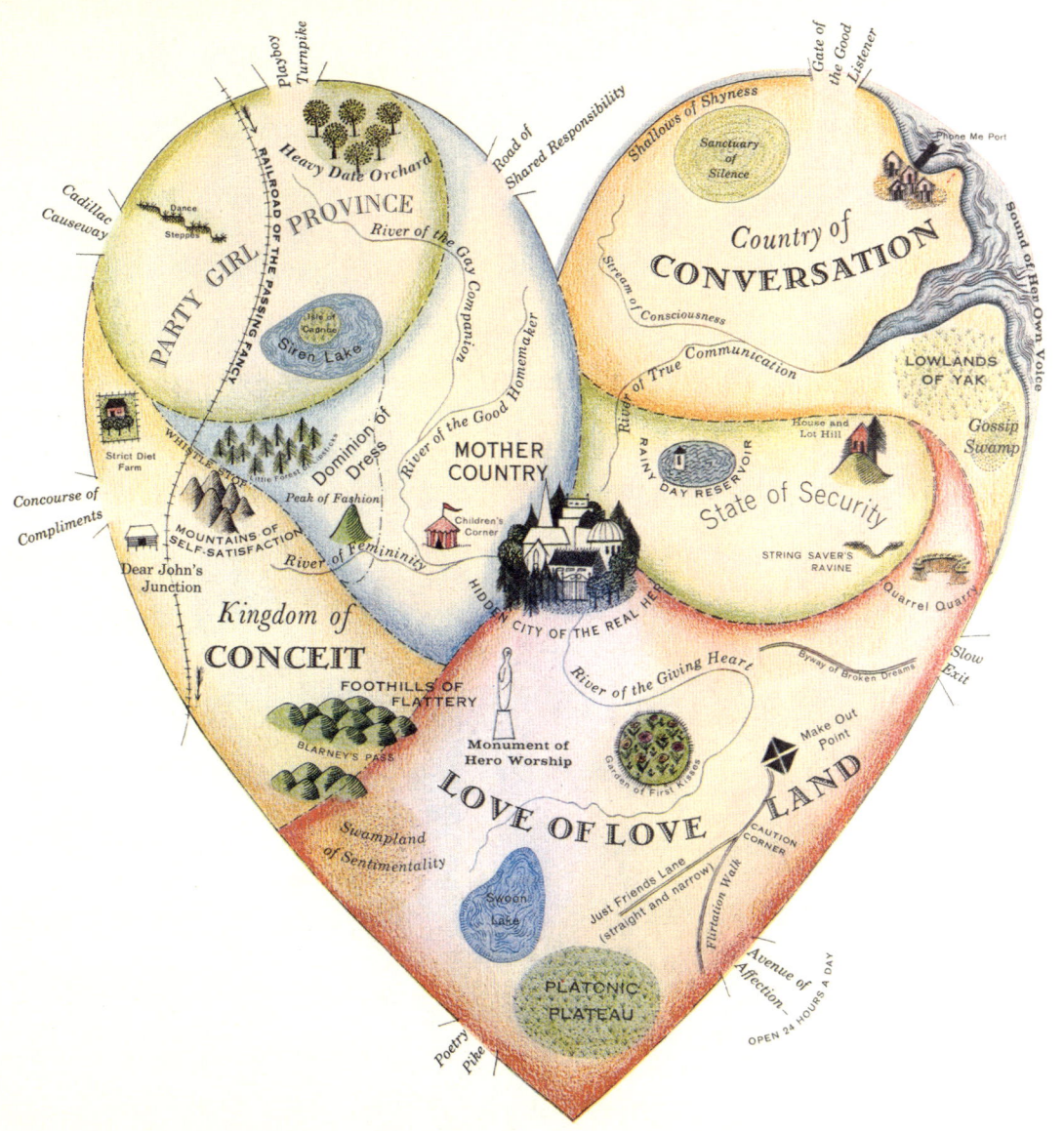

GEOGRAPHICAL GUIDE TO A
WOMAN'S HEART
emphasizing points of interest to the romantic traveler

✳✳✳ 〈사랑의 여행객에게 중요한 관심 지점을 강조한 여성의 마음 지리 안내서〉.

30 사랑을 품속에 지니는 방법
연인의 눈 세밀화와 사랑의 정표들

박물관 소장품 가운데 크기가 가장 작은 작품이 가장 강렬한 인상을 남길 때도 있다. 가령 사랑의 정표로 주고받은 물건들은 골무나 동전만 한 크기지만 두 사람이 함께한 평생의 세월을 보여주기도 한다. 사랑의 정표는 물론 최근에 생겨난 발명품도 아니고, 서구 전통에서만 찾아볼 수 있는 것도 아니다. 고대 중국에서는 머리핀과 거울, 빗을 정표로 나눴는데, 빗은 '행복한 연인은 머리가 하얗게 셀 때까지 함께한다'는 아름다운 의미의 중국 관용구 '바이 토우 시에 라오'(백두해로白头偕老)와도 관련이 있다. 마음을 담은 또 다른 선물로 신혼부부에게 나눠 먹을 고추를 주었는데, 고추에는 씨앗이 많아서 아이를 많이 낳길 바란다는 의미가 담겨 있다. 볼연지가 담긴 통을 반으로 나눠 뚜껑과 몸체를 연인이 각각 가지기도 했다. 이로 인한 예상치 못한 장점도 있었는데, 헤어진 가족이 훗날 윗대로부터 전해 내려온 조각의 짝을 맞춰 서로를 확인하고 다시 만나는 일이 벌어지기도 했다.

✳✳✳ 중국의 '사랑의 정표'인 옥과 금으로 만든 빗. 후한 왕조(서기 25-220) 시대에 제작되어 선물용으로 전해졌다.

웨일스에서는 젊은 남성이 자신의 목공 기술로 여성에게 좋은 인상을 남기기 위해 러브스푼lovespoon을 조각해 선물하는 전통이 있었다. 오래전부터 이어진 풍습으로, 현존하는 가장 오래된 작품은 1667년에 만들어진 것이다. 19세기 초부터 이와 유사한 전통이 노르웨이에서도 등장했다.

멀리 떨어져 지내는 연인은 서로의 유대감을 확인하는 개인적이고도 물질적인 무언가를 간직하고 싶어한다. 이때, 실제로 유통되는 동전이 저렴하고도 간편한 정표가 될 수 있다. 주머니에 지니고 다니거나 손에 쥘 수도 있고, (182쪽 수형자의 동전에서 봤듯) 동전 한 면이나 양면을 모두 갈아낸 뒤 사랑하는 연인의 이니셜과 (기술이 있다면) 장식용 무늬까지 새길 수도 있다. 이러한 예술은 감상주의가 특히나 강했고 빅토리아 여왕이 사별한 남편 앨버트를 공개적으로 애도하는 모습을 보이기도 했던 1800년대 영국에서 정점에 이르렀다. 하지만 현존하는 가장 오래된 작품은 1600년대 것으로 당시에는 민속 예술가들이 (망치를 이용해) '핀으로 구멍을 내어' 동전에 어설픈 각인을 새기고는 했다. 한편 프랑스에서는 기교와 미가 더욱 뛰어난 정표들을 공식적으로 활용했는데, 결혼식 때 사제가 축복을 내린 트레쟁treizains(금화 또는 은화 13개로 된 결혼용 선물―옮긴이) 또는 웨딩 메달이 있었다.

✴✴✴ 웨일스의 러브스푼.

✴✴✴ 신혼부부를 위해 조각한 스푼에 체인을 연결한 웨딩스푼.

30 사랑을 품속에 지니는 방법

✦✦✦ 1841년 독일 또는 오스트리아의 탈러 은화. 1880-1890년대에 연인의 이니셜을 새겨 사랑의 정표가 되었다.

✦✦✦ 번 페니에 '앨리스'라는 이름을 멋지게 새겨 넣은 사랑의 정표. 1860-1894년 영국 왕립조폐국에서 발행한 십진법 이전의 청동 1페니 동전이다.

 다만 연인들이 주고받던 선물 중 가장 특이한 물건은 다음 페이지를 넘기면 볼 수 있는 '연인의 눈lover's eyes'으로 18세기에서 19세기 초, 연인 간의 사랑을 공개적으로 드러내는 일이 무례하다고 여겨지던 시대에 낭만적인 기념품으로 만들어진 물건이다. 몰래 소장할 수 있을 정도로 작은 크기의 상아와 자기에 매혹적인 연인의 눈빛을 그려 넣은 이 예술 작품은 두 차례나 사별을 경험한 마리아 피츠허버트Maria Fizherbert에게 반해 사랑의 열병에 빠진 (훗날 조지 4세가 되는) 웨일스의 왕자가 준 선물에서 시작되었다고 알려져 있다. 조지는 27세로 자신보다 여섯 살 연상인 데다 가톨릭 신자에 평민이었던 피츠허버트에게 사로잡혀 그녀를 가질 수 없다면 목숨을 끊겠다고 협박할 정도였다. 그가 청혼하자 피츠허버트는 나라를 떠났다. 얼마 지나지 않아 그녀는 조지에게서 편지 한 통을 받는데, 그 안에는 조지의 친구이자 세밀화의 대가였던 리처드 코스웨이Richard Cosway가 세밀화로 그린 조지의 오른쪽 눈 그림이 담겨 있었다. 그는 편지에 이렇게 적었다. "내 얼굴을 완전히 잊고 만 것이 아니라면 이 그림을 보고 마음이 크게 동요할 것이오." 이내 피츠허버트는 영국으로 돌아가 비밀리에 조지와 결혼 하고 자신의 눈을 그린 세밀화로 그의 선물에 화답했다. 이 이야기로 영국의 연인들 사이에 눈 세밀화를 선물로 주고받는 풍습이 유행했는데, 브로치 등의 장신구, 혹은 이쑤시개나 코담배를 보관하는 곽에 머리카락 일부를 넣은 뒤 자신의 눈을 그려 선물했다.

✱✱✱ 잉크와 수채화 물감으로 그린 이 작은 정표는 미국 펜실베이니아주 해리스버그에서 1800년경에 만들어진 것으로 추정된다.

✱✱✱ 1767년 네덜란드에서 회양목으로 만든 코담배갑. 반은 사자, 반은 악마의 형체로 조각했고, 앞면에는 남녀가 포옹하는 그림이 새겨져 있다.

30 사랑을 품속에 지니는 방법

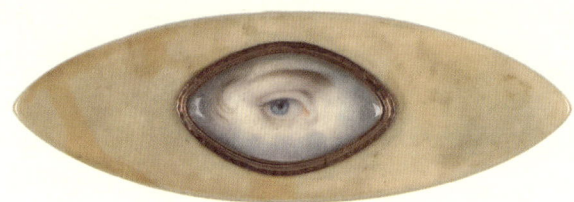

✦✦✦ 1800년경 상아로 만든 타원형 상자에 그린 눈 세밀화.

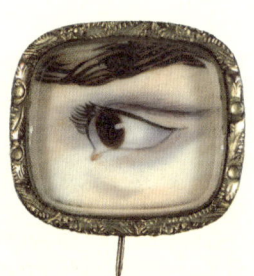

✦✦✦ 눈 세밀화 후기 작품으로, 1900년경 그림.

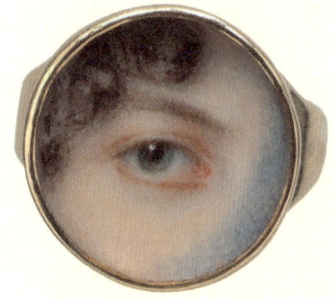

✦✦✦ 1802년경 상아에 수채화로 그린 '마리아 마일스 헤이워드'의 눈.

✦✦✦ 19세기 초의 눈 브로치.

✦✦✦ 1840년경, 머리카락 일부가 담긴 연인의 눈.

✦✦✦ '앤 프라이어 1787년 6월 30일'이라는 문구가 각인된, 수채화와 구아슈로 그린 눈 세밀화.

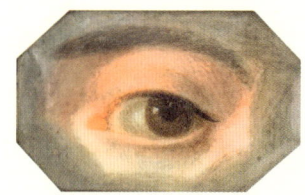

✦✦✦ 1837년 이전의 눈 세밀화.

✦✦✦ 샬럿 존스가 그린 웨일스의 샬럿 공주(1796-1817)의 눈.

✦✦✦ 눈 초상화로 만든 반지.

✦✦✦ 윌리엄 찰스 로스(1794-1860)의 작품으로 알려진 눈 세밀화.

31 무책임한 남편과 유능한 아내

엘리자베스 블랙웰의 『신비한 약초 도감』(1737-1739년)

'위대한 남자 뒤에는 위대한 여자가 있다'라는 속담이 있지만, 이는 몇몇 무책임한 남자에게도 (또는 조금 더 순화해서 말하자면 불운한 남자에게도) 해당되는 이야기다. 이들은 자신보다 더 능력 있는 배우자 덕분에 매번 불운을 극복한다. 스코틀랜드의 예술가이자 작가인 엘리자베스 블랙웰Elizabeth Blackwell(1709-1758)이 헌신했던 불운한 남성은 알렉산더 블랙웰Alexsander Blackwell(1709-1747)로, 그가 매리셜대학교에서 의사가 되기 위해 공부하던 당시 두 사람은 애버딘에서 비밀리에 결혼했다. 다중 언어 구사자였던 블랙웰이 양질의 교육을 받았던 점에는 의심의 여지가 없지만, 학업을 마치기 전에 엘리자베스와 사랑에 빠진 그가 의료 행위를 할 자격을 갖췄는지는 의심스러운 면이 많았다. 의심이 제기되기 시작하자 블랙웰 부부는 고발당하기 전에 급히 런던으로 떠났다.

런던에서 인쇄업을 해보려던 알렉산더는 먼저 윌리엄 윌킨스William Wilkins 아래에서 교정자로 일하다 그만두고 업계에 대한 아무런

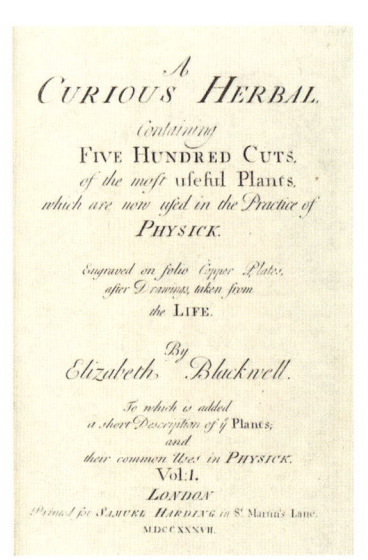

✳✳✳ 엘리자베스 블랙웰의 『신비한 약초 도감』 속표지.

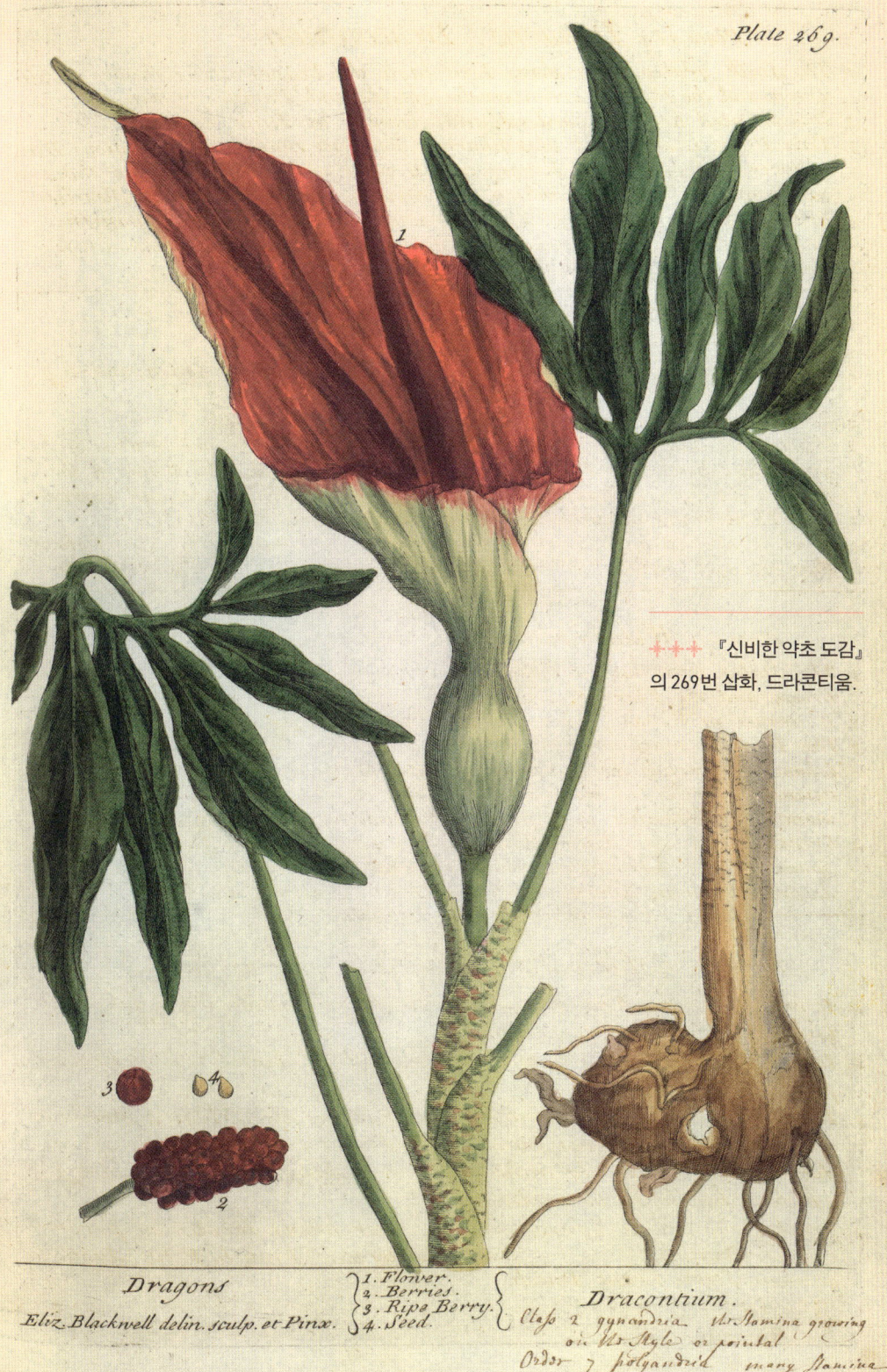

『신비한 약초 도감』의 269번 삽화, 드라콘티움.

지식이 없음에도 스트랜드에 인쇄 회사를 차렸다(J. M. 배리는 "돈을 노리는 스코틀랜드인보다 더 인상적인 구경거리는 없다"라고 말한 적이 있다). 블랙웰이 견습을 받지도, 인쇄업자 협회에 가입하지도 않은 데 괘씸함을 느낀 지역의 인쇄소 운영자들은 그를 멸시했다. 이후 엄격한 거래법을 위반한 그의 사업은 크게 망했고, 그는 감당할 수 없는 빚을 잔뜩 진 채 채무자 감옥에 수감되었다.

남편의 씀씀이에 가족의 미래가 무너져 내리는 모습을 무력하게 지켜본 엘리자베스는 남편이 교도소에 수감되자 가족을 부양하고, 집을 지키고, 남편을 꺼낼 수 있을 만큼의 돈을 벌 방법을 찾아야 했다. 하지만 그런 일을 어떻게 찾을 수 있을까? 그녀는 뛰어난 재주로 식물학에서 길을 찾았다. 당시 신세계 탐험가들이 런던으로 돌아오며 새로운 식물 종이 대량 유입되고 있었다. 식물 샘플들은 첼시피직가든과 같은 원예 기관에서 재배했고, 자연에서 자라는 이러한 보물들을 한데 모아 참고할 수 있는 약초 의학서(약용식물 도감)에 대한 수요가 많았다.

첼시피직가든의 큐레이터 아이작 랜드Isaac Rand의 따뜻한 도움으로 엘리자베스는 식물들을 직접 하나하나 연구했고, 500개의 정밀한 그림을 그려 『신비한 약초 도감: 약용으로 가장 유용하게 쓰이는 식물 500종A Curious Herbal: containing five Hundred Cuts of the most useful Plants which are now used in the Practice of Physick』을 완성했다. 식물명과 주석에 전문가의 도움이 필요했던 그녀는 교도소에 있는 남편에게 매번 스케치를 가져갔고, 남편은 네덜란드어·독일어·그리스어·이탈리아어·라틴어·스페인어로 된 식물 이름과 설명을 번역해주었다. 이후 그녀는 동판으로 된 인쇄판 하나하나에 그림 500개를 직접 조각해 새기는 놀라운 기술을 발휘했다. 초판 인쇄를 마친 후 그녀는 수작업으로 삽화에 전부 색을 입혔다.

『신비한 약초 도감』 초판은 대단한 성공을 거두었고(스웨덴 식물학자 칼 린네는 존경심을 담아 그녀에게 '보태니카 블랙웰리아Botanica Blackwellia'라는 별명을 붙였다),

✦✦✦ 『신비한 약초 도감』의 2번 삽화, 개양귀비.

✦✦✦ 『신비한 약초 도감』의 54번 삽화, 접시꽃.

알렉산더의 빚을 갚고 그를 석방시킬 수 있을 정도의 수익을 거두었다. 하지만 남편의 오랜 버릇이 도졌고, 또다시 빚이 쌓이기 시작했다. 엘리자베스는 어쩔 수 없이 출판권 일부를 팔아야 했고, 알렉산더는 다음 사업이 실패하자 용케 얻은 프레더릭 1세의 왕실 의사 일자리를 위해 가족을 두고 홀로 스웨덴으로 떠났다. 그곳에서 그는 다시 한번 자신의 야망 때문에 몰락의 길을 걷는다. 영국 대사 역할을 자청한 그는 덴마크와 스웨덴의 외교 관계를 강화하기 위해 덴마크 장관에게 공식 성명을 보냈고, 이는 프레더릭 국왕에 반하는 음모로 간주되어 1747년 8월 9일, 알렉산더는 참수당했다. 전해지는 이야기에 따르면, 참수당하는 자리에서 머리를 반대 방향으로 두었다가 참수를 처음 당해봐서 그런다며 멋쩍게 사과하고는 형을 받았다고 한다.

32 ✷ 밤거리의 여성들
『해리스의 코번트가든 여자 리스트』(1757-1795년)

18세기 후반, 음침한 런던 지역의 거리를 경솔하게도 한밤중에 다녔다가는 『고전 비속어 사전 A Classical Dictionary of the Vulgar Tongue』(1785)을 위해 자주 쓰이는 속어를 수집하러 다니는 거대한 체구의 프랜시스 그로스 Francis Grose를 마주하게 될지 모른다. 노트 한 권과 긴장한 조수 한 명만을 데리고 그로스는 닥터 존슨의 사전(새뮤얼 존슨이 편찬한 최초의 현대 영어 사전—편집자)에는 들지 못할 만한 거칠고 불경한 속어를 수집하겠다는 목적으로 겁 없이 어둑한 부두와 술집, 사창가를 탐험했다. 그 결과물로 'burning shame은 여성의 은밀한 부위에 불이 켜진 양초를 찔러 넣는 행위'(그로스는 여기에 '촛대의 본래 의도와는 분명 다른 용례'라고 주석을 달았다), 'un thruster는 남색을 하는 자' 'apple dumpling shop은 여성의 가슴' 등과 같이 여러 용어를 정리한 사전이 탄생했다.*

『고전 비속어 사전』에는 런던의 한 지역과 관련한 표현이 등장한다. 그로스는 COVENT GARDEN AGUE를 성병으로, COVENT GARDEN ABBES를 여성 포

---

* 몇 가지 예를 더 들자면, beard splitter는 매춘부와 관계를 자주 갖는 남성, blowsabella는 머리가 부스스하게 얼굴로 흘러 내리는 여성, casting up one's accounts는 구토, cup of the creature는 훌륭한 독주 한 잔, duke of limbs는 키가 멀대같이 크고 어정쩡하며 어딘가 이상한 사람, frenchified는 성병 감염, puff guts는 뚱뚱한 남자, slubber de gullion은 지저분하고 불쾌한 사람을 의미한다.

주[사창가의 마담]로, COVENT GARDEN NUN를 매춘부로 정리했다. 코번트 가든Covent Garden은 18세기 매춘의 중심지로 악명이 높았고, 그로스와 달리 학구적인 관심 없이 밤에 그곳을 헤매고 다니는 남성들은 안내서를 참고해 어딘가로 향했다. 1757년부터 1795년까지 매년 출간된 150쪽 분량의 포켓북 『해리스의 코번트가든 여자 리스트 Harris's List of Covent-Garden Ladies』는 코번트 가든과 런던의 웨스트 엔드 지역에서 매춘부로 일하는 120명에서 190명의 여성을 소개한 책이다. 한 부당 2실링 6펜스인 이 책은 매년 8천 부가량 팔렸지만, 저자가 누구인지는 밝혀지지 않았다(가난한 글쟁이였던 새뮤얼 데릭과 코번트 가든의 포주 잭 해리스가 유력한 저자로 꼽히고 있지만 말이다).

이 충격적인 '리스트'에서 흥미로운 점은 단순히 여성의 이름과 나이, 신체 특징만이 아니라 침실 안팎에서 (노래와 춤 실력을 포함해) 이들이 발휘하는 전문성과 재능, 성격의 별난 점과 개인의 배경에 관한 단편적인 이야기까지 담고 있다는 것이다. 이를 통해 우리는 18세기 후반을 살던 여성들이 어떤 사람이었는지에 대한 정보를 얻을 수 있다. 예컨대 1788년 출간된 리스트에 오른, 프리스 스트리트 28번지의 미스 B-nd 양은 "고상하고 유쾌한" 여성으로 "외모의 아름다움보다는 드레스의 우아함이 더 눈에 띄고, 천연두가 그리 심하지 않았다면 괜찮은 수준으로 분류할 수 있는 정도지만, 그럼에도 마음씨가 좋고 호감이 가는 여성"이라고 적혀 있다.

✳✳✳ 1793년 출간본의 권두 삽화.

미스 대븐포트에 관한 내용은 이렇게 끝이 난다. "치아가 매우 고르고, 큰 키에 비율이 훌륭해 (유능한 사제처럼 비너스 숭배 의식을 행한다면 허락할) 그녀의 알몸은 네 번째 여신(그리스신화에서 정숙, 청순, 사랑을 의미하는 삼미신에 빗댄 표현—옮긴이) 또는 살아 숨 쉬는 메디치의 비너스로 보일 정도다." 미들섹스 병원 인근의

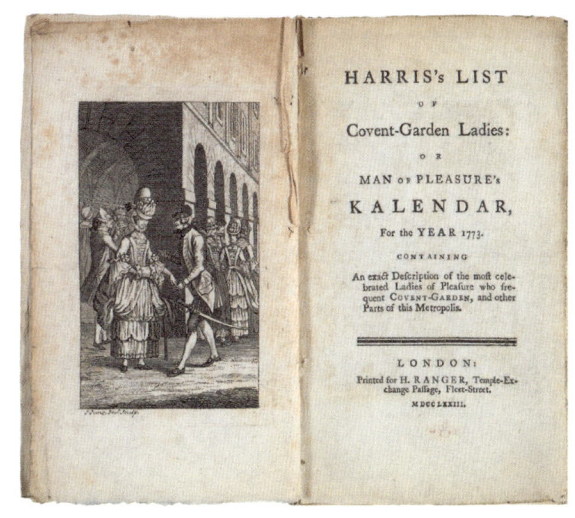

✦✦✦ 1773년 출간본의 속표지.

요크 스트리트 2번지에서 활동하는 미스 클리캠프는 "풍만한 여성을 상상할 때 재미와 장난으로 과장하는 모든 특징을 완벽하게 갖춘, 가장 훌륭하고 살집 있는 여성 중 한 명으로 … 살찐 여성 애호가에게는 이렇듯 풍만한 아름다움을 소유한 여성을 차지하는 운명이야 말로 굉장한 행운일 것이다."

그로스가 『고전 비속어 사전』에서 몇몇 내용을 덜어내야 했을 정도로 외설에 대한 대중의 인식은 달라졌고, 성매매 불관용과 개혁에 대한 요구도 거세져갔다. 따라서 『해리스의 코번트 가든 여자 리스트』는 가장 거침 없었던 1795년 출간본을 마지막으로 더는 발간되지 않았고, 출간에 관여한 사람들은 벌금을 받고 투옥되었다.

✸✸✸ 루이 필립 부아타르의 〈코번트 가든의 아침 놀이〉(1747)는 매춘 업소로 가득한 코번트 가든 광장에서 술 취한 남성이 일으킨 소란을 풍자하는 그림으로 가마 안에는 유명한 코르티잔(왕족이나 귀족 등 상류층 남성을 상대하던 매춘부―옮긴이)이었던 베트 케어리스가 잠들어 있다.

✸✸✸ 앙리 드 툴루즈 로트레크가 여성 매춘부들의 은밀한 모습을 그린 두 작품 〈침대〉(1893)와 〈침대 안에서, 키스〉(1892)는 파리의 뤼 당브루아즈 파레 거리에 있는 매춘 업소 벽 패널을 꾸미는 용도로 의뢰를 받아 작업한 것이었다. 그는 1892년부터 1895년까지 여성의 삶을 표현한 그림을 수백 점 그렸다.

33 ✱ 전 세계를 항해한 최초의 여성
잔 바레의 비범한 사랑 (1766년)

사진 속 말린 식물 표본은 투라에아속의 투레아 루틸란스 *Turraea Rutilans*로 마다가스카르와 모리셔스 등 구세계 열대지방이 원산지인 식물이다. 식물학적으로 이 초록의 작은 관목이 딱히 특별할 것은 없지만, 프랑스 식물학자 필리베르 코메르송 Philibert Commerson(1727-1773)이 붙인 식물의 원래 이름이 바레치아 보나피디아 *Baretia Bonafidia*라는 사실을 알고 나면 무척 특별했음에도 잊히고 만 한 여성의 역사 속으로 빠져들게 된다.

1766년은 영국과 프랑스, 스페인이 포르투갈과 파리조약을 맺으며 7년전쟁이 공식적으로 끝난 지 3년이 되는 해였다. 자존심에 상처를 입은 프랑스가 국고를 여전히 회복하던 중에 루이앙투안 드부갱빌 Louis-Antoine de Bougainville(1792-1811)이 프랑스인 최초로 세계 일주 항해를 선포했다. 1766년 11월 15일, 부갱빌은 (프랑수아 셰나르 드라지로데즈가 지휘하는) 부되즈호와 에투알호 두 척으로 탐험대를 꾸려 낭트에서 출항했다. 전례 없이 과학적 목적을 강조하며 시작된 이 탐험대는 각각 214명과 116명의 선원을 거느린 거대한 규모로 천문학자와 엔지니어 그리고 식물학자인 코메르송과 그의 하인까지 합류해 있었다. 코메르송이 가져온 엄청난 양의 장비는 에투알호의 선장실에 실렸다.

다만 선원들 아무도 몰랐던 사실이 하나 있다. 식물학자의 하인으로 함께 온 젊은 남성은 사실 잔 바레Jeanne Baret라는 여성이었다. 그녀는 처음에는 코메르송의 집에 가정부로 들어왔지만 그의 아내가 사망한 후 두 사람의 관계가 가까워졌다. 1764년의 '임신 증명서'에 따르면, 바레는 아이도 가졌다.

✦✦✦ 잔 바레의 가상 초상화(1816).

1765년 파리과학아카데미의 추천으로 탐험대 합류를 제의받은 코메르송은 그토록 중대한 역할을 맡기를 망설였다. 당시 건강이 좋지 않아 바레가 가사를 책임지고 온종일 곁에서 그를 간호하고 있었기 때문이다. 두 사람은 바레가 젊은 청년으로 분장해 탐험대에 함께하며 여정 동안 그를 돌보기로 했다. 매우 위험한 계획이었다. 바다 항해에 따르는 위험은 두 사람이 전혀 걱정하는 바가 아니었다. 규정상 여성은 누구든 배에 오를 수 없었고, 유럽의 선원들 사이에는 여성이 바다에서 불운을 가져온다는 미신이 깊이 자리하고 있었다. 물론 가장 큰 걱정은 선원 수백

명 전원이 남성이고 그녀 혼자만 여성인 가운데, 혹시나 발각된다면 어떤 일이 벌어질지 장담할 수 없다는 것이었다. 바레는 정체를 들키면 큰일이 난다는 걸 알았지만 그럼에도 코메르송을 돌보기 위해 배에 올랐다.

여정 중 코메르송은 끔찍한 뱃멀미에 시달렸을 뿐 아니라 다리에 궤양이 생겼고, 바레는 두 사람만 쓰는 화장실이 마련된 개인 숙소에서 그의 건강을 돌보는 데 매진했다. 몬테비데오에 상륙한 후 두 사람은 공식 임무를 시작했지만 코메르송이 상처로 다리를 절었기 때문에 장비를 옮기고 표본을 수집하고 조사를 진행하는 등 고된 일을 모두 바레가 맡아야 했다. 리우데자네이루에서 코메르송은 통증이 심한 나머지 숙소에 몸져누웠고, 바레 혼자 상륙하는 무리에 합류했다. 배에서 내린 후 얼마 지나지 않아 탐험대의 일원이었던 사제가 지역 사람들에게 살해당하는 사건이 벌어졌다. 그럼에도 바레는 계속해서 식물 표본을 수집했고, 그중에는 아름다운 꽃을 피운 덩굴식물도 있었다. 이후 해당 탐험의 책임자를 기리는 의미로 부겐빌레아Bougainvillea라는 이름을 붙였다.

부갱빌에 따르면, 1768년 4월 타히티에 도착하자 바레가 여성임을 곧장 알아본 타히티인들이 그녀를 둘러싸고 다시 배로 돌아가라고 몰아붙이는 일이 벌어졌고, 그제서야 선원들은 그녀가 여성임을 알고 깜짝 놀랐다. 이후 어떤 일이 벌어졌는지에 대한 이야기가 분분한데, 부갱빌은 심각한 사건으로 이어지지는 않았다고 말했지만 당시 현장에 있었던 다른 사람은 바레가 남성들에게 성폭행을 당했다고 전했다. 이후에도 두 사람은 태평양을 가로지르는 여정을 이어갔다. 탐험대는 (당시에는 일 드 프랑스라고 불리던) 모리셔스에 도착했고, 코메르송은 섬의 총독이 자신의 친구이자 동료인 피에르 푸아브르Pierre Poivre(1719-1786)라는 사실을 알고 크게

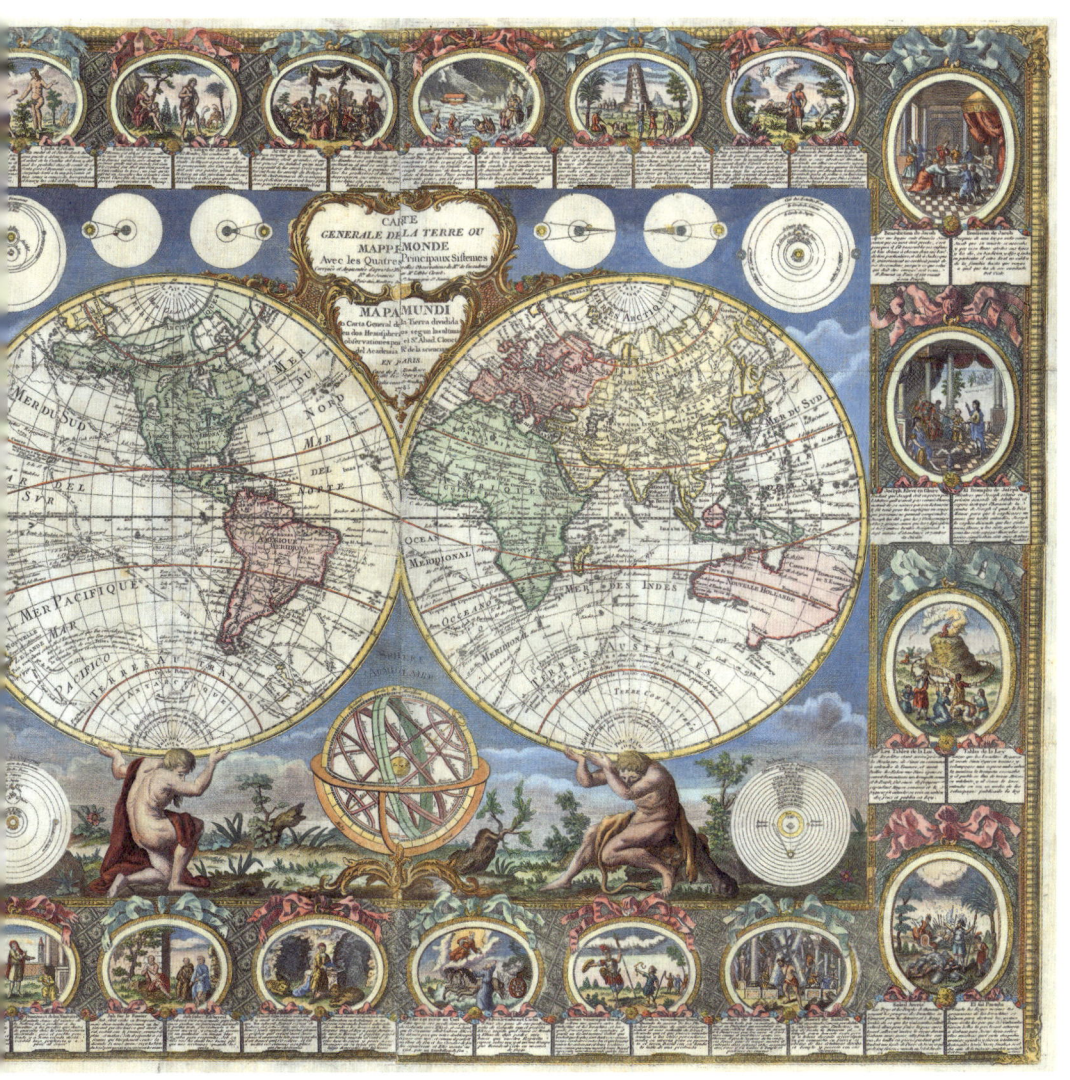

✦✦✦ 〈지구 전도 또는 세계지도〉(1785)는 장 밥티스트 루이 클루에의 작품으로 18세기 제작된 가장 화려한 지도 가운데 하나다. 부갱빌만이 아니라 마젤란, 타스만, 에드먼드 핼리, 제임스 쿡 선장이 항해한 경로가 빨간색으로 표시되어 있다.

33 전 세계를 항해한 최초의 여성

기뻐했다. 이후 부갱빌의 탐험대는 섬을 떠났지만 코메르송과 바레는 그곳에 남았다.

두 사람은 1770년부터 모리셔스의 식물을 수집하고 연구하며 3년간 행복한 생활을 누렸지만, 1773년 건강이 안 좋았던 코메르송이 사망했다. 기록에 따르면, 1776년 바레가 마침내 프랑스로 돌아오며 전 세계를 항해한 첫 여성으로서 여정을 완수했다. 코메르송과 바레가 함께 수집한 수백 종의 식물 샘플과 새로운 발견들 가운데 70종 이상에 코메르송을 기념하는 이름이 붙었지만, 바레의 이름은 어디서도 찾아볼 수 없다. 이번 장 처음에 소개한 식물에는 코메르송이 자신의 연인을 기념하며 바레시아 보나피디아라는 이름을 붙였지만, 안타깝게도 그가 발견한 식물 기록이 프랑스에 도착했을 때는 이미 다른 동료에 의해 투라레아 루틸란스라는 명칭이 생긴 후였다. 2012년이 되어서야 유타대학교와 신시내티대학교의 생물학자 에릭 테피Eric Tepe가 역사에서 편집된 그녀의 존재를 알게 된 후 그녀를 기리며 이 식물에 솔라눔 바레치에*Solanum baretiae*라는 이름을 붙였다.

34 결혼이라는 매듭
요루바의 웨딩 사슬 조각상

'매듭을 묶다tying the knot' '(줄 등으로) 묶이다getting hitched' '쇠공과 쇠사슬the old ball and chain'은 영어권에서 결혼을 뜻할 때 쓰는 표현들이다. 그 외에도 결혼을 결합의 개념으로 이해하는 문화권은 전 세계적으로 많다. 몇몇 아프리카 문화에서는 긴 풀을 엮어 신랑과 신부를 묶기도 한다. 이를 가장 매력적으로 보여주는 사례는 서아프리카의 요루바족으로, 이들에게 신혼부부 선물용으로 가장 흔한 물건이 바로 이 웨딩 사슬 조각상이다. 역사적으로 나이지리아와 베냉, 토고 대부분에 걸친 요루바랜드라는 집단지에서 거주해온 요루바족은 오래전부터 조각과 조각술에서 뛰어난 예술적 기교를 지닌 것으로 알려져 있다. 이러한 재능은 중요한 사회적 의식, 특히나 결혼을 축하하는 자리에서 가장 화려하게 드러난다.

다른 문화권에서 전통 의식은 조금 더 진지한 데 비해 요루바에서 결혼은 특히나 즐겁고 화려한 행사로 남아 있다. 한 예로 'Je ki'n r'ile oko gbe'는 아내의 엉덩이를 축복해야 한다는 요루바의 신념이 담긴 기도로, 아내의 엉덩이가 배우자와 함께하는 집에 오랫동안 자리하기를 바란다는 (즉, 부모와 함께 지내야 하는 일이 없길 바라고, 두 번

✦✦✦ 오그보니의 에단 지팡이로, 남성과 여성을 사슬로 연결해 한 사람으로서 완전해졌다는 의미다.

결혼하는 일이 없길 바란다는) 의미다. 의식에서 이러한 축복이 제대로 효과를 발휘할 수 있도록 식의 주례자인 알라가 이두로Alaga Iduro와 알라가 이조쿠Alaga Ijokoo는 신부와 기도를 주거니 받거니 외치며 흥을 더하는데, 이때 신부는 본인의 엉덩이를 잡고 '내 엉덩이'라는 기도를 외쳐야 한다(가톨릭교회에서 이런 모습이 벌어지는 장면은 상상하기 어렵다). 또한 '내 등, 내 등'이라는 챈트가 있는데, 훗날 신부가 자녀를 등에 업게 된다는 의미로 자녀를 낳을 능력을 비는 기도다.

남성과 여성의 조각상을 연결하는 사슬은 '영원한' 구속을 의미하고(작품 전체를 나무 하나로 조각했다), 이러한 연결은 자녀와 가족, 친구, 공동체를 비롯해 결혼 생활을 유지하고 부부 관계를 이어가게 하는 선한 집단들을 상징한다. 두 형체를 사슬로 묶는다는 개념은 오그보니Ogboni 사회의 금속 조각상 '에단Edan'에서 기원한 것으로, 남성과 여성이라는 두 형체가 연결되어야 한 사람이 된다는 의미다. 요루바 사회에서는 남성적 요소와 여성적 요소가 더해져야만 완전해진다고 믿기 때문이다. 겸손과 상호 지원 및 존중의 상징인 에단, 그리고 나무로 조각한 사슬은 전 세계 여러 박물관에 전시되어 있다.

✢✢✢ 가정생활을 한눈에 보여주는 요루바의 조각판. 성관계를 하는 부부의 모습이 가운데에 새겨졌는데, 결혼이 공동체를 유지하는 데 중요한 역할을 한다는 사실을 의미한다. 탄띠를 찬 것으로 미루어 남성은 사냥꾼으로 짐작된다. 거북은 이파사제를 의미하고, 남성은 등에 점술판을 지고 있다.

✦✦✦ 요루바 거울 틀 조각품은 고급스러운 결혼 선물로 유명하다. 상단에 조각된 남녀가 성관계를 하는 모습은 결혼의 특전을 의미하고 자녀들을 통해 아쉐(생명력)가 강해짐을 상징한다.

✦✦✦ 임산부의 몸통을 형상화한, 목재로 된 복부 마스크. 중앙에는 기하학적인 패턴이 새겨져 있다. 요루바족은 여성이 더욱 강한 성별이라고 여기지만 요루바의 가면 댄서들은 모두 남성이다. 이들이 여성을 연기할 때면 나뭇가지와 천 조각을 넣어 둔부를 키우거나 이와 같은 복부 마스크를 입는다.

35 사랑의 사기꾼들
제임스 그레이엄과 천상의 침대(1780년)

비이성적인 행동을 유발하는 요인이자 비통함의 원인인 사랑은 의학사에서 오랫동안 신체 질환으로 진단되었다. 중세 유럽에서는 '흑담즙' 때문에 우울감이 생긴다고 믿었고, 11세기 의사이자 수도사였던 아프리카인 콘스탄틴Constantine the African은 사랑이 과도하게 생성된 흑담즙 탓에 생긴 질환이라고 믿었다. "'에로스 eros'라고도 하는 사랑은 두뇌를 건드리는 질병이다. … 이 사랑이라는 것의 원인은 과도한 체액을 배출하고 싶은 강렬하고도 자연스러운 욕구 때문일 때도 있다. … 이 질환으로 고통받는 사람은 원하는 것을 얻고 소유하고 싶은 마음에 시달려 생각과 걱정이 생겨난다." 12세기 말, 의사

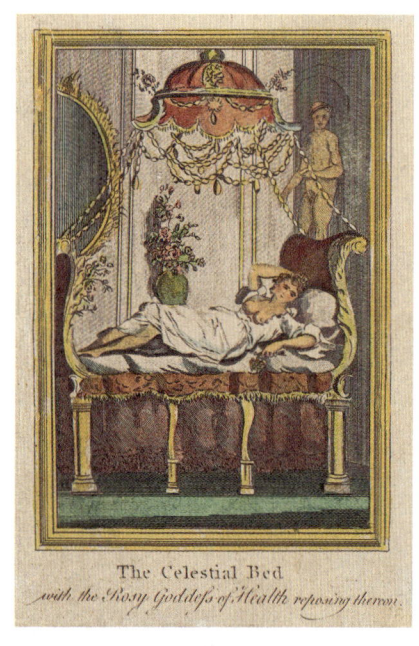

✳✳✳ 돌팔이 의사 제임스 그레이엄의 위대한 '천상의 침대', 1782년경 그림.

베리의 제러드Gerard of Berry는 상사병이 체질의 불균형을 일으켜 아름다운 갈망의 대상에게 집착하게 되고 결국 우울감이 생겨난다고 덧붙였다. 치료법으로는 햇

빛, 정원 산책, 수련과 제비꽃을 넣은 온욕, 양고기와 상추 그리고 (독성이 있는) 헬레보어의 뿌리 섭취가 있었는데, 마지막 치료법은 히포크라테스Hippocrates 시대부터 이어진 것이었다. '흑담즙'을 정상화하는 치료법으로는 설사약과 완하제, 피 뽑기를 권장했다.*

성의학계의 돌팔이들은 잃어버린 활력을 되찾고자 하는 간절한 남성들에게 더욱 미개한 치료법을 제공했다. 20세기 초, 미국의 사기꾼 존 로멀러스 브링클리John Romulus Brinkley(1885-1942)는 직접 개발한

✳✳✳ 시에나의 알도브란디도의 1265년 저서 『신체 관리법』에는 상사병을 앓는 사람의 피를 뽑으면 감정의 불균형을 완화할 수 있다고 적혀 있다.

남성 질환용 만병통치약이라며 의료 자격이 전혀 없음에도 외과 수술을 시행해 수백만 달러를 벌어들였다. 많은 화제를 불러 일으켰지만 그리 미덥지 않은 이 치료법은 염소의 고환을 환자의 음낭에 이식하는 것이었는데, 이 이질적인 고환은 보통 인체에 흡수될 뿐이었다. 이 '염소-고환 의사'는 국제적인 명성과 막대한 부를 얻었지만, 환자들이 감염으로 사망했다는 소문이 돌며 결국 의료 행위를 금지당했다. 부정하게 번 돈을 전부 소송 비용으로 잃은 그는 빈털터리 신세로 사망했

---

* 현대 의학에서 '상심 증후군broken heart syndrome'. 좀 더 정확하게는 '스트레스성 심근병증'은 정서적, 신체적 스트레스 요인으로 인해 순간 일시적으로 심장의 근육이 약해지는 질환이다. 일본에서는 '타코츠보' 심근증이라고 하는데, 이때 타코츠보蛸壺는 '문어를 잡는 항아리'라는 뜻이다. 이 질환에 걸렸을 때 심장의 좌심실 모양이 이 항아리와 비슷해서 붙은 이름이다.

다.*,**

 18세기 런던에서 사랑의 사기꾼으로 악명이 높았던 제임스 그레이엄James Graham(1745-1794)은 덜 외과적이지만 역시나 기이한 접근법을 고안해 사랑과 성 관계에서 비롯되는 문제를 치료했다. 미국에서 벤저민 프랭클린Benjamin Franklin의 전기 실험을 목격한 일을 계기로 그레이엄의 화려한 유사과학적 접근법이 시작되었다. 프랭클린은 영국 화학자 조지프 프리스틀리Joseph Pristley(1733-1804)가 "과학계의 막내딸"이라고 한 전기의 힘을 공개적으로 실연했고, 이러한 과학 시연은 수많은 살롱에서 하나의 여흥 거리로 자리 잡았다. 그중 하나인 '전기 파티electricity parties'를 두고 당시 프랭클린은 이렇게 광고했다. "저녁 식사용 칠면조를 전기 충격으로 죽이고, 전기 구이 장치로 굽고, 전기가 든 병으로 불을 지피겠습니다." 유럽인도 전기의 매력에 깊이 빠졌다. 귀족들은 전기가 찌릿하게 통하는 입맞춤을 나누는 그들만의 전기 파티를 열었다. 프랑스에서 루이 15세는 장 아베 놀레Jean

---

* 브링클리의 고환 치료에 선도자 격인 인물이 있는데, 모리셔스의 생리학자 샤를에두아르 브라운세카르Charles-Édouard Brown-Séquard(1817–1894)는 72세 때 자신의 몸에 '원숭이의 고환 추출물을 피하주사'로 주입한 후 '성적 기량을 되찾았다'고 보고했다(그는 콜레라가 유행하던 1853년, 이 병에 직접 걸려 치료법을 찾을 목적으로 콜레라 환자의 토사물을 삼켰고, 그 이후로 괴짜라는 명성을 얻었다). 그는 이후 파리에서 열린 생물학협회Société de biologie 모임에서 기니피그 고환에서 추출한 체액을 피하주사로 주입하면 회춘할 수 있고 생명이 연장된다고 주장했다. 빈의 의학 출판업체의 한 저널리스트는 이렇게 적었다. "이번 강연으로 70세에 이른 교수들은 정년 퇴직을 해야 할 필요성을 다시 한번 입증했다."

** 이 페이지 하단에 고환과 관련한 각주를 두 개 달기 위해서 고환의 중요성은 고대부터 높이 평가받았다는 이야기를 덧붙여야겠다. 플리니우스는 달리기 선수들에게 경주 전에 양의 고환을 씹으면 순간적으로 기운을 낼 수 있다고 권했고, 아시리아인들은 여성이 해할 수 없도록 남성의 고환을 법으로 보호했다. 아시리아 법전Code of the Assyrians에는 "다툼 중에 여성이 남성의 고환을 다치게 한다면 여성의 손가락 하나를 잘라내야 한다. 의사가 한쪽 고환을 치료하던 중 그 옆에 자리한 다른 고환이 감염되거나 손상된다면, 또는 여성이 다른 쪽 고환을 다치게 한다면 여성의 두 눈을 파괴해야 한다"라고 명시되어 있다.

Abbe Nollet를 왕실의 전기 기사로 임명해 전기 공연을 개발하게 했는데, 그중 하나로 수도사 수백 명을 일렬로 세운 후 전기를 흘려보내 동시에 공중으로 뛰어오르게 한 일도 있었다.

이 모든 일을 지켜본 그레이엄은 간절한 부유층을 상대로 돈을 벌 기회를 포착했다. 에든버러대학교에서 의학을 공부했지만 학위를 받지 못하고 학교를 나온 그는 가장 먼저 요크셔의 폰터프랙트에서 시작해 이후 브리스톨과 배스에서 의료 행위를 이어가다 런던으로 가서 1780년 펠멜 거리에 '건강의 신전Temple of Health'을 세웠다. 그곳에서 그는 '의료전기 장치'를 내세우며 "과거와 현재를 모두 아울러 세상에서 가장 위대하고, 가장 유용하며, 가장 훌륭한

✵✵✵ '닥터' 존 R. 브링클리는 20세기 초 미국의 돌팔이 의사로 발기불능으로 치료법이 간절한 남성들에게 염소 고환을 이식해 수백만 달러를 벌었다.

장치"라고 홍보했다. 사원의 입구에 마련된 홀에 들어선 사람들은 지팡이와 목발, 안경, 보청기 더미를 마주했는데, 이는 그레이엄의 치료를 받고 나은 환자들이 버리고 간 물건들이라는 설명이 이어졌다. 치료를 받기 위해 온 사람도 있었고, 그저 신기한 구경을 하고자 찾아온 사람도 있었다. 전기장치로 시연하는 사람들, 유리로 된 다리 위에 고정된 전기의자, 조각상, 그림, 스테인드글라스 창, 음악, 향수, 고그Gog와 마고그Magog라는 이름의 거대한 '하인'들을 둘러보며 사람들은 놀라워했다. 행복한 성생활의 비결에 관한 강연을 진행한 그레이엄은 분위기를 띄우려 나체나 다름없는 젊은 모델들을 건강의 여신처럼 자세를 취하게 하고 뒤에 세워두었다. 일설에 따르면, 모델 중에는 후에 해밀턴 부인이 된 처녀 시절의 에마 라이언Emma Lyon(넬슨 제독과의 염문으로 유명한 영국 최고의 미녀—옮긴이)도 있었다.

강연은 매번 청중이 앉아 있던 의자에 전기를 흘려보내 전기 충격의 경험을 선사하고, 숨겨져 있던 작은 문에서 '영혼'이 튀어나와 사람들에게 사원에서 직접 만든 '천상의 향유'를 뿌려대는 것으로 마무리되었다.

다만 신전을 대표하는 가장 중요한 장치는 그레이엄의 위대한 '천상의 침대celestial bed'(228쪽 그림 참고)였다. "가장 정교한 기술"로 세공한 색유리 기둥 40개가 받치고 있는 침대는 꽃과 향신료에서 채취한 향이 정기적으로 분사되고, 여러 자석과 기계가 윙윙거리며 전기를 흘려보내 원

✦✦✦ 〈강풍을 맞으며 노스 브리지 위를 걷는 닥터 제임스 그레이엄〉, 존 케이(1742-1826)의 캐리커처.

기를 회복시킨다는 원리였다. 침대 틀이 조정 가능한 형태라 침대를 다양한 각도로 설정할 수 있었고, 들리는 이야기로는 침대 위 사람들의 움직임에 맞춰 음악도 흘러나왔다. 이 침대는 임신을 보장하는 장치였다. "아이를 바라는 남성과 여성은 누구든, 이 천상의 숙소에서 저녁을 보내고 싶은 이들이라면 누구든 … 50파운드 지폐 한 장이면 천상의 침대가 제공하는 천상의 기쁨을 누릴 수 있습니다." 그레이엄은 이렇게 적었다. "불임인 이들도 큰 기쁨 속에 강렬한 떨림을 경험한다면 반드시 결실을 볼 것입니다."

수많은 이가 신전을 찾았고, 일기 작가인 헨리 앤절로Henry Angelo(1756-1835)도 익명으로 이곳을 방문했다. 1780년 8월 23일에 신전을 방문했던 호러스 월폴

✦✦✦ 〈사기꾼들〉. 런던의 W. 험프리가 1783년 3월 17일 발표한 그림에는 제임스 그레이엄과 구스타버스 캐터펠토의 모습이 담겨 있다. 이 캐리커처에는 당대 가장 악명이 높았던 사기꾼 두 명이 대결을 준비하고 있다. 왼편에는 제임스 그레이엄이 전기 실험에 사용했던 유리 기둥에 올라 있고, 오른편에는 프로이센왕국 출신의 사기꾼이자 마술사인 구스타버스 캐터펠토(1743-1799)가 웅크리고 앉아 악마의 힘이 깃든 숫돌을 이용해 손가락에 불꽃을 일으키고 있다.

Horace Walpole은 그레이엄의 역작을 두고 "내가 본 것 중 가장 뻔뻔하게 사기를 치는 인형극이었고, 협잡꾼인 그는 관객들에게 5실링씩 받아낼 줄 아는 것 외에는 제대로 된 전문성을 보여주지 못하는 한심한 인간"이라는 소감을 남겼다. 하지만 그 어떤 참신함도 시간이 지나면 빛을 잃고 만다. 그레이엄은 빚이 쌓이기 시작했고, 1782년 재산을 압류당한 후 남은 생을 이곳저곳 옮겨 다니며 강연을 다녔다. 그는 의료용 전기장치에서 손을 떼고 자연적인 치유법을 광고했다(이편이 당연하게도 판매가 더 쉬웠을 것이다). 『영국의학저널British Medical Journal』에서 "거짓 의료 행위의 역사상 가장 불쾌한 사기꾼 중 한 명"이라는 오명을 얻은 그는 150세까지 장수하는 비밀을 알고 있다는 자랑과 달리 1794년 6월 23일, 49번째 생일에 갑작스럽게 사망해 에든버러의 그레이프라이어스교회 경내의 묘지에 안장되었다.

36 카사노바의 파란만장한 삶

자코모 카사노바의 『내 삶의 이야기』(1794년)

"추잡한 인간의 극치였을까, 아니면 지독하게 고통받은 낭만주의자였을까?" 자코모 지롤라모 카사노바Giacomo Girolamo Casanova를 향한 2022년 4월 『가디언Guardian』 기사의 질문은 세계에서 가장 유명한 바람둥이이자 평생 132명의 여성을 유혹했다고 주장하는 남성의 전기를 읽으며 독자가 마주하는 복잡하고도 상반된 두 성격을 한마디로 정리했다. 카사노바에 대한 당신의 생각이 어떤지 몰라도 그를 둘러싼 현대의 평가가 들려주는 것보다 이 남자와 그 삶에는 더 많은 이야기가 담겨 있다.

연기자로 활동하던 양친 아래 베네치아에서 태어난 카사노바는 도박장과 윤락업소, 유명한 연례 카니발이 열리는 즐거움의 도시에서 자랐다. 순회공연을 떠난 모친과 여덟 살 때 돌아가신 부친 밑에서 방치된 것이 다름없는 유년기를 보낸 그는 담임 교사 아베 고치Abbé Gozzi의 돌봄을 받았고 이후 영민한 머리로 파도바대학교에 입학해 윤리학에서 수학, 의학까지 모든 지식을 흡수했다. 하지만 도박으로 쌓인 빚 때문에 학교를 떠나야 했고, 첫 후원자가 되어준 76세의 베네치

✢✢✢ 요한 베르카가 1788년 3월, 카사노바를 눈앞에 두고 직접 그린 메달 모양의 초상화.

Histoire de ma vie
jusqu'à l'an 1797

Nequiquam sapit qui sibi non sapit
Cic: ad Treb:

Preface

Je commence par déclarer à mon lecteur que dans tout ce que j'ai fait de bon ou de mauvais dans toute ma vie, je suis sûr d'avoir mérité ou démérité, et que par conséquent je dois me croire libre. La doctrine des Stoïciens, et de toute autre secte sur la force du Destin est une chimère de l'imagination qui tient à l'athéisme. Je suis non seulement monothéiste, mais chrétien fortifié par la philosophie, qui n'a jamais rien gâté.

Je crois à l'existence d'un Dieu immatériel auteur, et maître de toutes les formes; et ce qui me prouve que je n'en ai jamais douté, c'est que j'ai toujours compté sur sa providence, recourant à lui par le moyen de la prière dans toutes mes détresses; et me trouvant toujours exaucé. Le désespoir tue: la prière le fait disparoître; et après elle l'homme confie, et agit. Quels soyent les moyens, dont l'Être des êtres se sert pour détourner les malheurs imminens sur ceux qui implorent son secours, c'est une recherche au dessus du pouvoir de l'entendement de l'homme, qui dans le même instant qu'il contemple l'incompréhensibilité de la providence divine, se voit réduit à l'adorer. Notre ignorance devient notre seule ressource; et les vrais heureux sont ceux qui la cherissent. Il faut donc prier Dieu, et croire d'avoir obtenu la grace, même quand l'apparence nous dit que nous ne l'avons pas obtenu. Pour ce qui regarde la posture du corps dans laquelle il faut être quand on adresse des vœux au créateur, un vers de

※ 자코모 카사노바의 자필 회고록 첫 페이지.

아 상원의원 아래서 일을 배웠으나 상원의원이 마음에 두었던 젊은 여배우와 애정 행각을 벌이다 들켜 그 집에서 즉시 쫓겨났다. 이후 로마에서 아콰비바 추기경 소속의 필경사로 일하며 다른 추기경들의 연애편지를 대필했지만 그곳에서도 쫓겨난 그는 군인이 되기로 결심했다. 코르푸에 있는 베네치아 부대에 입대했지만 군 생활이 너무도 지루하고 느리게 느껴졌고, 도박으로 월급을 탕진하며 시간을 보냈다. 이 모든 일이 스물한 살 이전에 벌어졌다.

강력한 가문이었던 브라가딘 가와 연을 맺는 큰 행운이 그에게 찾아왔다. 그가 브라가딘 가문의 어른 한 명의 목숨을 살린 것이다. 수은 연고에 독성이 있다는 사실을 알았던 그는 집안 주치의가 내린 조치에 반대하며 환자의 가슴에 바른 연고를 걷어내야 한다고 주장했다. 이 일로 브라가딘의 가족들은 이후 몇 년 동안 그를 거두었다. 귀족의 조수로 일하게 된 카사노바는 화려하게 옷을 차려입고 이제는 완전히 자리 잡은 도박과 여성 편력이라는 나쁜 습관에 더욱 빠져들었다. 그러다 충격적인 두 사건이 동시에 터졌다. 어린 소녀가 그를 강간으로 고발한 일과 그가 평소 하던 기괴한 장난이 역효과를 일으킨 일이었다. 그는 땅에 묻은 지 얼마 되지 않은 시체를 꺼내 친구를 놀라게 하는 장난을 치고는 했는데, 당시 한 친구가 신경성 쇼크로 몸이 마비되는 사건이 벌어졌다.

카사노바는 베네치아를 떠나 파르마로 향했고, 그곳에서 프랑스 여성과 깊은 사랑에 빠졌는데, 자서전 『내 삶의 이야기 Histoire de ma vie』에서 '앙리에트 Henriette'라는 이름으로 등장하는 여인이다. "여성은 남성을 24시간 내내 행복하게 만들 수 없다고 믿는 사람들은 앙리에트를 만나보지 못한 것이 분명하다." 그는 이렇게 적었다. "밤에 그녀를 품에 안을 때보다 낮에 그녀와 대화할 때 더욱 큰 기쁨이 내 영혼을 채운다. 상당한 양의 독서를 한 데다 감각을 타고난 그녀는 모든 일에 올바른 판단을 내린다." 그녀의 이성적인 판단력은 카사노바에게까지 향했고, 앙리에트는 이별을 고하며 카사노바의 마음에 큰 상처를 남기면서도 세심하게도 그의 재정 상황을 돕고자 얼마 안 되는 돈을 남겼다.

1750년경 그는 상처받은 마음을 달래고자 리옹과 파리, 프라하와 빈을 순회하며 스치는 여자마다 유혹하는 생활을 보냈고, 그렇게 호색가라는 평판을 쌓아갔다. 그 정도가 얼마나 심했는지 많은 여성과 빚은 연애 문제와 그 이후 벌어진 스캔들까지 각 도시의 경찰이 문서로 기록할 정도였다. 마침내 베네치아로 돌아온 그는 이내 종교 모독과 풍기문란으로 체포되어 두칼레 궁전 안에서 고위험 범죄자를 수감하는 '꼭대기 층'의 7개 감방 중 한 곳에 갇혔다.

『내 삶의 이야기』에는 이러한 굵직한 사건들 이후로도 넷플릭스 드라마 같은 에피소드들이 정신없을 정도로 빠르게 쏟아지며 수백 페이지가 이어진다. 변절한 사제의 도움으로 비밀 터널을 거쳐 침대 시트로 만든 밧줄을 타고 교도소를 탈옥하고, 파리로 돌아와 다시금 여성들을 거리낌 없이 유혹하고, 최초의 복권 사업 책임자로 막대한 부를 축적하고, 방대

✦✦✦ 카사노바가 여성들 앞에서 프랑스 콘돔을 시연하고, 여성들이 부풀어 오른 모양새에 웃음을 짓는 장면을 담은 1872년 판화.

한 오컬트 지식으로 프랑스 상류사회를 기만하고, 막대한 빚을 지고, 스파이 행위를 하고, 여러 차례 교도소에 들락거리고, 누구나 예상한 결과겠지만 거듭 성병을 앓아 몸이 점차 쇠약해지고, 이탈리아의 여배우를 두고 폴란드의 대령과 권총 결투를 치른 뒤 양쪽 모두 부상을 입은 일로 바르샤바에서 추방당하고, 바르셀로나에서는 암살의 위협을 피했다. 1785년, 마침내 카사노바는 보헤미아(오늘날 체코)의 둑스성에서 국왕의 시종장 요제프 카를 폰발트슈타인Joseph Karl von Waldstein 백작의 사서로 일했다. 성에서 일하는 다른 사람들에게 미움을 받은 그는 폭스테리어 한 마리만이 함께하는 외로운 생활을 하며 회고록 집필에만 몰두해 1798년 사망 전에 집필을 마쳤다.

　카사노바는 자신이 이상적으로 생각하는 정사情事란 단순한 성관계 이상이어야 한다고 적었다. 플롯이 있어야 했다. 그는 유혹의 공식을 만들었다. 1막: 난폭하거나 질투가 심한 남성을 파트너로 둔 매력적인 여성을 찾는다. 2막: 그녀의 상황을 개선시킨다. 3막: 감사함을 느낀 그녀는 유혹에 넘어오고 짜릿한 정사가 시작된다. 4막: 여성에게 흥미를 잃은 남성은 자신이 여자와 함께할 가치가 없다고 말하고 자신을 대신해 그만한 자격이 있는 남성을 주선해준 후 퇴장한다. 그는 이렇게 적었다. "타락하지 않은 마음을 지닌 정직한 여성 중에 남성이 감사함을 표현해서 정복하지 못할 여성은 없다. 감사함의 표현은 가장 확실하고도 빠른 방법 중 하나다." 술도, 폭력도 필요하지 않았고, 오직 말이면 충분했다. "말이 없다면 사랑의 기쁨은 최소 3분의 2나 줄어든다." 그러나 그 말들은 미묘해야 한다. 왜냐하면 "말로 사랑을 드러내는 남자는 바보이기 때문이다."

37 ✱ 일본의 에로틱 예술, 춘화
〈어부 아내의 꿈〉(1814년)

앞으로 초밥이 담긴 접시를 보면 한 번쯤은 멈칫하게 만들 이 그림은 바다의 에로틱함을 온전히 담아낸 〈어부 아내의 꿈 Dream of the Fisherman's Wife〉이다. 〈해녀와 문어 蛸と海女〉라고도 불리는 이 목판화는 일본의 유명 예술가 가쓰시카 호쿠사이 葛飾北斎(1760-1849)가 세 권으로 펴낸 춘화집 『사랑의 갈망 喜能会之故真通』에 수록된 작품이다. 이 작품이 아마도 춘화 春画 가운데 가장 충격적인 그림으로 꼽힐 텐데, 성적으로 노골적인 그림 양식 중 일부는 무로마치 막부(1336-1573)의 중국 한의서에서, 또 일부는 생식기의 크기를 과장해 그리던 주방 周昉 등 당나라 예술가들에게서 영향을 받았다. 문자 그대로 번역하자면 춘화에는 '봄'이라는 뜻이 있지만(섹스를 완곡하게 표현한 것이다), 황태자가 벌이는 성적 활동 열두 가지를 두루마리 12개에 그린 중국의 춘궁비희화 春宮秘戲画를 축약한 말이기도 하다. 초기 춘화 화가들은 일본 황실과 수도원의 추문을 그림 소재로 삼았다.

17세기에서 19세기에 융성한 미술 양식인 우키요에 浮世絵를 그린 화가 대다수가 한때 춘화에 손을 댔다. 그중에서도 호쿠사이의 〈어부 아내의 꿈〉이 가장 유명한 사례라고 할 수 있다. 우리가 보고 있는 그림이 무엇인지 의아할 법도 하다. 젊은 해녀가 문어 두 마리와 성적인 자세로 뒤엉켜 있는 모습을 보고 당시 사람들은 유명한 타마토리 공주 玉取姫 이야기를 떠올렸을 것이다. 바다의 용왕 류진 龍神이 남편의 가족에게서 훔쳐 간 진주를 되찾으려는 해녀의 이야기다. 류진의 용궁까지 찾

✦✦✦ 〈어부 아내의 꿈〉(위)과 호쿠사이의 또 다른 춘화
〈여성과 수건을 문 청년〉(아래, 1817?).

아간 타마토리는 자신의 유방을 절개해 그 안에 진주를 숨겼다. 이로 인해 수영을 훨씬 빨리할 수 있는 능력이 생겨 무사히 탈출했지만, 해수면에 이르고 난 뒤 절개한 가슴의 상처로 죽음을 맞이한다.

호쿠사이의 그림에 적힌 글에서 이 장면이 어떤 의미인지 단서를 얻을 수 있는데, 아래 내용은 아마도, 바라건대 당신이 이번 주에 읽은 가장 이상한 글이 될 것이다.

큰 문어	"바로 오늘, 마침내 내 바람이 이뤄졌어. 드디어 당신을 움켜쥐었어! 당신의 '보보'가 어찌나 탐스럽게 익었는지, 대단해! 누구보다도 훌륭해! 빨고, 빨고 또 빨고. 솜씨 좋게 이 일을 마치고 나서 용왕이 사는 용궁으로 데려가 당신을 뒤덮을…"
여성	"이 혐오스러운 문어야! 내 자궁 입구를 빨아대니 숨이 가쁘잖아! 아! 그래 … 거기… 거기야! 빨판으로, 빨판으로! 안에, 미끄러지듯, 미끄러지듯이, 아! 아, 좋아, 아 좋아! 거기, 거기야! 거기이이이이! 좋아! 휴우! 아! 좋아, 좋아, 아아아아아아아아! 아직 아니야! 원래는 남자들이 나한테 문어라고 했었는데! 문어라고! 오! 휴우! 도대체 어떻게…!? 오!"
큰 문어	"여덟 다리를 모두 써서 감아버리면!! 이것도 마음에 들어? 오, 이것 좀 봐!

✦✦✦ 〈눈 오는 후지산의 성애 화첩〉(1824)은 제목처럼 눈이 내리는 장면으로 지극히 순수하게 시작하지만, 이내 여주인공은 격정에 휩싸인다. 일본의 우키요에 화가인 케이사이 에이센의 작품으로, 그의 오쿠비에('머리를 크게 그린 그림')는 분세이 시대(1818-1830)의 걸작으로 평가받는다.

	안이 부풀고 따뜻한 욕정의 물로 축축해졌어…"
여성	"맞아, 이제 얼얼해지기 시작했어. 조금 있으면 내 둔부에서 모든 감각이 빠져나갈 거야. 우우우우우! 경계와 선이 무너졌어! 나는 완전히 소멸했어…"
작은 문어	"아빠가 끝나면 나도 털이 수북한 당신의 둔덕에 빨판을 문지르고 싶어. 당신이 소멸할 때까지 그러고 나면 또 빨판을 대고…"

춘화 양식은 에도 막부(1603-1867)에 인기의 정점에 이르렀고, 목판화 기술이 향상되며 그림의 양과 질이 크게 개선됐다. 일본 정부는 역사적으로 춘화를 금지하려는 시도를 수차례 했지만, 이 예술의 종말을 불러온 것은 검열이 아니라 에로틱한 사진술의 등장이었다.

38 심장이 없는 시체들

퍼시 셸리의 방랑하는 심장 (1822-1852년)

가족과 식사 중 대화가 잦아들었을 때 내면 좋을 퀴즈가 하나 있다. 헨리 1세와 카스티야의 엘레오노르, 프레데리크 쇼팽, 토머스 하디의 부패된 시신들 사이에 공통점은 무엇일까? 답은 심장이 없다는 것이다. 이들은 다른 장소에 묻으려 사후에 심장을 적출했다.

역사적으로 '심장 매장'(그리고 내장과 장기를 따로 매장하는 풍습)은 궁정풍 연애의 인기와 한 사람의 본질이 심장에 자리한다는 믿음이 맞물려 중세 유럽에서 가장 활발하게 행해졌다. 왕족에게 시체 일부를 분리해 매장하는 일은 순전히 정치적인 의도도 있었지만, 의무를 따르는 동시에 사랑하는 고국 또는 바라던 도피처에서 안식을 취하게 한다는 타협의 결과일 때가 더 많았다. 헨리 1세(1068?-1135)의 시체는 영국의 레딩수도원에 안치된 반면 그의 심장과 창자, 뇌, 눈, 혀는 프랑스의 루앙대성당에 있다. 에드워드 1세의 왕비인 카스티야의 엘레오노르Eleanor of Castile(1241-1290)는 세 곳에 매장되는 일이 허락되었다. 그녀의 내장은 링컨대성당에, 시신은 웨스트민스터수도원에, 심장은 (아들인 알폰소의 심장이 있는) 도미니크수도회의 블랙프라이어스수도원에 각각 공들여 세운 벽화와 조각상과 함께 안치되어 있다.

수 세기에 걸쳐 이러한 관행은 점차 줄어들었지만 완전히 사라지지는 않았다. 나폴레옹은 자신이 죽으면 심장을 아내 마리 루이즈에게 보내라고 지시했

✣✣✣ 프랑스 귀부인이자 브르페야크 부인, 루이즈 드캉고가 잠들어 있던 17세기의 납으로 된 관이 2013년 발굴되었을 당시, 남편 투생 드페리앵 기사의 방부 처리된 심장이 함께 매장되어 있었다. 루이즈의 심장은 사라져 있었고 이후에도 발견되지 않았는데, 그녀의 심장을 적출해 남편의 무덤에 안치한 것으로 추측하고 있다. 납으로 된 카디오태프, 즉 심장 단지에는 이런 글이 적혀 있다. "이곳에 투생 드페리앵, 브르페야크 기사의 심장이 잠들어 있다. 1649년 8월 30일, 렌에서 사망한 그는 자신이 건립한 카헤 인근의 맨발의 카르멜회 수녀원에 잠들어 있다."

다(성기는 그의 사제가 절단해 유품으로 보관했다).* 유언에 따라 적출한 쇼팽Frédéric Chopin(1810-1849)의 심장은 브랜디 병에 옮겼다. 누이가 술에 절인 심장을 고향 폴란드로 몰래 들여왔고, 그의 심장이 보관된 바르샤바의 성십자가교회 기둥에는 "네 보물이 있는 곳에 네 마음도 있다"라는 마테복음 6장 21절이 새겨져 있다.

토머스 하디Thomas Hardy(1840-1928)의 심장은 조금 더 특이한 운명을 맞이했다. 작가인 그는 스틴스퍼드에 안치된 첫 아내 에마와 같은 무덤에 자리하길 바랐지만, 웨스트민스터사원에 있는 '시인들의 코너'에 묻어야 한다는 결정이 내려졌다. 타협안으로 그의 심장은 스틴스퍼드에 있는 에마의 곁에 묻었지만, 풍문에 따르면 매장 전날 밤에 고양이 한 마리가 그의 심장을 여러 조각으로 물어뜯었고, 그 고양이를 잡아 남은 심장 조각과 함께 무덤에 묻었다는 이야기가 있다.

사랑하는 이의 심장을 매장하지 않고 기념으로 간직하는 경우도 있다. 상대를 기억하기 위해 실제로 형태를 지닌 무언가를 간직하는 일은 특히나 빅토리아시대에서 흔한 일이었다. 치아와 머리카락으로 장신구를 만들었고, 찰스 디킨스Charles Dickens는 사랑하는 고양이 밥의 발로 편지를 개봉할 때 쓰는 칼을 만들기도 했다. 하지만 심장은 그보다 더 특별한 의미를 지녔다. 심장의 상징성을 보여주는 초기 사례로, 이제는 붉은 벽돌의 유적지만 남은 스코틀랜드 덤프리스 인근의 스위트

---

* 위키피디아에 단독으로 한 페이지가 마련되어 있는 나폴레옹의 성기는 수많은 소유인을 거치며 한바탕 여정을 겪었다. 이전의 소유주 중에는 전설적인 서적상 A. S. W. 로젠바흐Rosenbach(1873-1952)도 있었는데, 그는 1924년 런던에서 매그스 브로스Maggs Bros에게 "검시 중에 나폴레옹의 시신에서 적출한 미라화된 힘줄"을 매입했다. 1927년에는 뉴욕시 프랑스미술관에 전시되었는데, 이를 본 『타임』 저널리스트는 "제대로 관리가 안 된 사슴 가죽 신발 끈"에 비유했고 또 다른 관람객은 "쪼글쪼글해진 장어" 같다는 소감을 밝혔다. 2007년 소유자인 뉴저지의 비뇨기과 전문의가 사망한 후 『뉴욕타임스』는 나폴레옹의 성기를 두고 "인간의 신체 기관이라고 보기 어려울 정도"라는 모욕적인 평가를 이어갔다. 이후 이를 물려받은 비뇨기과 전문의의 딸은 10만 달러를 제안받은 적이 있지만, 그의 성기는 아직 새 주인을 찾지 못했다.

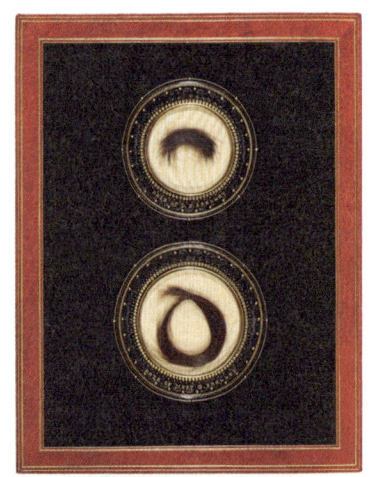

✦✦✦ 1822년경 제작된 친필 편지 모음집의 앞 두블뤼르(장식용 표지 안감)에 퍼시 비시 셸리의 머리카락과 메리 셸리의 머리카락이 들어 있다(위). 뒤 두블뤼르에는 에드워드 트렐로니가 비아레조 근처 해변에서 퍼시 비시 셸리를 화장한 뒤 챙겨온 재를 일부 넣은 것으로 추정하고 있다(아래).

하트수도원에 얽힌 이야기가 있다. 이 수도원은 아름다운 외모로 유명했던 갤러웨이의 더보길라 Dervorguilla of Galloway(1210?-1290)가 자신과 함께 베일리얼컬리지를 설립한 남편 존 드베일리얼 John de Balliol(1208-1268)을 추모하기 위해 지은 건물이다. 남편이 사망한 후 상심에 빠진 더보길라는 남편의 심장을 방부 처리해 은과 상아로 장식된 상자에 담아 보관했다. 그녀는 1290년 81세의 나이로 사망할 때까지 이 '고요하고도 다정한 동반자'와 함께했다. 그녀가 안치된 수도원을 시토 수도회의 수도사들이 스위트하트수도원 Sweetheart Abbey이라고 불렀다. 무덤 위에는 영원토록 남편의 심장을 감싸 안아 자신의 가슴께에 댄 그녀의 조각상이 자리하고 있다.

하지만 심장에 관한 가장 유명한 이야기는 퍼시 비시 셸리 Percy Bysshe Shelley의 사연으로, 그는 1822년 7월 8일 이탈리아 북서 연안에서 보트 돈 주앙이 폭풍에 휩쓸리는 바람에 스물아홉의 나이로 익사했다. 그는 비아레조의 해변에 임시로 매장되었지만, 친구인 바이런과 리 헌트, 선장 에드워드 존 트렐로니가 시체를 꺼내 그 자리에서 화장했다. 트렐로니는 이렇게 적었다. "거센 불길로 철은 하얀빛을 내고 그 안에 든 것은 회색의 재

✱✱✱ 갤러웨이의 더보길라의 17세기 초상화로, 양손에 그녀가 물려받은 헌팅던 백작령과 체스터 백작령을 상징하는 문장을 들고 있다.

가 되었다. 뼛조각 몇 개와 아래턱, 두개골 외에는 모두 타버린 와중에 심장은 온전히 남아 있어 다들 깜짝 놀랐다. 불타는 용광로에서 그 유물을 꺼내느라 손에 심각한 화상을 입었다."

불에 타지 않은 그 무언가가 정말로 심장이었는지는 확실치 않아도(1885년 『뉴욕타임스』는 바닷물에 흠뻑 젖은 셸리의 간이었을 수도 있다고 전했다), 아내인 메리 셸리는 그 심장을 평생 간직했다. 그녀가 사망하고 1년 후인 1852년, 아들인 퍼시 플로렌스 셸리는 책상 서랍에서 모친의 마지막 시 중 하나가 적힌 종이로 싼 심장을 발견했다. 퍼시가 사망한 후에야 그 심장은 보스컴에 있는 성베드로성당의 가족 지하 납골당으로 옮겨져 마침내 안식을 취했다.

✱✱✱ 1860년, 피트 리버스 장군이 아일랜드의 코크시에 있는 그리스도교회 지하실에서 발견한 함에 사람의 심장이 담겨 있었다.

249

38 심장이 없는 시체들

39 　비밀스러운 섹스 클럽
왕의 코담배갑과 거지의 축복(1822년)

이 우아한 은제 코담배 갑에 얽힌 이야기는 1822년, 찰스 2세가 1651년 스코틀랜드에서 대관식을 한 이후 영국 군주로서는 처음으로 조지 4세George IV (1762-1830)가 스코틀랜드를 순회하던 때로 거슬러 올라간다. 현재 스코틀랜드의 세인트앤드루스대학교에서 소장 중인 이 코담배 갑 안에 적힌 메모에 따르면, 이 갑은 조지 4세가 에든버러에 머무는 동안 비밀 사교계이자 섹스 클럽인 '가장 오래되고 가장 강력한, 거지가 내린 축복과 메릴랜드 기사단, 안스트루더', 줄여서 '거지의 축복The Beggar's Benison'의 구성원들에게 하사한 것이다. 조지는 (방탕한 행실과 여성 편력으로 악명이 높았던 만큼) 자신의 연인의 음모가 한 움큼 담긴 코담배 갑이 클럽에 어울리는 선물이라고 생각했다. 메모에는 이런 글이 적혀 있다. "조지 4세의 코르티잔 여성의 음부 체모. 국왕 폐하가 처음이자 마지막으로 스코틀랜드를 방문해 리스[항구]에 도착한 후 B.B('거지의 축복' 클럽명 이니셜—옮긴이)의 군주와 기사들의 인사를 받았다."

✦✦✦ 거구의 영국 남성 군주들이 사용한 성인용품을 말하자면, 맞춤 제작된 이 〈러브 체어〉를 빼놓을 수 없다. 빅토리아 여왕의 아들 에드워드 7세(1841-1910)는 '더티 버티'라는 별명에 걸맞게 파리의 매춘 업소 르샤바네를 드나들었다. 그곳에서 두 여성과 동시에 편안하게 성관계를 할 수 있도록 프랑스의 가구 제작자 수브리에가 제작한 의자다. 이 기이한 의자에 사용자가 어떻게 앉는지는 여전히 논쟁 중이다.

거지의 축복이라는 비밀 결사는 그의 선물에 기뻐했을 것이다. 이들의 마스코트는 찰스 2세의 정부들의 음모를 엮어 만든 가발로 알려져 있으니 말이다(안타깝게도 텅 빈 가발 보관함밖에 남아 있지 않다). 1732년 스코틀랜드의 어촌 마을 안스트루더에서 설립된 이 클럽의 구성원은 스코틀랜드 사회 최고위층 남성들로, 이들은 저녁마다 모여 '음경 잔'이라고 하는 남근 모양의 용기에 술을 따라 마시고, 식사를 하고, 외설적인 노래를 부르고, 외설물을 들여다보고, 섹스에 대해 토론했다. 나체로 '포즈를 잡는 여성들'이 모임에 함께하며 '자연의 신비'를 보여주기 위해 테이블 위에서 유연한 몸짓으로 자세를 취하면 남성들은 한껏 눈요기를 했다. 그러다 클럽 회장이 나무 상자를 열어 마네킹의 머리에서 앞서 언급한 음모로 만든 가발을 벗겨낸 뒤 클럽 전통에 따라 가발을 자신의 머리에 쓴 채로 회원들의 환호를 받으며 방 안을 돌아다녔다.

1836년 전까지만 해도 클럽에 가입하기 위해 의식을 치러야 했는데, 모든 구성원이 다 같이 신나게 자위행위를 하는 것이었다. 그 이후의 과정이 적힌 클럽 기록

✦✦✦ 조지 왕조 시대의 음란한 그림은 주머니에 숨겨 다닐 수 있도록 케이스가 마련되어 있었다.

에 따르면, 새로운 구성원은 "벽장 안에서 성기가 완전히 발기하도록 자극을 주는" 여러 보조적인 도움을 받으며 '준비'를 마쳐야 했다. "준비가 되면 그는 형제단 또는 기사단 앞에 선 채로 뿔피리에서 나오는 입김을 네 차례 맞은 후 군주의 지시에 따라 곱게 접힌 하얀 냅킨들이 깔린 시험용 접시에 자신의 생식기를 올려두었다. 회원과 기사가 하나씩 짝지어 발기된 상태로 나와 신입의 성기에 자신들의 성기를 맞대었다. 이후 결사의 휘장과 메달이 부착된 특별한 잔에 포트와인을 따르고, 신입 형제가 한껏 취기가 오르면 「아가」에서 육욕적인 구절을 하나 택해 읊었다."

이 클럽은 에든버러는 물론 맨체스터에도 지부가 있었고, 러시아 상트페테르부르크에도 지부를 만들 계획이었지만 실제로 실행했는지는 알려진 바가 없다.

40 단 한 사람만을 위한 초상화
새라 굿리지의 〈드러난 아름다움〉(1828년)

다음 페이지를 펼치면 볼 수 있는 세밀화 양식의 이 작품은 현대의 관객이 봐도 놀랄 만한 그림인데, 보수적인 시대였던 당시에 이 그림을 본 사람이 어떻게 반응했을지는 상상만 할 뿐이다. 하지만 이 그림이 대대적으로 전시되는 일은 없었다. 지금 이 그림을 살펴보는 우리는 가장 은밀하게 숨겨진 비밀을 몰래 엿보는 것이다. 이 세밀화이자 자화상은 단 한 명을 위한 작품이었다.

미국의 세밀화 화가 세라 굿리지Sarah Goodridge(1788-1853)는 처음 대니얼 웹스터Daniel Webster를 만났을 당시 미혼이었다. 여섯 살 연상의 웹스터는 유부남이었고 매사추세츠에서 떠오르는 정치인으로 돌풍을 일으키고 있었다. 웹스터 가문 사람들의 초상화를 그렸던 굿리지는 대니얼과 처음 마주한 순간부터 예술가와 피사체 사이에 형성되는 친밀함이 생겨났고, 이후 로맨틱한 감정에 가까운 평생의 우정으로 이어졌다. 다만 둘 사이에 로맨틱한 무언가가 정말로 있었는지 입증해 줄 자료는 딱히 없다.

1820년대 후반, 굿리지와 웹스터는 성공적인 경력을 쌓아가고 있었다. 웹스터는 1827년 미국 상원의원에 당선되었고, 굿리지는 특유의 사실주의 화풍으로 보스턴에서 선도적인 세밀화 화가 중 한 명으로 인정받고 있었다. 그녀는 의뢰받은 작품을 일주일에 두 개씩 완성하며 가족을 넉넉히 부양할 정도의 수입을 거두었다. 웹스터는 굿리지가 스튜디오와 집을 찾는 데 도움을 주었고, 몇 년 후 굿리지

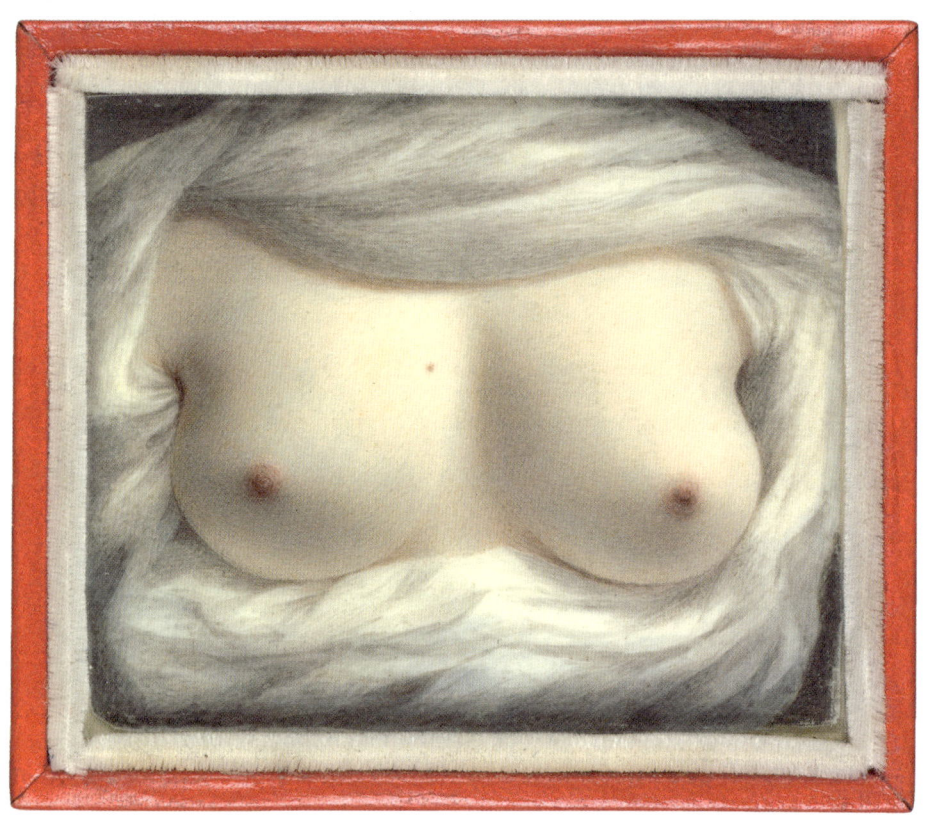

는 웹스터에게 수천 달러를 빌려주며 그간의 은혜에 보답했다.

두 사람은 수십 년간 편지를 주고받았지만, 남은 것은 웹스터가 신중하게 고른 언어로 작성한 40통의 편지뿐이다(굿리지의 편지는 하나도 남아 있지 않다). 서신 속 어조는 다정하고, 오가는 주제는 일상적이다. 발견된 최초의 편지에는 웹스터가 굿리지에게 아내의 회복을 바라는 '따뜻한 말'에 고마워하는 내용이 담겨 있다. 그는 세심하게 주의를 기울여 선을 지키는 태도를 내내 견지하지만, 편지가 오갈수록 그의 인사말이 '부인Madam'에서 '친애하는 부인Dear Madam' '친애하는 G 양Dear

Miss G.'으로 바뀌고 마침내 '내 소중한 친구에게My dear, good friend'로 달라지는데, 어딘가 애틋함이 느껴진다.

굿리지가 보스턴의 집을 떠났던 적은 단 두 차례로, 1828년과 1841년 겨울 워싱턴에 갔을 때뿐이었다. 첫 여정은 얼마 전 첫 아내와 사별한 웹스터를 위로해주기 위한 방문으로 추측되고, 두 번째는 그가 두 번째 아내와 별거했을 때였다. 지금은 사라졌지만 세밀화 바탕의 대지에 적힌 글에는 1828년에 굿리지가 웹스터를 방문했을 때 준 그림이라고 적혀 있다. 웹스터의 후손에 따르면 굿리지가 특별히 그를 위해 그린 작품이었다.

✦✦✦ 새라 굿리지가 1827년에 그린 대니얼 웹스터의 세밀 초상화.

〈드러난 아름다움〉이라는 작품은 반투명할 정도로 아주 얇은 상아 위에 그린 자화상으로, 가로 8센티미터, 세로 6.7센티미터밖에 안 되는 크기다. 굿리지가 선물한 이런 그림이 아니더라도 세밀화를 선물한다는 것 자체가 연인이나 가까운 가족에게만 국한되는, 매우 사적인 의미를 지닌 행위였다. 그림을 선물 받은 사람은 세세한 부분을 살피고자 상대의 모습이 담긴 세밀화를 얼굴 가까이에 대고 들여다보게 되기 때문이다. 더구나 이런 세밀화 작품은 심장과 몸 가까이에 두고자 가슴께에 핀으로 달고 다니는 경우가 많았다. 굿리지의 그림에는 얼굴이 담겨 있지 않지만 세심하게 그려 넣은 점은

✦✦✦ 세라 굿리지는 1820년에서 1845년 사이에 구성과 포즈가 저마다 상당히 다른 자화상을 최소 넉 점 이상 그렸다. 이 세밀화 자화상은 1830년에 완성한 것으로 그 크기가 가로 6.7센티미터, 세로 9.5센티미터밖에 안 된다.

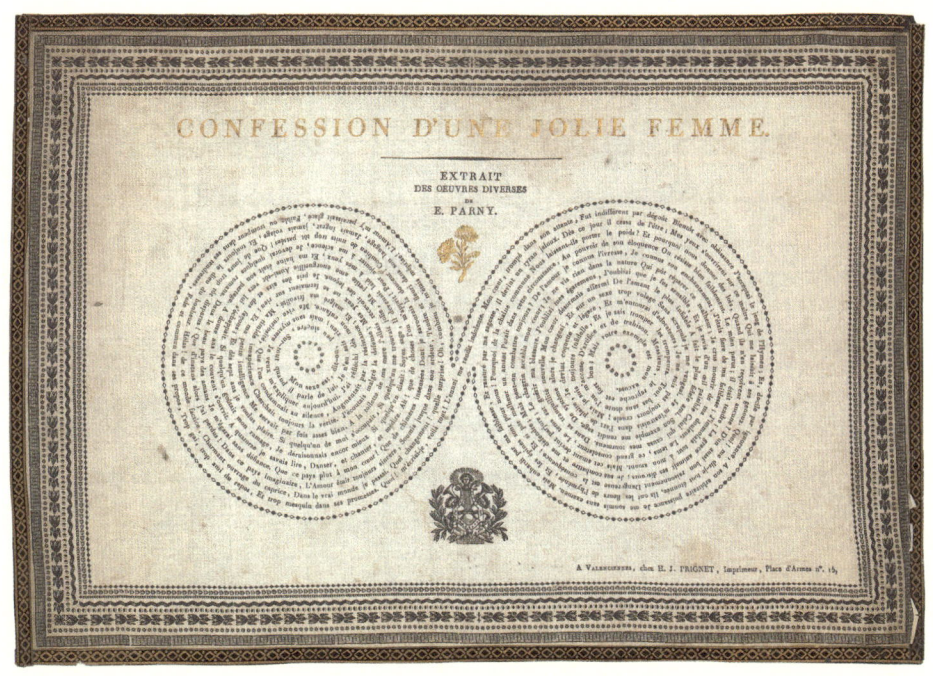

✳✳✳ 1802년에 제작된 실크 손수건. 파르니의 기사이자 (후에) 자작에 오른 에바리스트 데지레 드포르주의 에로틱한 저술에서 발췌한 글을 여성의 가슴 모양으로 정교하게 싣고 별표로 유두까지 넣어 인쇄했다. 〈아름다운 여성의 고백〉이라는 이름의 망측한 내용이 담긴 포켓 외설물은 감쪽같이 몰래 몸에 지니고 다닐 수 있었다(아무 생각 없이 사람들 앞에서 손수건으로 코를 풀다 들키지만 않는다면 말이다).

연인이라면 알아볼 수 있는 그녀만의 특징이다. 당시 미국에서 누드 아트는 흔치 않았다. 연인의 눈처럼 신체 부위를 그린 세밀화는 그전부터 있었지만(200-205쪽 참고), 굿리지의 가슴을 그린 그림은 상당히 파격적인 것이었다.

웹스터 상원의원은 굿리지의 선물을 받아주었고, 그녀의 이젤과 물감 통과 함께 그림은 웹스터 가문 대대로 전해졌다. 20년 넘는 세월 동안 굿리지는 웹스터의 초상화를 최소 열두 점 더 그렸다. 하지만 두 사람은 결혼하지 않았고, 그녀는 평생을 보스턴에서 지내며 초상화 사업으로 번 돈으로 고아가 된 조카딸을 키우고 11년간 병든 모친을 돌봤다. 1850년 시력이 나빠지기 시작한 그녀는 은퇴 후 매사추세츠 레딩으로 거주지를 옮겨 지내다 3년 후 뇌졸중을 겪고, 65세의 나이로 세상을 떠났다.

41 밸런타인데이의 역사
사랑의 은행에서 발행한 화폐(1847년)

3세기 성인 발렌티누스Saint Valentinus가 오늘날 부활해 자신의 축일인 2월 14일을 특별한 날로 기념하는 풍습과 상술로 떠들썩한 분위기를 본다면 어떤 생각을 할까? 곧장 다시 무덤으로 들어가게 해달라고 사정하는 그의 모습이 절로 떠오른다. 어쩌면 2017년, 이스라엘 버거킹에서 밸런타인데이에 맞춰 '18세 이상 성인용 세트'를 출시했다는 사실까지 안다면 너무 '황홀해' 돌아가실지도 모른다. 그 세트를 사면 패스트푸드와 함께 눈가리개, 성인용 장난감, 미니어처 깃털 막대를 제공했다. 2015년에는 프랑스 발명가 크리스티앙 포인슈발이 데이트 분위기를 깨는 일이 없도록 방귀 냄새를 생강 향으로 만들어주는 밸런타인데이용 알약을 판매한 일도 있었고, 2008년 밸런타인데이에는 샴페인 맛이 나는 마마이트가 출시된 적도 있었다.

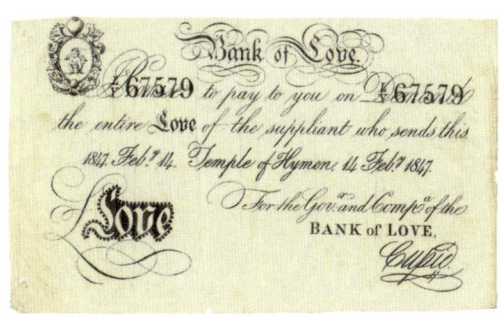

✴✴✴ 밸런타인데이 기념으로 '사랑의 은행Bank of Love'에서 발행한 '가짜 화폐'(풍자적이거나 정치적, 판타지적인 의도로 발행한 화폐)에는 1847년 2월 14일이라는 발행 날짜가 적혀 있고, 큐피드의 서명도 있다. "이를 보내는 간절한 이의 모든 사랑을 요청에 따라 귀하에게 지급할 것을 약속합니다."

✣✣✣ 이탈리아 로마의 산타마리아인코스메딘성당에 있는 화관을 쓴 두개골. 성인 발렌티누스의 유골로 알려져 있다.

원래의 축일은 현대의 기념일이 지닌 로맨틱한 감성과 아무런 관계가 없으니 성인 발렌티누스가 느낄 당혹감도 이해가 간다. 다만 '어느' 발렌티누스에게 모욕감을 안겨주는지도 분명히 해야 한다. 초기 성인들의 전기에는 3세기에 활동했던 발렌티누스라는 동명의 남성이 셋 등장한다. 하나는 로마의 사제이고, 또 하나는 테르니(이탈리아 중부)의 사제이며, 남은 하나는 로마의 아프리카 속주에서 고난을 당했다는 사실 외에는 기록이 없다. 『옥스퍼드 교회 대사전 Oxford Dictionary of the Christian Church』(1983)은 각각의 이야기가 결국 "핵심이 본질적으로 같은 하나의 사실"로 귀결될 수도 있다고 암시한다. 이들이 실제로는 한 사람일 수도 있다는 의미다. 이야기는 수 세기에 걸쳐 크게 미화되는 만큼, 전기에서 사실을 가려내는 일은 형체가 없는 연기에 압정을 꽂아 게시판에 고정해두려는 것과 비슷하다. 하지만 공통된 의견은 발렌티누스가 사제인지 주교인지는 확실치 않아도 로마제국의 성직자로 박해받던 그리스도교인을 섬겼다는 것이다. 그는 로마에서 투옥된 적이 있었는데, 오래된 이야기에 따르면 교도관 아스테리오의 딸이자 앞을 못 보는 줄리아의 눈을 뜨게 해준 일로 그의 가족들이 그리스도를 믿고 모두 세례를 받았다. 로마에서 순교한 발렌티누스의 시신을 플라미니아 거리의 그리스도교 묘지에 묻은 날이 2월 14일이었고, 적어도 8세기부터는 이날을 발렌티누스의 축일로 기념했다. 오늘날 그는 천식과 양봉가의 수호신으로도 알려져 있다.

    지금까지 살펴본 이야기는 로맨틱과 거리가 멀다. 이 기념일에 사랑이란 개념이 더해진 것은 훨씬 뒤에 나온 제프리 초서의 작품 덕분이었다. 앞서 확인했듯, 중세 필사본에는 연애에 관한 조언이 가득했지만,* 싹트기 시작하는 로맨스와 발

---

* 심지어 선물에 대한 아이디어까지 조언했는데, 한 예로 안드레아스 카펠라누스의 12세기 작품 『궁정식 사랑의 기술』에서는 연인에게 로맨틱한 선물로 세면기를 주라고 제안한다.

렌티누스의 축일을 처음 연관 지은 이는 초서였다. 리처드 2세와 보헤미아의 앤의 약혼을 축하하기 위해 쓴 시 「새들의 의회Parlement of Foules」(1382)는 밸런타인데이를 언급하는 최초의 작품으로, 초서는 새들의 짝짓기 시기를(자연을 창작의 거울로 삼은 그는 암시적으로 남성의 욕망에 대해서도 말하고 있다) 밸런타인데이와 연관 지었다. 작품에서는 '새들의 의회' 전체가 사랑의 정원에 모인 것을 이렇게 썼다. "이날은 성밸런타인데이, 모든 새가 짝을 선택하기 위해 자리했다."

사실 14세기 영국에서 2월 14일은 새들이 짝짓기를 하기에는 너무 이른 시기였다. 그럼에도 그 상징성은 굳건하게 뿌리를 내렸다. 프랑스의 샤를 6세가 작성한 「궁정의 사랑 헌장Charter of the Court Love」(1400)에는 2월 14일에 사랑을 주제로 열리는 기념 행사가 최초로 언급되는데, 망트라졸리에서 열리는 이 축제에는 사랑 노래와 시, 마상 창 시합과 춤이 가득했고, 궁정의 여인들이 연인 사이의 다툼을 듣고 잘잘못을 가리는 특별한 시간도 마련했다.*

같은 세기, 처음으로 연인을 밸런타인이라 부르는 호칭이 등장하는 글이 등장한다. 오를레앙 공작 샤를이 1415년에 벌어진 아쟁쿠르 전투에서 포로로 잡혀 런던탑에 갇혔을 때, 아내를 그리며 쓴 롱도rondeau 형식의 시다. "나의 다정한 밸런타인이여, 나는 사랑이 몹시도 괴롭소." 시는 이렇게 시작한다. "나에 비해 당신은 너무 일찍 태어났고, 당신에 비해 나는 너무 늦게 태어났으니 말이오." 실존하는 편지 중 밸런타인이라는 호칭이 가장 처음 등장하는 편지는 한 여성이 미래의 남

---

* 같은 세기, 잉글랜드에서는 1458년 러브데이Loveday라는 성대한 행사가 치러졌지만, 그 성격은 완전히 달랐다. 여기서 '러브'는 '합의'의 의미다. 러브데이는 내전을 막기 위해 전쟁 중인 요크 가문과 랭커스터 가문이 상징적으로나마 화해하는 자리로 마련된 것이었다. 러브데이 덕분에 평화가 찾아왔지만 오래 지속되지는 못했다. 몇 달 후 소규모 충돌이 이어지다 그해 두 가문은 블로어 히스 전투에서 맞붙었다.

✢✢✢ 1477년 마저리 브루어스가 약혼자 존 패스턴에게 보낸 이 편지는 상대를 밸런타인이라고 칭한 최초의 영어 편지다.

편에게 보낸 글이다. 1477년의 패스턴 편지로 알려진 서신 모음집에 마저리 브루어스Margery Brewes는 존 패스턴John Paston을 "깊이 사랑하는 나의 밸런타인"으로 칭하고는 자신은 "몸도 마음도 건강하지 않고, 당신에게서 소식을 듣지 못한다면 계속 이럴 것 같아요"라며 걱정했다. 그녀는 자신의 어머니가 아무리 설득해도 아버지는 결혼 지참금을 더 줄 생각이 없는 것 같다고 전하며 이렇게 적었다. "하지만 내가 진정으로 믿고 있듯, 당신이 나를 사랑한다면, 그럼에도 나를 떠나지는 않을 거라 생각해요." 두 사람은 이후 결혼까지 이어졌다.

18세기가 되자 영국에서 밸런타인데이는 커플들이 서로에게 꽃과 달콤한 디저트를 보내고, 인쇄업자가 제작한 그림과 문구가 새겨진 '밸런타인 카드'를 보내는 날로 자리 잡았다. 카드에 쓸 좋은 문구가 떠오르지 않는 남성 구혼자는 1780년에 출간된 『완벽한 밸런타인 작가: 젊은 남녀를 위한 최고의 조수The Complete Valentine Writer: or, the Young Men and Maidens' Best Assistant』와 같은 가이드를 참고했다. 19세기에 들어서자 밸런타인 카드를 보내는 일이 너무도 흔해져 공장에서 카드를 생산

하는 산업이 형성되었다. 1840년 우표가 등장하며 우편요금이 크게 낮아지자, 1835년 6천 건이었던 밸런타인 카드 우편량이 40만 건으로 대폭 증가했다.

밸런타인 카드를 익명으로 보내는 일 또한 쉬워졌고, 이로 인해 빅토리아시대에는 밸런타인의 전통과는 상반되는 현상도 생겨났다. 싫어하는 사람에게 냉소적이고 악의적인 메시지를 보내는 '비니거 밸런타인Vinegar Valentine(vinegar는 식초라는 뜻과 더불어 '시큼하고 톡 쏘는, 언짢은'이라는 의미가 있다—옮긴이)'이라는 특이한 유행이 불었다. 본질적으로 트롤링trolling의 초기 형태였다. 애정 운이 없는 젊은 여성은 고령의 노처녀 그림에 운을 맞춘 메시지가 담긴 카드를 받았다. "노처녀는 불쌍한 고양이와 새는 사로잡았지만 남자는 사로잡지 못하는 사람이라고 하던데. 운명의 남자를 놓치는 것이 노처녀의 숙명이니까." 촌스러운 청년도 이와 유사하게 신랄한 그림과 글이 적힌 카드를 받았다. "하등 쓸모없는 농부, 한심하고 게으른 주제에 본인이 굉장히 끼가 넘치는 사람인 줄 아나 보네. 옥수수corn라고 하면 위스키 재료인 줄만 아니까(corn에는 '지루한, 구닥다리인' 등의 의미도 있다—옮긴이)" 이런 문구도 있었다. "안녕, 심술쟁이! 그렇게 우거지상을 하고 있으니 주변 사람들이 너 때문에 궤양이 생기겠다. 네 엄마 말고 누가 또 너를 사랑할 수 있겠어? 네가 두 얼굴을 한 위선적인 인간이 아니라는 것쯤은 잘 알아. … 두 얼굴을 했다면 그나마 다른 하나로 갈아 끼우기라도 했을 테니까!"

오늘날 밸런타인데이는 전 세계에서 기념하는 날이 되었다. 탈레반이 입성하기 전, 아프가니스탄 카불 시내에 있는 꽃의 거리는 밸런타인데이마다 꽃으로 가득 찼다. 인도의 경우, 카마데바(35쪽 참고)를 숭상하던 고대 전통에서는 일상이었던 애정 표현을 공개적으로 금하는 분위기가 생겼지만, 이러한 억압은 1990년대 초부터 점차 완화되었고, MTV와 같은 텔레비전 채널의 영향으로 밸런타인데이를 기념하기 시작했다. 한국을 포함한 아시아 국가에서는 밸런타인데이가 되면 여성

✦✦✦ 밸런타인데이에 너무 싫은 사람에게 보내는 '비니거 밸런타인' 카드.

이 남성에게 선물을 주며 사랑을 표현하고, 한 달 뒤인 3월 14일 '화이트 데이'에 받은 선물의 세 배 가치로 남성이 보답해야 한다(대만에서는 이와 반대로 밸런타인데이에 남성이 여성에게 선물을 한다).

연인들이 공개적으로 로맨틱한 행운을 누리고 축하하는 날에 불편함을 느끼는 사람들도 있다. 일본에서는 "연애 자본주의를 타도"하고 "인기 없는 사람들을 위한 밝은 미래를 만들어가자"라는 목적 아래, 불행한 싱글 남성들이 2006년 '혁명적 비인기 동맹'을 설립했다. 이들은 "전 세계 인기 없는 사람들을 위한 정신적 안전망"을 제공하겠다고 주장하며 매년 거리에서 안티 러브 시위를 벌인다(2018년에는 시위 허가를 받지 않은 탓에 실내에서 회원들끼리 시위를 진행했고, 큰 이목을 끌지 못했다). 2021년 『재팬투데이Japan Today』에서는 "단체는 시위에 앞서 같은 뜻을 지닌 사람들에게 동참해달라고 호소했지만 12명 정도만이 시위에 참가했고, 이마저도 지난 시위에 왔던 사람들로 보인다"라고 보도했다.

✳✳✳ 2015년 2월 14일, 혁명적 비인기 동맹이 일본 시부야의 거리를 다니며 '타도 밸런타인데이' 시위를 벌이는 모습이다.

42 ✦ 우리는 왜 사랑을 노래할까?
러브 송의 역사와 〈슈신을 위한 사랑 노래〉

애절한 발라드를 들으며 머릿속에 가장 먼저 떠오르는 얼굴이 성미가 고약한 빅토리아시대의 박물학자일 리는 없을 것이다. 하지만 사실 찰스 다윈Charles Darwin은 동물의 노래와 구애를 연결 지어 당시 많은 논란을 불러일으켰다.* 우리는 왜 사랑을 노래하는 걸까? 노래라는 현상을 연구하는 데 많은 시간을 쏟은 다윈은 『인간의 유래The Descent of Man』(1871)에서 음악의 기원을 찾고자 한다면 새소리의 멜로디를 연구함으로써 이성을 매혹하는 데 소리가 얼마나 중요한 역할을 하는지만 깨달으면 된다고 주장했다. "원시 인간, 아니 인간의 초기 조상도 목소리를 이용해 진정한 음악적 억양을 만들어" 이성을 매혹했을 것이다. "목소리는 이성에게 구애할 때 더욱 큰 힘을 발휘하고, 사랑과 질투, 승리 등 여러 감정을 표현하며, 경쟁자를 향한 도전을 나타내는 수단으로 쓰였을 것이다." 따라서 모든 노래는 결국 사랑 노래에서 기원한다. 우리가 오늘날 가수들에게서 찾고자 하는 것이 바로 목소리에 담긴 그 힘이다. "열정적인 연설가나 시인, 음악가가 어조와 억양을 달리하며 청중에게 강렬한 감정을 불러일으키는 모습을 보면서 이들이 오래전 반인※

---

* 여담이지만, 다윈 자신도 본인의 얼굴을 떠올리고 싶어하지 않았을 것이다. 1855년 자신의 초상 사진을 보고 경악한 그는 조지프 후커(식물학자—옮긴이)에게 이렇게 적었다. "사진에 나온 것처럼 내 인상이 이 정도로 나쁘다면 친구가 하나라도 있다는 게 놀라울 따름이군."

✳✳✳ 에곤 처히가 성서 속 에로틱한 솔로몬의 「아가」에 영감을 받아 그린 〈노래들의 노래〉.

印의 선조가 구애와 경쟁에서 상대에게 불같은 열정을 이끌어내기 위해 썼던 방법과 같은 것을 쓰고 있다는 사실을 짐작하는 사람은 거의 없을 것이다. … 음악은 … 다정함과 사랑이라는 부드러운 감정을 일깨우고, 이 감정들은 이내 헌신으로 이어진다. … 사랑은 여전히 우리 노래에서 가장 흔한 주제다."

최근 유전학에서는 다윈의 음악 이론 중에서 적어도 새소리에 관해서만큼은 동조하는 연구들이 계속 등장하고 있다. 에모리대학교의 새라 어프Sarah Earp와 도나 L. 메이니Donna L. Maney가 2012년에 진행한 연구를 통해 수컷 명금이 짝짓기를 위해 내는 소리를 들을 때 암컷 명금의 신경 패턴은 인간이 훌륭한 음악 공연을 경험할 때 보이는 '기쁨-보상' 신경 반응과 유사

✶✶✶ 〈슈-신을 위한 사랑 노래〉가 새겨진 설형문자 점토판은 이스탄불 고고학박물관에 전시되어 있다.

하다는 사실이 드러났다. 또 다른 최근 연구에서는 수컷 참새의 노랫소리를 들을 때 암컷 참새의 체내에서 '일부일처 호르몬'인 바소토신이 활성화된다는 사실을 밝혀냈다. 나이팅게일의 새소리는 레퍼토리가 수백 가지나 된다. 조류학자 도널드 E. 크루즈마Donald E. Kroodsma와 린다 D. 파커Linda D. Parker는 갈색 개똥지빠귀는 1,800개 이상의 레퍼토리를 보유한 것으로 보인다고 적었다. 그렇다면 적자생존은 가장 잘 노래하는 개체가 생존한다는 뜻도 될 수 있을 것이다.

인간을 제외한 영장류를 보자면, 로맨틱한 노래가 어떠한 역할을 한다는 근거는 훨씬 적다. 유인원이 딱히 노래를 부르는 개체가 아니라는 점이 가장 큰 이유

다. 음악가 존 윌리엄스John Williams의 부친인 레너드 윌리엄스Leonard Williams는 이러한 사실을 직접 확인했다. 그는 콘월 인근의 시골에 자리한 머레이튼 하우스에 보호 구역을 만든 후 양털원숭이들과 수년간 함께 지냈다. 원숭이들이 교미할 때 내는 소리를 오랫동안 들어온 윌리엄스는 그저 "음악적인 것과는 거리가 먼 한숨, 흐느낌, 탄식, 날카로운 소리"만 냈을 뿐 노래라고 할 만한 형태가 아니었다고 자신 있게 말했다.

인간의 사랑 노래에 관한 최초의 기록을 찾자면 기원전 6세기에서 3세기로 거슬러 올라가 구약성서 「아가」의 구절을 들 수 있다. 「아가」는 현존하는 가장 오래된 사랑 노래로 여겨져왔다. 그러나 고고학자 오스틴 헨리 레이어드Austen Henry Layerd가 1846년에서 1847년까지 니네베 유적지를 발굴하던 중 아시리아 왕 아슈르바니팔의 도서관을 발견하면서 상황은 달라졌다. 그는 기원전 2000년경의 〈슈신을 위한 사랑 노래The Love Song for Shu-Sin〉가 새겨진 설형문자 점토판을 발견했다. 그 내용을 정확히 파악하지 못하고 있다가 1951년 수메르 학자 새뮤얼 노아 크레이머Samuel Noah Kramer의 번역으로 세상에 공개되었다. 그는 이

✦✦✦ 코덱스 마네세로 알려진 서정시 모음집에 수록된 사랑 노래를 부르는 음악가들.

렇게 적었다. "얼마 지나지 않아 내가 읽고 있는 글이 여러 절로 나뉜 시임을, 아름다움과 사랑을 예찬하고, 기쁨에 찬 신부와 (4,000여 년 전 수메르 땅을 통치한) 슈신이라는 왕을 축하하는 시임을 알게 됐다. 읽고 또 읽었으므로 내용을 잘못 이해했을 리는 없다. 내 손에 들린 것은 한 남성이 손으로 써 내려간 가장 오래된 사랑 노래였다." 단순한 노래가 아니라 왕이 사랑과 출산의 여신인 이난나와 상징적으로 혼인을 맺는 신성한 연례 의식의 일부를 적은 글이었다. 이들이 첫날밤을 치러야 이듬해 풍요와 번영이 약속되었다. 크레이머가 번역한 시의 도입부는 다음과 같다.

신랑이여, 내게 소중한 이여,
꿀처럼 달콤한 그대의 아름다움이여,
사자여, 내게 소중한 이여,
꿀처럼 달콤한 그대의 아름다움이여,

당신은 나를 사로잡았고, 나는 당신 앞에 전율을 느끼며 서 있네.
신랑이여, 당신에게 이끌려 침실로 가게 하소서.
당신은 나를 사로잡았고, 나는 당신 앞에 전율을 느끼며 서 있네.
사자여, 당신에게 이끌려 침실로 가게 하소서.

〈슈신을 위한 사랑 노래〉에 가장 오래된 사랑 노래라는 왕관을 빼앗겼지만, 구약의 「아가」가 대단히 매력적이고 기이한 텍스트라는 점은 변함이 없다. 현재까지도 학자들 사이에서 그 의미와 의문점에 대한 논의가 이어지고 있는데, 그중 하나는 이렇듯 노골적인 성적 표현들이 어떻게 성경에 수록될 수 있었느냐는 것이다. 솔로몬

왕의 지혜를 담았지만, 성서의 글 중에서 유일하게 율법, 언약, 이스라엘의 신, 잠언과 전도서의 가르침에 관해 이야기하지 않는다. 대신 육체적 사랑을 예찬한다.

> 귀한 자의 딸아! 신을 신은 네 발이 어찌 그리 아름다운가! 우아한 두 다리는 장인이 손으로 빚은 보석 같구나. 네 배꼽은 포도주가 마르지 않는 고블릿 잔처럼 둥글구나. 네 허리는 백합을 두른 밀단 같구나. 네 유방은 새끼 사슴 두 마리, 가젤의 쌍둥이 같구나. … 사랑하는 이여, 네가 지닌 그 기쁨들이 어찌나 아름다운지, 어찌나 보기 좋은지! 네 키는 종려나무 같고 유방은 열매 송이 같구나. 내가 말하기를 그 종려나무에 올라 열매를 움켜잡으리라 하였나니. 네 유방은 포도송이 같고, 네 숨결은 사과 같으며, 네 입은 좋은 와인 같을 것이니라. (「아가」 7장 1-3절, 6-9절)

일각에서는 이 성적인 언어에 담긴 강렬한 욕정은 신앙인들을 향한 신의 사랑을 비유적으로 표현한 것이라 해석하고 있고, 실제로 그럴 수도 있지만 신이 비유적으로 종려나무에 오르듯 발가벗은 신자들을 타고 올라 그들의 열매를 잡으려 한다는 해석은 주일 설교용으로는 적절해 보이지 않는다.

고대 그리스와 로마에서는 사랑을 노래하는 남성 가수들은 여성의 관점에서 여성의 목소리로 노래할 때가 많았는데, 이러한 풍조는 그 민족의 문화에서 남성적인 에너지가 더 발산되기를 바라는 나이 많은 남성들에게는 잘 받아들여지지 않았다. 로마의 교육자 퀸틸리아누스Quintilianus(35?-100?)는 초기 로마제국 시대의 음악을 가리켜 "나라가 여성적인 단계에 접어들며 음탕한 선율이 노래를 거세시켰다"라고 불만을 터뜨렸다. 세네카Seneca(기원전 54?-서기 39?) 또한 "노래와 춤이라는 역겨운 행위는 그들의 힘을 나약하게 했고, 머리를 땋게 했으며, 목소리를 여성의 음색처럼 가늘게 했다. … 우리의 청년 남성들이 바라보는 본보기란 것이 이

✦✦✦ 작곡가 볼프강 아마데우스 모차르트(1756-1791)의 아내, 콘스탄체 모차르트(1762-1842). 모차르트는 뛰어난 가수였던 아내와 평생을 함께하며 그녀를 위해 음악을 만들었지만, 두 사람은 자칫하면 결혼을 못 할 뻔했다. 모차르트는 원래 콘스탄체의 언니였던 알로이지아에게 반했지만 거절당했다("그 남자 키가 너무 작았어"). 그는 콘스탄체에게로 관심을 돌렸지만 이 관계 또한 비극적인 결말을 맞이할 뻔했다. 콘스탄체가 집에서 게임을 하다가 한 남성에게 민망하게도 자신의 종아리를 재보게 한 일이 있었던 것이다. 하지만 이 모든 일을 잊고 두 사람은 누가 봐도 행복한 결혼생활을 누렸다.

런 것이다!"*라고 불평했다.

고대 그리스의 서정적 가사 전통은 레스보스섬 에레소스 또는 미틸레네 출신의 사포Sappho(기원전 630?-기원전 570?)로 거슬러 올라간다. 뛰어난 서정시로 유명한 그녀는 키타라(기타의 초기 형태)와 같은 악기에 맞춰 노래로 부를 수 있는 시를 썼다. 사포의 시가 지닌 세련된 단순함 덕분에 오늘날 라디오에서 들어도 이상하지 않을 정도로 시대를 타지 않는다. 〈사랑이 내 마음을 흔드네Love Shook my Heart〉를 보자면, "사랑이 내 마음을 흔드네/ 산에서 부는 바람처럼/ 오크나무를 괴롭히는 바람처럼"과 같은 글이 등장한다. 남성 가수들도 이러한 양식을 따르는 한편 시의 내용에는 남성성을 더하고자 했으나, 결국에는 무엇이 좋은 작품을 만드는지 인정할 수밖에 없었다.

퀸틸리아누스에게서 가장 위대한 서정시인으로 극찬을 받은 9명 중 하나인 테베의 핀다로스Pindaros(기원전 518?-기원전 438?)는 훌륭한 남성들을 노래했지만, 안타깝게도 자신이 시를 지을 때 어떻게 접근하는지 인정할 수밖에 없었다. "나는 여성처럼 생각해야만 한다. 그리고 그 생각을 입 밖으로 소리 내어 말해봐야 한다."

유럽 역사에서 현대 사랑 노래의 기원을 찾아 거슬러 올라가면, 전통적으로는 초기 기독교의 사랑을 예찬하는 시와 찬송가, 그리고 이와 더불어 중세의 음유시인들이 이곳저곳을 떠돌며 기사가 아름다운 여성을 구해내는 내용을 노래한 궁정

---

* 이러한 불만은 무카나툰mukhannathun('여성적인') 가수가 인기를 얻었던 이슬람권에서도 찾아볼 수 있다. 전해지는 이야기에 따르면, 기존의 전통적인 방식으로 노래를 하는 고상한 가수는 자신의 아들이 무카나툰 양식을 따르자 "입을 다물어라, 이 한심한 녀석아!"라며 소리를 쳤다. 아들은 아버지는 구식으로 노래를 불러 60년간 빈곤 속에 살았지만 자신은 새로운 방식으로 불러 아버지가 본 적도 없는 큰돈을 이미 벌었다고 대꾸했다.

풍 사랑 노래를 만날 수 있다. 최근에서야 음악사학자 테드 조이아Ted Gioia 덕분에 현대 사랑 노래에 다른 기원이 더욱 깊은 영향을 미쳤을 것이라는 이론이 제시됐다. 이슬람 제국이 유럽을 침략할 당시, 새로운 전통과 풍성한 학문적 자원이 유럽으로 들어왔고, 그중에는 키얀qiyān이라고 하는 여성 고급 가수가 부르는 사랑 노래도 있었다. 이들은 고도로 훈련받은 엔터테이너이자 노련한 가수로서 대부분 중동에서 유럽으로 온 노예였다. 노예가 된 여성은 자신의 주인과 귀족을 흠모하는 내용의 사랑 노래를 불렀는데, 그 노래들에는 궁정풍 사랑이라는 개념이 생기기 전임에도 이미 그러한 정신이 들어 있었고, 궁중 풍류에서 빠질 수 없는 음유시인도 물론 등장한다. 실제로 현재까지 전해 내려오는 중세 아랍 여성 시인들의 작품 대다수가 역사에서 자주 잊히는 이 뛰어난 여성들, 키얀의 작품이다.

43 ✳ 마음을 얻으려면 책을 선물하라
헨리 힐디치 벌클리존슨의 필사본(1870년경)

아래에 실린 기이한 삽화 필사본은 1870년경 홉(맥주의 원료—옮긴이)을 판매하던 상인이자 중년의 영국인 헨리 힐디치 벌클리존슨Henry Hildich Bulkeley-Johnson이 부유한 아일랜드의 이혼녀 에마 필딩 리트Emma Fielding Leet(필사본에는 '조Zöe'로 등장한다)의 마음을 얻으려 만든 것이다. 이 빅토리아시대의 아마추어 단테가 전면 삽화 50장과 세심하게 처리한 테두리를 더해 약강 오보격iambic pentameter 형식으로 들려주는 우의적 이야기는 황소 한 마리가 마법 같은 아일랜드의 한 시골에서 커플을 쫓는 내용이다. 황소는 보통 영국을 상징하는 동물이지만 벌클리존슨 가문의 화려한 문장에 가장 중요하게 등장하는 동물이기도 하다.

벌클리존슨은 커플이 황소

에게 쫓기는 스토리에 유령이 출몰한다는 웩스퍼드의 흉가 로프터스 홀에서 얻은 영감을 바탕으로 자신의 자연·역사·건축 지식을 총동원하고, 그래픽 아티스트로서 역량까지 발휘했다. 두 사람이 요정과 밴시banshee(켈트 신화의 요정—옮긴이), 유령을 맞닥뜨리는 이야기는 점차 당시의 잉글랜드와 아일랜드 사이의 관계를 상징하는 진지하고도 비판적인 방향으로 흘러간다.

당신의 비통함, 죄, 절망과 고통의 근원은 한 가지, 우리나라의 법 때문일지도 모른다! 브리타니아가 자신의 무한한 힘을 악용하는 것이다! 그녀는 탄압이 벌어지는 곳이라면 저 먼 나라들까지 쫓아가면서도, 정작 힘으로 지배하려 하는 탄압에 상처받은 자들이 그녀의 문 앞에서 점차 늘어가는 데는 못 본 척 눈을 감고 있다.
그분이 오실 것이다! 그날이 되면 브리튼의 치욕은 모두 씻겨 내려갈 것이다.…

이는 극적인 장면이 전면 삽화로 등장하는 클라이맥스로 이어진다. '부당함의 씨를 뿌리다'라는 문구와 함께 영국이 누군가를 내쫓는 그림이 나오고, '혁명이라는 더 큰 대가를 치르다'라는 글과 함께 한 무리가 아일랜드 사람들에게 맞서 싸우는 장면이 등장하며, '파괴라는 수확을 거두다'라는 글과 함께 폐허가 된 교회의 모습이 이어지며, '더 나은 삶을 찾아서'라는 글과 함께 이민을 떠나는 사람들의 그림이 실려 있다.

헨리와 에마 모두 한차례 결혼을 한 적이 있었다. 헨리의 첫 아내 새라에게 어떤 일이 벌어졌는지 기록은 없지만, 에마는 첫 남편인 맥주 양조업자 윌리엄 보든 웨더먼이 케자이아 밀링과 도망치자 1869년, 불륜을 사유로 이혼했다. 1년 후 헨리는 이 필사본을 그녀에게 선물했고, 그 선물은 분명 효과가 있었던 것 같다. 두 사람은 1871년에 더블린에서 결혼해 런던에서 여생을 함께했다.

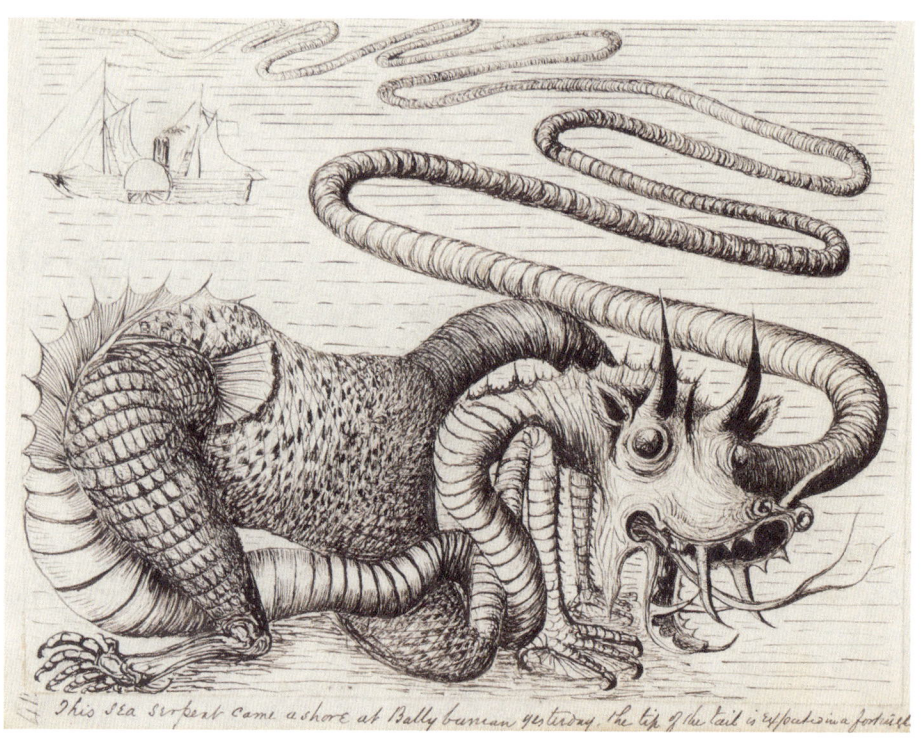

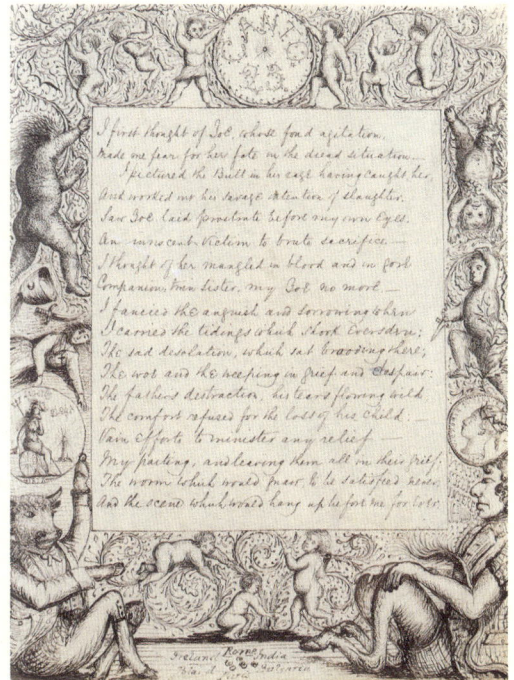

I first thought of Joe, whose fond agitation
Made me fear for her fate in the dread situation.
I pictured the Bull in his rage having caught her,
And worked up his savage intention of slaughter.
Saw Joe laid prostrate before my own eyes,
An innocent victim to brute sacrifice.
I thought of her mangled in blood and in dirt,
Companion, twin sister, my Joe no more.
I fancied the anguish and sorrowing when
I carried the tidings which Shook Eversden;
The sad desolation, which sat brooding there;
The wet and the weeping in grief and despair;
The father's destruction, his tears flowing wild,
The comfort refused for the loss of her child.
Vain efforts to minister any relief,
My parting, and leaving them all in their grief;
The worm which would gnaw & be satisfied never,
And the scene which would hang up before me for ever.

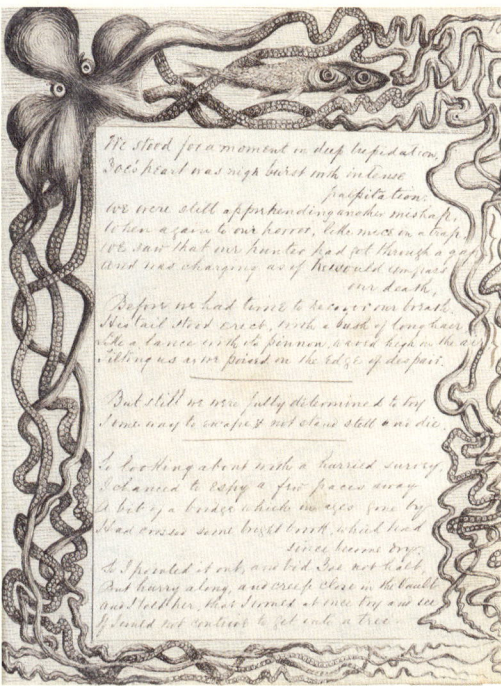

We stood for a moment in deep trepidation,
Joe's heart was nigh burst with intense
                                    palpitation.
We were still apprehending another mishap,
to hem again to our horror, like mice in a trap.
We saw that our hunter had got through a gap
And was charging as if he would compass
                                    our death.
Before we had time to recover our breath,
His tail stood erect, with a bush of long hair
Like a lance with its pennon waved high in the air
Tilling us as we poised on the edge of despair.

But still we were fully determined to try
Some way to escape & not stand still & so die.

So looking about with a hurried survey,
I chanced to espy a few paces away
A bit of a bridge which in ages gone by
Had crossed some bright brook, which had
                                    since become dry.
At I pointed it out; and bid Joe not back,
But hurry along, and creep close in the baulk
And let her, thus scorned at once try and see
If I could not contrive to get into a tree.

THE POWER OF GENTLENESS.

44　사랑의 밀어

빅토리아시대 암호 엽서와 꽃말(1837-1901년)

전화와 문자, 이메일 같은 기술이 등장하기 이전 시대에는 은밀한 감정을 어떻게 남몰래 전달했을까? 한 가지 방법은 부채를 통한 미묘한 몸짓이었다. '부채를 이용한 암호'가 일찍이 등장한 사례는 1740년에 발간된 『신사의 매거진The Gentleman's Magazine』으로, 이 책에서는 여성이 손가락으로 부채 끝을 만지면 '당신과 대화하고 싶다'는 뜻이고, 부채를 빙그르르 돌리면 '우리를 지켜보는 사람이 있다'는 경고, 한쪽 뺨에 가져다 대면 '사랑한다', 오른손에 부채를 쥐고 얼굴 앞에 두면 '나를 따라오라'는 의미라고 설명한다. 18세기 뉴잉글랜드에서는 은밀한 대화를 조용히 나누고 싶은 커플은 180센티미터 정도 길이의 속이 텅 빈 사랑의 막대기를 이용해 예의를 지키는 거리를 유지하면서 달콤한 말을 귓가에 속삭이는 방법을 택했다. 전보 기사로 일하던 15세 때부터 모스부

✹✹✹　한 미국인 커플이 사랑의 막대기로 남들 모르게 은밀한 대화를 나누고 있다.

호를 사용했던 토머스 에디슨Thomas Edison은 주변에 다른 사람들이 있을 때도 서로를 향한 마음을 은밀하게 표현하기 위해 두 번째 아내인 미나 밀러Mina Miller에게 모스부호를 가르쳤다. 에디슨은 프로포즈도 모스부호로 했고, 두 아이의 별명까지도 닷Dot과 대시Dash로 지었다.*

편지를 보내고 싶지만 과잉보호를 하는 부모님과 오지랖을 부리는 사람들 손에 들어갈 위험을 걱정하는 사람들에게는 암호가 해결책이었다. 19세기와 20세기 초 연애 생활을 비밀로 유지하고 싶은 젊은 연인들 사이에서 기본적인 암호를 끼워 넣은 난해한 엽서가 유행이었다. 당시의 혼외정사를 살짝 엿볼 수 있는 이러한 엽서들은 수집가들 사이에서 매우 인기 있는 진귀한 물건이다. 오른쪽 페이지에 있는 연인 간의 암호가 적힌 엽서는 독일의 해커이자 IT 보안 전문가 토비아스 슈뢰델Tobias Schrödel이 이 책을 위해 공유해준, 자신이 소장한 엽서 235장 중 하나다. "엽서를 특별하게 만드는 것은 그림이 아니라 텍스트입니다." 그가 설명했다. "엽서마다 나름의 스토리가 담겨 있어요. 사회가 정한 제약으로 '커튼 뒤로' 숨겨야 했던 이전 시대의 삶을 마주하게 될 때도 있습니다."

---

* 전보는 어린 에디슨과 같은 전보 기사가 받아쓰기에 은밀함과는 거리가 있었지만 신속함이 더 중요할 때도 있었다. 9대 퀸스베리 후작 존 숄토 더글러스John Sholto Douglas가 아들 알프레드Alfred와 오스카 와일드Oscar Wilde의 관계를 알게 된 후, 1984년 4월 1일 아들에게 관계를 정리하지 않으면 절연하겠다는 독설이 담긴 편지를 보냈다. 마지막에는 "괘씸함을 느끼는, 네가 아버지라고 부르는 사람이, 퀸스베리"라고 적었다. 알프레드는 이에 전보로 답했다. "아버지는 정말 너무 재밌는 분이세요."

✦✦✦ 독일 프라이부르크에서 스위스 로잔으로 보낸 1882년 3월 23일 자 엽서에는 눈이 동그래질 정도로 에로틱한 메시지가 정교한 암호로 적혀 있다. 일부를 소개하자면 이렇다. "당신을 사랑합니다. 내 심장이 당신의 심장으로 흥분에 휩싸이고 내 사랑을 당신의 사랑 안에 밀어 넣을 수 있기를 간절히 바랍니다. 오, 당신에게 편지를 쓰다 보니 너무도 행복해지는 나머지 거친 갈망에서 조금씩 해방되는 것 같습니다. 아, 당신의 무릎에 고개를 기댈 수만 있다면, 당신의 두 손이 내 뜨거운 뺨을 어루만지고 내 눈은 갈망하는 당신의 눈에 맞추고 내 입은 당신의 발에 맞출 수 있다면, 몸을 숙여 다가오는 사랑하는 당신의 입술에 입맞추며 당신을 안을 수만 있다면…."

44 사랑의 밀어

✦✦✦ 1901년 2월 1일, 독일의 킬에 거주하는 이 엽서의 주인은 차이츠에 있는 연인에게 한 달에 한 번 전하는 소식을 이 엽서에 담았다. "사랑하는 신부에게, 1월에 엽서를 보내지 못해서 정말 미안하오. 킬에 있는 상점은 거의 다 돌아다녔지만 안타깝게도 엽서를 구하지 못했소. 1월의 첫날처럼 마지막 날 또한 12도의 추운 날씨 속에 저물었고, 오늘 아침도 2도로 몹시 춥지만 눈이 와서 너무도 아름답소. 하지만, 사랑하는 소울메이트여, 아무리 추워도 서로를 향한 충직하고도 진실한 사랑으로 뜨거운 우리의 마음을, 달콤한 키스도 타오르게 만드는 뜨거운 사랑을 식힐 수는 없을 거라오. … 사랑하는 여인이여, 지난번 내가 당신을 보러 갔던 때를 기억하오? 내게는 너무 좋은 시간이었다오. 아직도 그 입맞춤들이 느껴지고…."

✢✢✢ 제문(과거 오스트리아헝가리제국의 땅이었으나 현재 베오그라드에 속하는 지역)의 시민이었던 한 남성은 (전?) 여자 친구 때문에 바람을 피운 것이라고 해명한다. "파울라, 내 사랑, 당신에게 인정이라는 것이 있으시오? 그렇다면 나를 좀 살려주시오. 나는 며칠 내로 죽어 없어질 것 같소. 자포자기하는 심정으로 그 무한 여성 점원에게 걸려든 거라는 사실을 당신도 알고 있잖소. 당신이 내게 한결같은 마음을 보여줬다면 나도 이렇게 내 자신을 놓아버리는 일은 없었을 거요. 당신의 안드레가 키스를 보내며."

✢✢✢ 전달하고 싶은 의미에 따라 우표를 골라 봉투에 붙이는 '마음을 표현하는 우표'가 1900년 초 유럽 전역에서 생겨났다. 다만 언어에 따라 우표에 담긴 의미가 조금씩 달라졌다. 이 우표 덕분에 젊은 연인들은 편지 내용을 읽어볼지 모를 부모의 감시를 피할 수 있었다.

✳✳✳ 1902년 독일, 만스펠트의 스캔들. 만스펠트 백작의 딸 루시는 인근 아이스레벤 마을의 서적상 아들과 암호 엽서를 주고받으며 혼외정사 관계를 이어나갔다. 1902년 9월 5일 그녀는 이렇게 적었다. "내 사랑 폴, 엊그제 집에 무사히 들어갔길 바라요. 일요일에는 언니와 산책을 갈 것 같아요. 아마도 오르너 쪽으로요. 당신이 그쪽으로 와준다면 3시 30분경에 실레[술집?] 근처에 갈 수 있을 것 같아요. 오늘 밤은 아쉽게도 비가 내리네요. 일요일에는 날씨가 화창하면 좋겠어요. 사랑하는 폴에게 따뜻한 마음을 가득 담아 보내며, 당신만을 생각하는 루시가. 곧 다시 만나요."

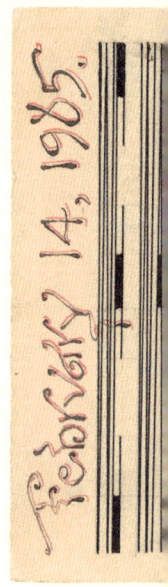

✢✢✢ 미국 스털링에 거주하는 두 사람 사이에 오간 1905년 2월 14일의 엽서. 엄밀히 말해 암호는 아니지만 형상을 왜곡시켜 메시지를 숨긴 방식이다. 엽서를 눕히면 길게 늘린 글자가 줄어들며 밸런타인데이 카드에 담긴 메시지가 또렷하게 드러난다. "만나고 싶어/ 아빠와 나는/ 가장 멋진 우리의 밸런타인/ 우리는 너를 사랑해."

✢✢✢ 1901년에 출간된, 연인들을 위한 비밀 글쓰기 안내서 『편지의 비밀을 보호하는 가장 안전한 방법: 확실한 보안을 보장하는 연인, 친구, 사업가, 정치인을 위한 비밀 글쓰기. 관계자 외 해독 불가』. 에밀 카츠 지음.

✦✦✦ 해독 불가한 '도라벨라 암호'는 작곡가 에드워드 엘가가 결혼 후인 1897년에 집안끼리 친구 사이인 17세 연하의 도라 페니에게 보낸 것이다. 러브 레터로 추측되는 암호는 지금껏 해독하지 못했다. 어쩌면 글자가 아니라 멜로디, 즉 반원들이 팔방의 시계 방향으로 회전하는 형태가 음계의 음표를 의미하는 것일 수도 있다. 이 암호를 해독하겠다고 자신 있게 나선 사람이 많았지만 누구도 성공하지 못했고, 그 결과물이란 더욱 황당한 내용일 때가 많았다. 한 예로 센트럴퀸즐랜드대학교의 팀 S. 로버츠는 이런 해석을 내놓았다. "추신. 이제 베이지색 잡초를—정말 한심한 짓이지만—침대 하나에 가득 늘어뜨리자! 루이지 씨씨버너드 정성스럽게 스튜디오 두 개 리우토에 맞췄어."

✦✦✦ 빅토리아시대의 연인들에게는 암호로 글을 쓰고 비밀이 담긴 우표를 붙이는 것뿐만 아니라 언제든 활용할 수 있는 플로리오그래피, 즉 꽃말이 있었다. 꽃마다 의미가 있어 신중하게 골라 만든 부케 한 다발이면 복잡한 메시지도 전달할 수 있었다.

45 하늘이 맺어준 사랑?
열기구 결혼 열풍 (18세기 말-19세기)

열기구의 역사는 온갖 기이한 일이 가득하다. 1798년 10월 16일, 프랑스 남성 피에르 테스튀 브리시Pierre Testu Brissy는 열기구의 바구니를 특훈을 받은 말로 대체했다. 이 기마 열기구 조종사는 파리의 벨뷔 정원에서 (보도에 따르면 주인과 "마찬가지로 침착하고 의연한") 말에 오르는 것으로 이륙을 알렸지만 성벽과의 거리 조절에 실패해 굴뚝에 충돌했고, 공기주머니가 찢어지며 서서히 떨어졌다. 1808년 5월 3일에는 그랑프레Grandpré와 르피크Lepique라는 남성 두 명이 여성 댄서 티르비Tirevit를 사이에 두고 승부를 내기 위해 각각 열기구에 올라 파리의 600미터 상공에서 권총 결투를 벌이기로 했다. 그랑프레가 총으로 상대의 공기주머니를 적중시켜 아래로 떨어뜨렸고,

Balloon Wedding.—98th Ascension.

✳✳✳ 1874년 10월 19일 오하이오주 신시내티 히포드롬에서 관중 5만여 명이 지상에서 지켜보는 가운데 메리 엘리자베스 월시와 찰스 M. 콜튼은 워싱턴 도널드슨이 조종하는 열기구 P. T. 바넘에서 서로에 대한 맹세를 했다.

✤✤✤ 1888년 9월 27일 미국 로드아일랜드에서 열린 마거릿 버클리와 에드워드 T. 데이비스의 항공 결혼식 사진.

상대는 목숨을 잃었다. 또 1920년대 미국과 영국에서는 소형 '호퍼hopper' 열기구가 큰 인기를 끌었는데, 제트팩(1인승 비행 장비―옮긴이)과 유사하게 열기구 장비를 등에 메고 끈으로 조인 뒤 높이 뛰어올라 비행을 하는 방식이었다. '벌룬 점핑balloon jumping'은 충격적으로 높은 사망률을 냈던 무모한 스포츠로, 다행스럽게도 채 1년도 되지 않아 사라졌다. 이와 관련한 여러 일화 중 하나로 영국 공군이었던 '브레이니(똑똑한―옮긴이)' 돕스'Brainy' Dobbs가 고압전선을 뛰어넘을 수 있을 거라 생각하고 덤볐으나 목숨을 잃고 만 일이 있었다.

열기구를 좀 더 낭만적인 목적으로 사용한 이들도 있었다.* 항공 웨딩을 처음으로 제안한 사람은 프랑스의 사회주의 철학자 생시몽 백작 클로드 앙리 드 루브루아Claude Henri de Rouvroy였다. 1802년 유명 작가 안느 루이즈 제르맨 드스탈Anne Louise Germaine de Staël(1766-1817)의 남편이 사망했다는 소식이 전해졌고, 생시몽 백작은 곧장 행동을 개시했다. 아내와 이혼한 후 급히 제네바로 간 그는 숨 가쁘게 스탈 부인의 집으로 달려가 자신과 그녀는 "이 세상에서 가장 특별한 사람들"이고, 열기구를 타고 결혼식을 올린 뒤 "세상을 크게 놀라게 할" 아이를 낳아야 한다고 전했다. 스탈 부인은 그의 면전에서 문을 닫았다.

그로부터 몇 년 후, 항공 웨딩을 처음 한 부부로 기록된 사람들은 젊은 벨기에

---

* 이후에는 수많은 부부가 경험한 일이지만, 1914년 최초의 오토파일럿 시스템을 개발한 로런스 스페리Lawrence Sperry(1892-1923)는 1918년 위니프레드Winifred와 결혼한 후 부부가 함께 아미티빌에서 거버너스섬까지 비행해 『플라잉매거진Flying Magazine』에 "최초로 하늘에서 허니문을 보낸 부부"로 소개됐다. 흥미롭게도 스페리가 창시한 항공 전통이 하나 더 있는데, 바로 '고도 1마일 클럽Mile-High Club(비행 중인 여객기에서 성관계를 하면 회원 자격을 얻는 가상의 클럽―옮긴이)'이다. 1916년 11월, 그는 사교계 명사였던 유부녀 도러시 피어스Dorothy Pierce를 자동 비행 장치가 탑재된 커티스 비행정에 태웠다가 얼마 후 뉴욕 인근의 해안에서 불시착했다. 오리 사냥꾼 두 명이 구조를 위해 노를 저어 추락 현장에 다가갔다가 나체의 스페리와 피어스를 마주했다. 스페리는 추락의 충격으로 두 사람 모두 옷이 '벗겨진' 것이라 주장했다.

열기구 조종사 조르주 라울 티엘Georges Raoul Thiel과 마들렌 베이Madeleine Bailly였다. 브뤼셀 시장의 주재하에 륀 드 미엘Lune de Miel('허니문')이라는 이름의 열기구가 공공 광장 위로 떠오르며 식이 시작됐고, 신혼부부는 시골 지역을 지나 몇 킬로미터 떨어진 목초지에 착륙했다. 이보다 안타까운 사례로는 영국의 열기구 조종사 토머스 해리스Thomas Harris가 1824년 런던의 복스홀에서 약혼녀를 열기구에 태운 일이다. 상공에서 그는 고도를 조정하기 위해 밸브를 열었지만 이후 다시 닫히지 않

✻✻✻ 1989년 9월 20일 스위스 부비콘 출신의 도도 볼리는 세계에서 가장 긴 면사포로 세계 신기록을 세웠다. 그녀는 열기구에 올라 55미터 길이의 새하얀 면사포를 흩날리며 결혼식장을 떠났다.

AERIAL WEDDING, 1931　　　　　　　　　　　　　　　　BOULDER CITY, NV

✱✱✱　1931년 12월 18일 공중 케이블에 매달린 구조물에서 결혼식을 진행하는 동안 아래로는 후버 댐 공사가 진행 중이었다.

앉고, 열기구는 추락하기 시작했다. 두 사람은 필사적으로 밸러스트(열기구 균형을 위해 바닥에 두는 무거운 물체—옮긴이)와 두 사람의 옷가지를 포함해 바구니에 있는 물건들을 전부 밖으로 던졌지만 그럼에도 열기구는 계속 추락했다. 결국 해리스는 약혼녀에게 작별의 키스를 하고는 열기구 바깥으로 뛰어내려 사망했다. 무게를 줄여 하강 속도를 늦춤으로써 약혼녀를 구하기 위해서였다.

1865년 『하퍼스위클리Harper's Weekly』에 실린 미국의 첫 스카이 웨딩은 아주 무탈하게 치러졌다. 매사추세츠주 노스햄프턴의 메리 웨스트 젠킨스Mary West Jenkins

와 그녀의 약혼자 존 F. 보인튼John F. Boynton은 호화스럽게 카펫을 깔고 빨간색과 금색의 다마스크 직물로 장식한 바구니에 올라 지켜보던 6,000명의 환호를 받으며 맨해튼의 센트럴파크에서 이륙했다. 뉴욕시 상공에서 두 사람은 혼인 계약서에 서명하고 이후 교외에 착륙해 그날 밤 차를 타고 시내로 돌아왔다.

290쪽 사진에서 보듯, 1888년 9월 27일에 로드아일랜드의 박람회장에서 열린 마거릿 버클리Margaret Buckley와 에드워드 T. 데이비스Edward T. Davis의 결혼식은 앞서 소개한 결혼식들보다 화려함과 규모 면에서 훨씬 성대했다. 『일러스트레이티드뉴스페이퍼Illustrated Newspaper』가 추산한 바에 따르면, 24명의 남성이 줄에서 손을 놓자 거대한 열기구 커먼웰스Commonwealth가 데이비스와 버클리를 태운 웨딩카를 서서히 들어 올렸고, 그 장면을 지켜본 관중이 4만 명이었다. 다만 이들의 허니문은 시작부터 어려움을 겪었는데, 해 질 무렵 부부는 이륙 지점에서 48킬로미터 정도 떨어진 매사추세츠의 이스턴에서 불시착해야 했다. 이들은 "물에 젖지 않으려 바구니 위의 로프를 꽉 붙잡고 버텨야 했고", 이후 늪을 헤치고 걸어 나와야 했다. 부부는 남은 여정에서는 기차를 타기로 결정했다.

46 황금빛에 가려진 비밀
구스타프 클림트와 〈키스〉(1907-1908년)

"키스는 귀가 아닌 입술에 속삭이는 비밀이지." 에드몽 로스탕Edmond Rostand이 1897년 희곡 『시라노 드베르주라크Cyrano de Bergerac』에 쓴 대사다. 구스타프 클림트Gustav Klimt(1862-1918)는 금세공인이었던 부친의 영향으로 금가루와 금박이라는 자신만의 독특한 기법으로 〈키스The Kiss〉(1907-1908)에 비밀을 넘치도록 불어 넣었다. 미술사에서 가장 유명한 연인 간의 포옹이지만, 그림을 오래 들여다볼수록 아방가르드 화풍 속에 숨은 디테일이 눈에 들어오면서 이내 질문이 하나 생긴다. 이 그림은 정말로 사랑을 표현하고 있는 것인가?

19세기 말에 이르러 유럽에서는 예술가들 사이에 예술원의 형식적인 교

✦✦✦ 클림트의 〈성취〉(1905-1909), 벨기에 브뤼셀에 자리한 스토클레 궁전 내부를 장식하는 그림의 도입부다.

육에서 탈피하고 더욱 실험적으로 예술에 접근하려는 분리파가 만들어졌다. 클림트는 빈 분리파의 일원이었지만 이후 몇몇 동료와 함께 탈퇴하고 1908년 빈에서 독립적으로 '쿤스트샤우Kunstschau'(예술 전시회)를 개최했다. 작품들에는 혹평이 쏟아졌고 전시회의 성과도 기획자들에게는 파산에 가까웠다. 하지만 하나 다행스러운 점은 처음 세상에 선보인 〈키스〉가 걸작으로 인정받았고, 오스트리아 정부가 국익을 위해 이 작품을 매입했다는 것이다.

그림에서 가장 먼저 눈에 들어오는 것은 상대를 압도하는 남성의 존재감이다. 서로를 그러안고 있는 두 인물은 클림트 자신과 그의 오랜 파트너 에밀리 플뢰게Emily Flöge로 알려져 있다. 하지만 그림을 찬찬히 살펴보면 유희적인 상징성과 모호함이 드러나면서 우리를 마치 황금빛에 둘러싸인 이 커플처럼 키스 안으로 끌어들인다. 그러면 점차 이 그림의 본질에 대한 의문이 떠오른다. 그림 속 여성의 발을 자세히 들여다보면 남성은 서 있지만 여성은 무릎을 꿇고 있음을 알 수 있다. 여성도 서 있는 자세였다면 남성보다 훨씬 더 컸으리라.

또, 그녀의 아래로 금색의 띠가 흘러내리는데, 긴 머리카락을 표현한 것일 수 있다. 상징파 화가들은 팜파탈femme fatale을 표현할 때 거미줄처럼 남성을 사로잡는다는 상징으로 여성의 머리카락을 지나치게 길게 그리는 경향이 있었다. 남성의 얼굴이 보이지 않기에 우리의 시선은 사랑에 취한 듯 두 눈을 꼭 감은 여성에게로 향한다. 하지만 비평가들은 병적으로 창백한 여성의 피부를 지적하며 여성의 고개가 뒤로 꺾인 모습이 당대 상징파에서 크게 유행한, 목이 잘린 그림을 떠올리게 한다고 꼬집었다. 그렇다면 이 작품은 피에르샤를 콩트가 1849년에 그린 이네스 드카스트로의 사후 대관식 그림(113쪽 참고)에 가까운 것일까? 클림트는 이 그림에 대해 어떤 설명도 남기지 않았기에 〈키스〉에 담긴 비밀은 황금빛 고치에 쌓여 영영 지켜질 것이다.

시대별로 보는 키스

기원전 1만 년부터 20세기까지

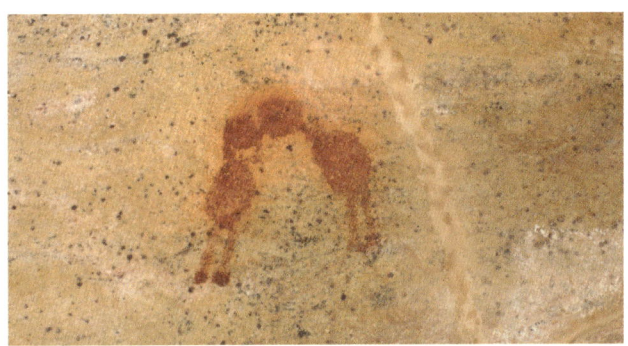

✲✲✲ 키스를 표현한 가장 오래된 그림. 브라질의 세라 다 카피바라 국립공원의 페드라 푸라다 유적지 동굴 속에 있는 1만 2,000여 년 된 이 그림은 입을 맞추는 커플의 모습을 담고 있다.

✲✲✲ 기원전 480년경 고대 그리스의 잔에 새겨진 톤도(원형의 그림)에는 성인 에라스테스(사랑하는 사람)와 어린 에로메노스(사랑받는 사람)가 나누는 동성의 입맞춤이 담겨 있다.

✲✲✲ 3,800여 년 전인 기원전 1800년경에 틀을 찍어 구운 고바빌로니아의 점토 작품. 나체의 커플이 침대에서 키스를 나누고 있다.

✳✳✳ 지오토의 프레스코 걸작 〈그리스도의 체포〉 (유다의 키스)(1304-1306)에는 추종자들과 적들의 소란 속에 유다가 그리스도에게 다가가 배신자의 입맞춤을 전하고 있다. 지오토가 이탈리아의 파두아에 있는 스크로베그니 예배당에 그린 〈예수의 생애〉 프레스코 연작 중 하나다.

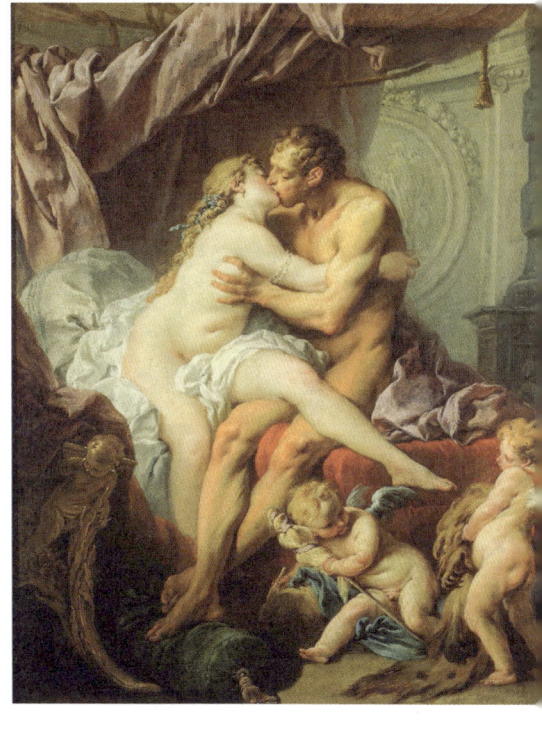

✳✳✳ 프랑수아 부셰(1703-1770)의 〈헤라클레스와 옴팔레〉(1735). 르네상스 미술에서 매우 드물게 로맨틱한 입맞춤을 그린 작품이다. 자신을 노예로 산 리디아 여왕 옴팔레에게 마법에 빠지듯 사로잡힌 헤라클레스는 자신의 임무를 계속할 의지조차 잃었다.

✳✳✳ 〈큐피드의 키스로 환생한 프시케〉(1787-1793). 유럽 신고전주의 시대의 가장 위대한 조각가 안토니오 카노바(1757-1822)의 작품이다. 돌에서 살아 숨 쉬는 듯한 생명력을 빚어내는 베네치아 예술가의 탁월한 기술은 사랑의 신 큐피드가 프시케를 깨우는 신화적 사랑을 표현한 걸작에서 여실히 드러난다.

✦✦✦ 마르크 샤갈(1887-1985)은 자신의 그림에서 사랑은 '원색'이라고 칭했다. 샤갈에게 뮤즈는 10대 때 만나 상대 부모의 반대를 무릅쓰고 1915년 결혼까지 한 평생의 사랑, 벨라였다. 샤갈이 결혼하기 불과 몇 주 전에 그린 〈생일〉은 아찔한 기쁨을 추락하는 꿈속의 한 장면처럼 표현했다.

✦✦✦ 이탈리아 화가 프란체스코 하예즈(1791-1881)의 〈키스〉(1859). 이탈리아 낭만주의 양식으로, 중세의 한 커플이 열정적으로 포옹하며 키스를 하는 모습을 담았다. 그들 주위에는 그림자가 도사리고 있다. 이는 당시 젊은 이탈리아 군인들이 오스트리아헝가리제국에 맞서 전쟁터로 나가기 전에 연인과 나누는 작별의 키스를 상징하기 때문으로 보인다.

✦✦✦ 미술사에서 가장 상징적인 사랑의 이미지 중 하나인 로댕의 〈키스〉(1882-1889)는 단테가 「지옥」에서 보여줬듯, 유부녀인 프란체스카 리미니와 그녀의 불륜 상대가 지옥으로 떨어지기 전 포옹을 나누는 모습을 그렸다. 로댕은 본래 이 연인을 〈지옥의 문〉에 포함시킬 계획이었지만, 〈키스〉에 대한 대중의 반응이 너무도 뜨거워 개별 작품으로 남겨두었다.

✳✳✳ 르네 마그리트(1898-1967)가 1928년 파리에서 완성한 특별한 작품〈연인들〉. 어딘가 불안감을 주는 이 그림은 진부한 키스의 공식을 전복시키고, 사랑하는 이와 입맞춤하는 얼굴을 지켜보는 즐거움을 앗아간다. 마그리트가 10대 때 모친이 잠옷으로 얼굴이 덮인 채 익사한 기억을 바탕으로 한 작품이라는 추측도 있다.

✳✳✳ 로베르 두아노의〈시청 앞에서의 키스〉(1950). 르나르 거리와 리볼리 거리 모퉁이에서 포착된 이 키스는 오랫동안 알려진 것과 달리 실제 연인이 나눈 키스는 아니다. 복잡한 초상권 문제에 휘말리는 일을 피하고자 연기자이자 두아노의 친구인 두 사람을 피사체로 세웠다. 다만 두아노는 두 사람이 거리를 거니는 동안 그 뒤를 따르며 사진만 찍었을 뿐이라 의도한 포즈는 아니었다.

✳✳✳〈사우스켄싱턴역 앞에서의 키스〉(2013), 두아노의 열성 팬인 이 책의 저자가 찍은 사진이다.

48 ✻ 집착에 사로잡힌 예술가의 사랑
프리다 칼로의 〈내 머릿속의 디에고〉(1943년)

1938년 뉴욕의 줄리엔레비갤러리에서 처음으로 프리다 칼로Frida Kahlo(1907-1954)의 개인전이 열렸을 당시, 초현실주의의 주창자 앙드레 브르통André Breton의 에세이도 함께 공개됐다. 그 글에서 그는 칼로의 작품을 "폭탄에 두른 리본"이라고 극찬하며 그녀를 자성한self-formed 초현실주의자로 칭했다. 칼로는 작품을 향한 찬사는 수용했지만 초현실주의자라는 수식어에는 동의하지 않았고 경력 내내 이에 저항했다. "다들 내가 초현실주의자라고 생각하지만 그렇지 않다. 나는 꿈을 그린 적이 없다. 내가 처한 현실을 그렸을 뿐이다."

칼로는 언젠가 자신의 인생에서 두 번의 큰 사고를 겪었다는 글을 쓴 적이 있다. 첫 번째는 1925년 9월 17일, 칼로와 그녀의 남자친구였던 아리아스가 탄 버스를 전차가 들이받은 사건이었다. 철제 손잡이 봉이 "황소를 찌르는 검처럼" 그녀의 골반과 복부, 자궁을 관통했다고 적었다. 이후 아리아스와 다른 승객들이 봉을 비틀어 빼냈고 그녀는 고통에 몸부림쳤다. 그 사고로 척추 세 군데, 오른쪽 다리 열한 군데가 부러졌다(다리는 결국 사망하기 한 해 전인 1953년 절단했다).

이것이 첫 번째 사고였다. "두 번째 사고는," 그녀는 이렇게 적었다. "디에고였다. 디에고가 단연코 최악의 사고였다." 프리다 칼로와 화가 디에고 리베라Diego Rivera의 악명 높은 결혼 생활은 뜨거웠고, 변덕스러웠으며, 더없이 행복했고, 비극적이었다. 외도가 끊이지 않았지만 서로를 향한 깊고도 근본적인 사랑은 어찌할

✦✦✦ 프리다 칼로는 척추 질환 악화를 막아보려 1940년부터 1945년까지 철, 가죽, 석고 등 다양한 재료로 만든 척추 지지 코르셋을 28종이나 착용했고, 지지대를 장식해 예술 작품으로 탄생시키기도 했다.

수 없을 정도로 단단했다. 그녀가 남편에게 보낸 사랑의 편지에는 이런 글귀가 적혀 있다. "당신의 말은 우주 전체를 여행한 뒤 내 세포에 이르러 별이 되고, 당신의 세포에 도달해 내 빛이 된다."

칼로의 〈테후아나 여인으로서의 자화상Self-portrait as Tehuana〉(303쪽 그림), 또 다른 이름으로는 〈내 머릿속의 디에고 Diego in My Thoughts〉〈디에고를 생각하며 Thinking of Diego〉로도 불리는 이 작품은 디에고와의 관계에 담긴 복잡함과 집착뿐만 아니라 수많은 이가 경험하는 사랑이라는 관계에 내재된 모순을 표현했다. 그녀가 사랑한 남자는 다시 돌아왔지만 그녀를 괴롭히고 싶은 욕구를 마음껏 충족했다. "내가 한 것이 사랑이 맞다면, 나는 그녀를 사랑할수록 그녀에게 상처를 주고 싶었다." 디에고는 이렇게 적었다. "프리다는 이런 내 역겨운 모습의 가장 명백한 피해자였다." 그럼에도 프리다는 그에게 집착할 수밖에 없었다.

디에고가 지속적인 외도로 배신을 이어가자 그녀는 마침내 그와 이혼하고 1940년 8월, 자화상을 그리기 시작했다. 디에고의 외도에는 1935년 칼로의 동생 크리스티나와 잠깐 나눴던 정사도 있었고, 이 일로 칼로는 큰 충격을 받았다. 그 일로 그녀는 머리카락을 모두 자르고 〈기억〉(〈심장〉)(304쪽 그림)을 그리기 시작해

✸✸✸ 칼로의 〈기억〉《심장》, 1937년 작품.

2년 후에 완성했다. 이 자화상에서 그녀의 두 눈은 슬픔의 눈물로 얼룩져 있고, 심장이 있어야 할 자리에는 구멍이 뚫린 채 화살처럼 말뚝이 박혀 있으며, 심장은 그녀의 발치에 여전히 박동하며 피를 쏟고 있다. 한 발은 피투성이의 땅을, 다른 한 발은 유혹하듯 넘실대는 어두운 바다를 디딘 채 그녀는 양손을 잃고 무력하게 서 있다.

〈테후아나의 여인으로서의 자화상〉에서 칼로는 디에고의 외도로 단련되어 더욱 품위가 깊어진 얼굴을 하고 있지만, 자신이 결코 가질 수 없음을 깨달아버린 집착의 대상, 디에고의 얼굴을 이마에 그려 넣었다. 사포텍 문명에서 기원한 조상들의 전통인 멕시코 테후아나 의상을 자랑스럽게, 당당하게 입고 위엄 있는 얼굴을 한 자신의 모습을 그렸다(전통적으로 평등주의를 따랐던 테후아나 사회에서 여성은 남성을 부양자로 여기며 의존하지 않았고, 남성이 누리는 만큼의 사회·경제적 자유를 누렸으며, 독신이든 이혼이든 결혼이든 원하는 대로 선택할 수 있었다).

1943년 자화상을 완성할 무렵에는 디에고와 다시 재혼한 상태였다. 그녀는 평생 악화되는 부상에 시달리며 고통받았는데, 친구 안드레스 에네스트로사Andrés Henestrosa(1906-2008)는 그녀가 "죽음을 살았다"라고 할 정도였다. 1940년대 중반에는 허리 통증이 심해 앉지도 서지도 못하는 상태에 이르렀고, 1945년 6월 뉴욕에 가서 척추뼈에 강철 지지대를 이식해 허리를 펴는 수술을 받았다. 큰 기대를 걸었던 수술이었지만 결과는 실패였다. 그녀는 1954년 7월 13일에 사망했고, 디에고는 "내 삶에서 가장 비극적인 날이다. 사랑하는 프리다를 영원히 잃고 말았다. 내 삶에서 가장 멋진 부분이 프리다를 사랑하는 마음이었음을 너무도 늦게 깨달았다"라고 전했다.

49 ✴ 데이팅 앱의 놀라운 역사
공개 구혼 신문광고부터 틴더까지(18-21세기)

우리는 디지털 데이팅 앱의 시대를 살고 있다. 미국통계지능연구기관에서 진행한 광범위한 설문 조사에 따르면, 현대인의 연애 관계에서는 다섯 건 중 한 건, 결혼 관계에서는 여섯 건 중 한 건 이상으로 데이팅 앱이 중요한 역할을 했다. 실로 데이팅 앱은 무척이나 성공적인 기술이라 이를 사용하는 것은 비단 인간만이 아니다. 2017년부터 네덜란드의 아펠도른에 있는 아펜홀 영장류 공원에서는 '오랑우탄을 위한 틴더Tinder(전 세계 이용자 5천만 명이 넘는 대표적인 데이팅 앱―옮긴이)'를 시작해 암컷 오랑우탄이 국제 유인원 번식 프로그램에서 짝짓기 가능성이 있는 오랑우탄의 디지털 프로필을 직접 확인하도록 했다.•

자신이 직접 본인을 홍보하는 데이팅 앱 프로필에서 우리는 1970년대 등장한 (카메라로 자신의 프로필 영상을 직접 촬영하는) VCR 데이팅 서비스와 그에 앞서 신문 한편에 실리던 '외로운 영혼들lonely hearts' 칼럼, 더 거슬러 올라가서는 18세기 초 공개 구혼까지 이어지는 하나의 뿌리를 찾을 수 있다.

최초의 신문 구혼 광고는 1727년 영국 여성 헬렌 모리슨Helen Morrison이 『맨체스

• 까다로웠던 점은 화면을 열정적으로 두드리는 오랑우탄의 손힘을 견딜 정도로 튼튼한 디지털 태블릿을 만드는 것이었다. 프레임을 철제로 보강해 문제를 해결했지만, 사육사에게서 '데몰리션Demolition('철거' 혹은 '박살'이라는 뜻―옮긴이)'이라는 별명을 얻은 한 암컷 오랑우탄 손에 망가지고 말았다.

✦✦✦ 제임스 길레이의 1805년 캐리커처 〈결혼 전의 하모니〉에는 음악으로 연애 감정을 나누는 행복한 순간이 그려져 있는데, 이는 남편감을 찾기 위해 여성들에게 음악적 기술을 교육시키는 행태를 풍자한 것이다.

✦✦✦ 위의 그림과 짝을 이루는 〈결혼의 화음〉은 결혼 몇 년 후 음악적 기술이 그 매력을 잃은 현실을 담고 있다.

터위클리저널Manchester Weekly Journal』에 실은 것으로 알려져 있다. 짧은 단락 안에 그녀는 인생을 함께할 유쾌한 남자를 찾는다고만 적었다. 이런 식의 공개 구혼은 처음 있는 일이었다. 논란이 계속되고, 신고로까지 이어지자 시장은 헬렌을 한 달간 정신병원에 입원시키라는 지시를 내렸다. 수 세기 동안 이러한 수치심과 오명은 애인을 찾기 위해 내건 '자기광고', 심지어는 비교적 민망함이 덜했던 초기 인터넷 데이팅까지 이어졌다. 바로 이것이 이러한 공고문을 볼 때마다 가슴이 저릿해지는 이유다. 수치심에도 불구하고 구혼을 했다는 안타까움 말이다.

현대 정치를 보면 쉽게 알 수 있듯, 세상에는 민망함을 느끼는 능력을 갖추지 못한 사람도 있다. 이제 소개할 대대적인 구혼 광고에는 (오늘날 익명성을 향한 욕구가 좀 더 보편적인 만큼) 특이한 점이 있는데, 바로 자신의 서명과 초상화가 실려 있다는 것이다. 5대 준남작 존 다인리 경Sir John Dinely(1729-1809)은 가문의 유산을 낭비하는 것으로 악명이 높았던 괴짜로, 그 못지않은 사치를 부리던 쌍둥이 형제는 미혼으로 32세에 사망했고, 부친은 1741년 자신의 형을 살해한 죄로 교수형을 당했다. 존 경은 조지 2세 시대의 자수 코트와 실크 조끼, 스타킹까지 갖춰 입고 화려하지만 꾀죄죄한 차림으로 단 한 가지 목적, 아내를 찾는 데 혈안이 되어 윈저성에서 열리는 대규모 공식 행사에 자주 모습을 보였다.

그는 가족의 재산을 복구하기 위해 좋은 변호사를 고용할 자금만 있으면 된다고 생각했다. 그는 그 돈을 결혼으로 확보할 계획이었다. "그는 호호거리는 여성들의 얼굴에서 자신과 닮은 구석이 있으면 바로 알아보고 피하는, 뛰어난 안목을 지닌 사람이었다." 당시 『페니매거진Penny Magazine』에서는 이렇게 적었다. "하지만 그를 처음 만나는, 풍만한 체구의 마나님이나 소심한 아가씨는 놀라움과 호기심 어린 눈으로 그를 바라봤다. 그는 이런 여성에게 다가갔다. 궁전에서 자란 듯한 분위기를 풍기며 최대한 격식을 차려 인사하고는 주머니에서 인쇄된 종이 하나를

TO THE
FAIR LADIES OF GREAT BRITAIN,
OLD, or YOUNG.

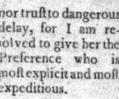

Sir JOHN DINELY, Baronet, having it in his power to offer to any Lady who may be inclined to enter into the sacred and all-soothing state of Matrimony, not only the Title of LADY, but a FORTUNE of THREE HUNDRED THOUSAND POUNDS, besides the very great probability of succeeding to a CORONET,—condescends thus publicly to tender his hand to such Ladies as are qualified* to accept his MARRIAGE OFFER upon the terms stipulated in his Advertisement in the Morning Advertiser of the 11th of Jan. last.

Sir John is aware that some few, prejudiced by etiquette, may smile at his mode of address;—let them laugh:—he has once experienced its comfortable effects, and will not be dissuaded from giving it a decided preference to the tedious forms of fashionable routine.

All the objections that can possibly be urged against this maxim,—" that it is equally incumbent on the Ladies, as on the Gentlemen, boldly to advance in a candid and liberal manner in matrimonial negociations," are merely chimerical: the advantages in favour of it, are great and many. By pursuing this principle, the sickly Damsel who has long pined in secret, may recover her health. The woe-begone Widow, whose weeds are an almost insupportable load, may be relieved from her burthen; and, the sweet blooming Miss of Sixteen, to whom the trammels of a boarding school are quite intolerable, may be raised to Liberty and Love!!! Let me entreat you, therefore, my angelic Fair, ingenuously to unbosom your sentiments,

nor trust to dangerous delay, for I am resolved to give her the Preference who is most explicit and most expeditious.

* As many Ladies may not have seen the Advertisement above referred to, Sir John thinks it necessary to explain what is meant by the word "QUALIFIED";—and he trusts no person will be offended at his frankness: He therefore, premises that previous to his entering upon a Treaty of Marriage with any Lady, he must be assured of her being possessed of such of the following Sums, as is required according to her age and condition; viz. Those under Twenty-one, only Three Hundred Pounds;—those from Twenty-one to Thirty, Five Hundred; and from Thirty to Forty, Six Hundred. All Spinsters turned of that age, must be treated with according to circumstances; and, probably few will be eligible with less than a Thousand. However, Widows under Forty-five will have such Abatement as personal Charms and accomplishments entitle them to expect.

These several sums, are mere trifles, compared with what Sir John might reasonably demand, on account of his high and noble Descent, which may be seen in Nash's History of Worcestershire; and his Claims to the vast family estates known, by a Reference to JOHN WATTS, Esq. No. 34, Queen Ann Street, East, London.

JOHN DINELY.

P.S. Please to address your Letters, Post paid, to Sir John Dinely, Bart. Windsor Castle.

Pub.d Feb. 16 1799 by C Knight Windsor.

THE COURTEOUS BARONET
OR THE WINDSOR ADVERTISER

How happy will a Lady be
To have a little Baronet, to dandle on her Knee

I do hereby declare this New Edition of my last Address to the Ladies, to be a true Copy, and that Mr. C. Knight hath my Authority to publish the same as an Embellishment to my Portrait

Windsor Castle, October 23d, 1799.

John Dinely

Printed by C. Knight, Windsor.

꺼낸 뒤 경건하게 전달하며 물러났다." 존 경은 왼쪽 페이지의 광고와 같은 내용의 글을 신문에 싣고 여성들에게도 나눠주었다. 그는 평생 아내를 찾으려 노력했지만 결국 미혼으로 1809년 11월, 윈저에서 사망했고, 가문의 대는 끊겼다.*

존 경이 그랬듯, 결혼이 안겨주는 실질적인 혜택이 공개 구혼 광고를 주저하는 마음보다 크다. 너무 수줍어할 필요는 없을지도 모른다. 얼마 전 아내와 사별하고 1832년 8월 23일 자『도싯카운티크로니클Dorset County Chronicle』에 자신을 광고한 남성도 있었다. "두 번째 가족이 필요하지는 않습니다. 내가 출근한 사이에 돼지들을 돌봐줄 여성이 필요해요." 다른 조건들을 솔직하게 언급한 사람들도 있었다. 1866년 2월 1일 자『셰필드인디펜던트Sheffield Independent』에 광고를 실은 이에게는 "치아가 건강해야 하고, 입술이 부드러워야 하며, 입 냄새가 좋아야 하고, 눈도 두 개인…" 사람이면 충분했다. 1903년 5월 17일 자『미니애폴리스스타트리뷴Minneapolis Star Tribune』에는 "훌륭한 마술사이자 자기magnetic 치료사인 남성이 앞으로 20년에서 30년간 함께할, 노래와 춤 또는 낭송을 잘하는 금발 여성을 찾습니다"라는 글이 실렸다. 이어 "제 마음에 든다면 좋은 남편이 되어드리고, 서부에 자리한 집에서 편안한 가정을 제공하겠습니다. 첫 편지에 키와 몸무게를 적어 보내주세요"라는 설명이 덧붙었다. 1850년 5월 2일 목요일 자『배스크로니클앤드위클

---

* 결혼에 관한 독특한 광고 이야기가 나왔으니 덧붙이자면, 1771년 9월 17일 자 매사추세츠의 지역 신문『에식스가제트Essex Gazette』에 조사이아 우드버리Josiah Woodbury가 게재한 신랄한 결혼 반대 광고에는 아내가 떠났지만 자신은 너무 괜찮을 뿐 아니라 행복할 지경이고, 전혀 상처받지 않았으며 아내가 그립지도 않다는 내용이 실렸다. "무려 7년간 집안의 역병이었던 복수의 화신, 악녀 메이저리가 통 제조업자 조사이아 우드버리를 떠났다. 그녀를 잃은 자는 그녀를 찾지 않겠지만, 그녀를 옆에 두겠다는 자에게는 콩 두 말을 주겠다. 이 마을과 나라의 모든 이에게 경고하는데, 복수의 화신이 하는 말을 결코 믿지 말라. 축하하기 위해 가진 낡은 신발을 전부 꺼내 던졌고, 모든 이웃이 함께 기뻐했다. 쓰레기를 치웠더니 속이 다 시원하다. 아멘. 조사이아 우드버리."

✦✦✦ 토머스 롤런드슨의 〈아내를 찾는 광고〉(1821)는 괜찮은 신랑감이 신문에 광고를 내면 어떤 문제를 겪게 되는지를 보여준다.

리가제트Bath Chronicle and Weekly Gazette』에는 "40세 중년 남성"이 "몸과 마음을 다한 헌신을 받아줄 여성을 간절히" 찾고 있다는 글과 함께 다음과 같은 추신으로 끝맺는다. "주의사항. 대머리지만 여성이 원한다면 가발을 쓰겠습니다." 남성을 찾는 여성의 광고문은 훨씬 낭만적이다. "미망인, 44세, 남부 출신, 특이한 성격, 자가 소유의 웨스트 엔드 거주자가 마음의 난로 앞을 쓸어주고 거미줄을 치워줄, 결혼해줄 누군가를 찾습니다."(1899년 4월 16일 자 『세인트루이스포스트디스패치St Louis Post-Dispatch』) 그럼에도 현실적인 기준을 내세우는 이도 있었다. "수프를 잘 만들 줄 아는 17세의 어린 소녀입니다. 상대가 누구든 결혼이 하고 싶고, 다리 하나가

부러졌다 해도 거절하지 않겠습니다. 주소: 미스. ---"(1880년 4월 13일 자 『던디쿠리어Dundee Courier』).

다만 특히나 운이 없는 경우라면, 구혼 광고를 통해 요즘 말로 '캣피싱catfishing'(사칭)을 하는 사기꾼이나 강도, 심지어 심심한 10대 소년을 만나게 될지도 모른다. 1831년 1월 10일 자 『메이오컨스티튜션Mayo Constitution』에서 보도했던 불쌍한 사람처럼 말이다. 우리의 남자 주인공은 스스로를 매력적인 "스물두 살의 님프"로 소개하며 200파운드라는 거금과 죽음을 앞둔 부유한 할머니에 대해 자랑해대던 여성과 편지를 몇 차례 주고받은 후 상대에게 열렬히 데이트 신청을 했다. 두 사람은 저녁 시간에 브라이턴의 로열 서클 주변을 산책하기로 약속했다. 데이트는 순조롭게 이루어졌고, 그가 키스를 하러 다가가자 "그의 이나모라타inamorata('사랑하는 여성'을 뜻하는 이탈리아어—옮긴이)가 쓰고 있던 보닛이 떨어졌고, 순간 '숙녀'의 입에서 '망할 놈의 보닛!'이라고 외치는 걸걸한 목소리가 흘러나왔다. 그곳을 나서기 전 우리의 남자 주인공 눈에 들어온 것은… 아기자기한 샌들도, 깔끔한 반장화도 아닌 거대한 크기의 웰링턴 부츠였다. 그러자 몸을 숨긴 누군가가 크게 웃음을 터뜨리는 소리와 함께 연극의 막이 내렸고, 남자 주인공은 말라디 다무르maladie d'amour('사랑의 열병'을 뜻하는 프랑스어—옮긴이)가 완치된 채 서둘러 집으로 돌아갔다."

50 ✴ 태양계를 떠난 러브 스토리
보이저호의 골든 레코드(1977년-)

무인 우주 탐사선 보이저Voyager 1호가 2012년 8월 태양계를 뒤로하고 펼쳐지는 광활한 우주 공간에 홀로 진입했다. 1977년 8월 20일에 발사된 자매선 보이저 2호의 뒤를 따라 9월 5일에 발사된 보이저 1호는 이 글을 쓰는 지금을 기준으로 지구에서 237억 9,022만 6,634킬로미터 정도 떨어진 오피우쿠스Ophiuchus (뱀주인자리)에서 항해 중이다. 두 탐사선에는 우주를 탐험하며 마주하는 불가사의를 수집하고 전송할 장비와 더불어 '병 속에 든 편지'가 담겨 있다. 지구의 생활을 보여주는 녹음 파일과 사진을 담은 금

✴✴✴ 〈지구의 소리〉, 즉 골든 레코드는 보이저 우주선에 실어 보내기 위해 나사의 칼 세이건과 앤 드루얀이 이끄는 보이저 인터스텔라 메시지 프로젝트 팀이 제작한 것으로 지구의 이야기를 담고 있다.

제 음반이 그것이다. "10억 년 후의 생명체에게 과거 지구의 모습이 어땠는지를 설명할 기회처럼 느껴졌어요." 나사NASA의 보이저 인터스텔라 메시지 프로젝트의 크리에이티브 디렉터 앤 드루얀Ann Druyan은 이렇게 말했다. "이 이야기를 들으며 소름이 끼치지 않았다면 나무로 만들어진 사람이겠죠."

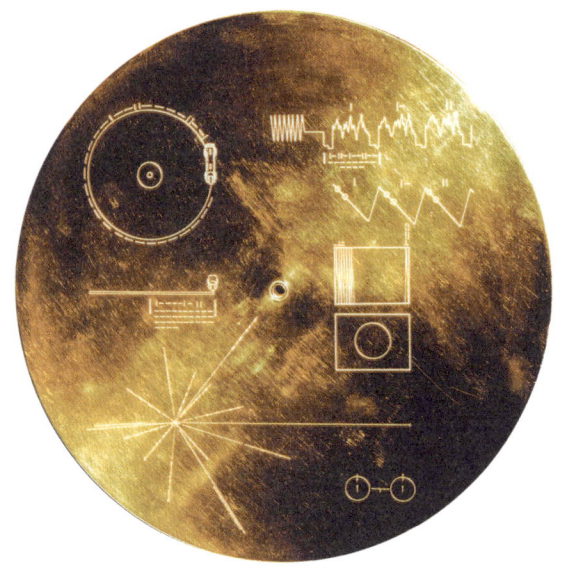

✱✱✱ 금색 알루미늄 케이스는 도금 레코드인 〈지구의 소리〉를 미세운석의 충격에서 보호하는 역할을 할 뿐 아니라 음반의 재생 방법을 설명하는 도식이 새겨져 있다.

8억 6,500만 달러의 보이저 프로젝트 예산 가운데 골든 레코드 제작에 할당된 예산은 겨우 2만 5,000달러였다. 레코드에 무엇을 담아야 할지 결정을 맡은 위원회와 회장 칼 세이건Carl Sagan 그리고 앤 드루얀에게는 6주라는 시간이 주어졌다. 드루얀과 세이건은 향후 수억 년간 이어질 불빛을 우주로 쏘아 올리는 일을 맡았다는 사명감을 등에 지고 이 거대한 프로젝트를 완수하기 위해 긴밀히 협력하며 밤낮을 가리지 않고 일했다. 이들의 성간 '믹스 테이프'에는 외계의 청취자에게 들려줄 온갖 종류의 인간과 비인간의 지구 생활이 담겨 있다. 바흐, 모차르트, 베토벤의 음악이 1959년의 록 음악 〈조니 B. 구드 Johnny B. Goode〉와 함께 담겼고, 가장 많이 사용되는 55개 언어로 전하는 환영

✱✱✱ 1977년 보이저 1 골든 레코드가 설치를 위한 모든 준비를 마쳤다.

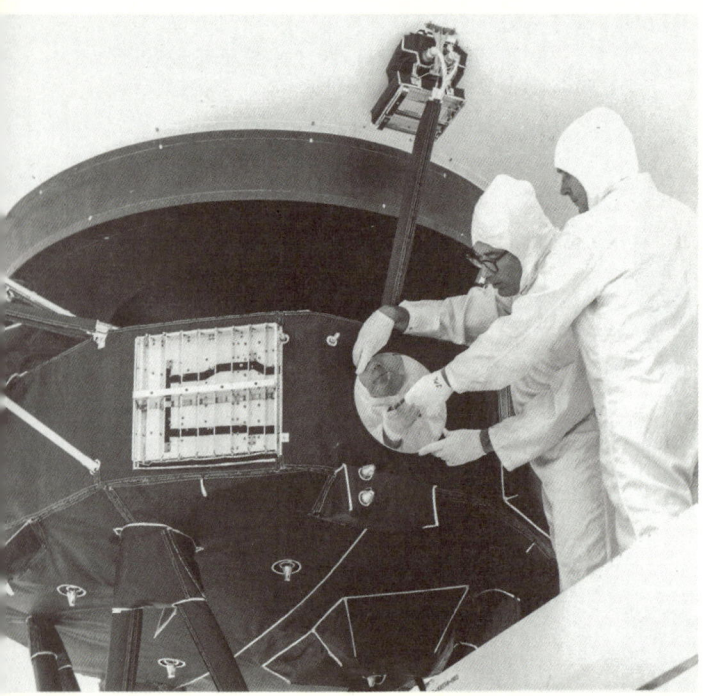

✳✳✳ 엔지니어들이 보이저 1호에 실린 골든 레코드에 덮개를 씌워 고정시키고 있다.

✳✳✳ 1990년대 칼 세이건과 아내 앤 드루얀.

인사와 비인간의 언어인 혹등고래의 인사도 포함했다. 세이건의 아들 닉이 지구의 아이들을 대표해 외계 생명체에게 환영 인사를 건넸고, 세이건의 웃음소리도 녹음됐다. 파도와 비, 거품, 개구리, 새, 개의 소리와 더불어 펄서$_{pulsar}$ 맥동 주기, 기차, 비행기, 자동차 소리도 담겼다. "신성한 작업이었어요." 드루얀은 이렇게 설명했다. "'우리도 우주의 시민이 되고 싶습니다. 당신들에게 우리의 존재를 알리고 싶습니다'라고 전하는 것과 같았으니까요."

20분 50초 분량의 LP 레코드판에는 로켓이 발사되는 굉음과 엄마가 우는 아이에게 입을 맞추고 달래는 다정한 소리 다음으로 특이한 소음이 등장한다. 새해 전야제의 불꽃놀이처럼 폭죽이 터지듯 펑 하는 소리와 치직거리는 소리가 1분가량 이어지는데, 우리가 듣는 이 소리는 사랑에 빠진 뇌가 내는 소리다. 앤 드루얀은 먼 미래의 존재들이 이를 역으로 전환해 해석할 수 있으리라 믿으며 생각을 소리로 담자는 아이디어를 떠올렸고, 이 프로젝트를 위해 자신의 뇌전도(EEG)를 녹음했다. 이 소리를 녹음하기 이틀 전, 드루얀은 세이건의 자동응답기에 잔뜩 흥분한 목소리로 레코드에 실을 만한 완벽한 음악을 찾았다며 2,500년 전에 만들어진 중국 음악 유수$_{Flowing\ Streams}$에 대해 알리는 메시지를 남겼다. 세이건은 이후 그녀에게 전화를 걸었고, 두 사람은 한 시간 동안 통화를 했다. 그전까지만 해도 키스는커녕 사적인 대화를 나눠본 적이 없는 두 사람은 그 통화가 마무리될 즈음 서로를 향한 마음을 고백했고 드루얀은 그에게 청혼했다. 그녀는 2010년 NPR과의 인터뷰에서 다음과 같이 전했다.

"전화를 끊고 나서, 제가 막 소리를 질렀어요. 정말 굉장한, 유레카 같은 순간이었기 때문에 기억이 생생해요. 잠시 후 전화가 울려서 봤더니 칼이 다시 건 전화였어요. '조금 전에 있었던 일이 진짜였는지 확인하고 싶어서요. 우리 결혼하는 거 맞죠?' 그래서 제가 말했어요. '네, 결혼하는 거 맞아요.' 그랬더니 그가 '그냥 다시 한번 확인하고 싶어서요.' 이러더라고요. 8월 20일에 우주선을 발사하고 22일에 주변 사람들에게 알렸어요. 그 순간부터 1966년 12월 남편이 사망할 때까지 함께했어요."

두 사람이 통화하고 이틀 후, 여전히 흥분에 들떠 있던 드루얀은 뉴욕의 벨뷰병원에서 뇌전도를 녹음했다. "사랑에 푹 빠진 스물일곱 살 여성으로서 제 감정이 그 레코드에 담겨 있어요. 영원한 기록이죠. 적어도 향후 1억 년 동안은요. 제게 보이저는 죽음에 대한 두려움도 지울 만큼 대단히 강렬한 기쁨을 주는 존재예요."

1996년 12월 20일 세이건이 세상을 떠났고, 그녀는 남편을 기리며 두 사람이 공유했던 철학에 대한 글을 남겼다. "우리가 살아 있고 함께했던 모든 순간이 기적과도 같았다. 불가해하거나 초자연적인 그런 기적을 이야기하는 것이 아니다. 우리가 우연의 수혜자임을 알고 있다. … 그 온전한 우연이 이토록 관대하고 또 이토록 친절할 수 있다니. … 광대한 우주에서 광활한 시간에서 우리가 서로를 찾았다니. 20년이나 함께할 수 있었다니 말이다. 그 시간이 나를 지탱하는 힘이고 그 이상으로 커다란 의미를 지니고 있다. … 그가 나를 어떻게 대하고 또 내가 그를 어떻게 대했는지, 그가 살아 있는 동안 우리가 서로를 어떻게 돌보고 또 가족을 돌봤는지, 그 기억은 내가 언젠가 그를 다시 만날 수 있다는 믿음보다도 훨씬 더 중요하다. 나는 칼을 다시 볼 수 있으리라 생각지 않는다. 하지만 나는 그를 봤다. 우리는 서로를 알아봤다. 이 우주에서 서로를 만난 것은 아주 멋진 일이었다."

두 사람의 이야기가, 사랑에 빠진 한 인간의 뇌파가 새겨진 금색 디스크가 우주선 몸체 옆에 고정된 채 저 멀리 우주를 항해하고 있고, 인간이란 종이 끝을 맞이한 후에도 그 여행은 이어질 것이다. 이 디스크는 앞에서 언급한 필립 라킨의 시, 치체스터성당에서 중세 시대의 남편과 아내가 손을 맞잡고 나란히 누워 잠든 석상을 본 후 쓴 〈아룬델 무덤〉의 마지막 구절과 너무도 절묘하게 맞닿아 있다.

바로 우리 중 살아남을 것은 사랑이라는 사실 말이다.

참고문헌

Armstrong, K. (2005) *A Short History of Myth*, Edinburgh: Canongate

Baynton-Williams, A. (2015) *The Curious Map Book*, London: British Library

Bloch, I. (1909) *The Sexual Life of Our Time in its Relations to Modern Civilization*, London: Rebman Ltd

Bondeson, J. (1997) *A Cabinet of Medical Curiosities*, London: I. B. Tauris Publishers

Budge, E. A. W. (1975) *Egyptian Religion: Ideas of the Afterlife in Ancient Egypt*, London: Routledge & Kegan Paul

Camille, M. (1998) *The Medieval Art of Love: Objects and Subjects of Desire*, London: Laurence King

Clarke, A. (2011) *Love Letters: 2000 Years of Romance*, London: British Library

Cocks, H. G. (2009) *Classified: The Secret History of the Personal Column*, London: Random House

Coontz, S. (2006) *Marriage, a History*, London: Penguin

Davies, O. (2009) *Grimoires: A History of Magic Books*, Oxford: Oxford University Press

Doyle, U. (ed.) (2019) *Love Letters of Great Men*, London: Macmillan

Fisher, H. (2017) *Anatomy of Love: A Natural History of Mating, Marriage, and Why We Stray*, New York: W.W. Norton

Ford, B. J. (1992) *Images of Science: A History of Scientific Illustration*, London:British Library

Gilbert, R. (2020) *The Very Secret Sex Lives of Medieval Women*, Coral Gables, FL: Mango

Gristwood, S. (2021) *The Tudors in Love: The Courtly Code Behind the Last Medieval Dynasty*, London: Oneworld

Haggard, H. W. (1913) *Devils, Drugs and Doctors*, London: Harper & Brothers

Harvey, K. (2021) *The Fires of Lust: Sex in the Middle Ages*, Padstow: TJ Books Ltd

Howgego, R. (2003-2013) *Encyclopedia of Exploration*, Sydney: Hordern House

Langhamer, C. (2013) *The English in Love: The Intimate Story of an Emotional Revolution*, Oxford: Oxford University Press

Lister, K. (2020) *A Curious History of Sex*, London: Unbound

Lovejoy, B. (2013) *Rest in Pieces: The Curious Fates of Famous Corpses*, New York: Simon & Schuster

McCarthy, C. (2022) *Love, Sex & Marriage in the Middle Ages*, Abingdon: Routledge

May, S. (2011) *Love: A History*, New Haven: Yale University Press

Munsinger, H. L. (2019) *The History of Marriage and Divorce: Everything You Need to Know*, Bloomington: Archway

Penner, B. (2009) *Newlyweds on Tour: Honeymooning in Nineteenth-Century America*, Durham, NH: University of New Hampshire Press

Pritchard, R. E. (2021) *Sex, Love and Marriage in the Elizabethan Age*, Philadelphia: Pen and Sword Books

Riddell, F. (2021) *Sex: Lessons From History*, London: Hodder & Stoughton

Ridley, G. (2011) *The Discovery of Jeanne Baret*, London: Random House

Roach, M. (2008) *Bonk: The Curious Coupling of Science and Sex*, New York: W.W. Norton & Company

Rose, D. (2010) *Sexually, I'm more of a Switzerland: Personal Ads from the London Review of Books*, London: Picador

De Rougemont, D. (1956) *Love in the Western World*, New York: Pantheon

Shaftesbury, P. (2018) *Love, Sex & Marriage: Relationship Tips From the Victorians*, London: Summersdale

Took, J. (2020) *Dante*, Princeton, NJ: Princeton University Press

Trafford, L. J. (2021) *Sex and Sexuality in Ancient Rome*, Philadelphia: Pen and Sword

Tucker, S. D. (2016) *Forgotten Science*, Stroud: Amberley Publishing

Usher, S. (ed.) (2020) *Letters of Note: Love*, London: British Library

Zuffi, S. (2008) *Love and the Erotic Art*, Milan: Mondadori

이미지 저작권자

PP10, 12 Metropolitan Museum of Art; P14 Herzogliches Museum; P15 Sotheby's New York; P16 (왼쪽) Wellcome Collection; P16 (오른쪽) British Library; P18 (위) Rijksmuseum; P18 (아래) bottom) Wellcome Collection; P19 Metropolitan Museum of Art; P20 Auckland Art Gallery Toi o Tamaki New Zealand; P21 Wellcome Collection; PP24-25 British Library; P26 Geni, wikipedia.co.uk; P29 Nessy Pic; P30 (위) Ramessos, Wikipedia.co.uk; P30 (아래) Thilo Parg; P31 Nevit Dilmen; P32 Tilemahos Efthimiadis; P33 Babelstone; P35 (아래) FAMSI.org; P36 (위, 중간) ebay.co.uk; P36 (아래) Metropolitan Museum of Art; P37 Metropolitan Museum of Art; PP38-39 www.uppsalaauktion.se; P40 Francoise Foliot; P42 Turp, AB. et al., Gynecological Endocrinology, 2017; P43 Royal Holloway College (London); P44 Osama Shukir Muhammed Amin FRCP (Glasg); P46 Yoav Dothan; P47 Metropolitan Museum of Art; P48 Metropolitan Museum of Art; P49 Ancient Peoples, Tumblr.com; P50 Jon Bodsworth; P51 Metropolitan Museum of Art; P53 Metropolitan Museum of Art; P55 Zhongguo gu dai shu hua jian ding zu; P61 Bengt Littorin; P62 Metropolitan Museum of Art; P68 Kim Traynor; P69 Fer.filol; P70 (위) Heinrich Sturzl; P70 (아래) Marie-Lan Nguyen; P72 ArchaiOptix; P73 Carole Raddato; P76 Wellcome Collection; P78 (위, 아래) Sailko, Wikipedia. co.uk; P79 (위, 아래) Wellcome Collection; P81 (왼쪽, 오른쪽) Jean-Pierre Dalbera; P82 Bijaya2043; P83 Los Angeles County Museum of Art; P84 Library of Geneva; P86 Michel Wal; P87 Bodleian Library; P90 (아래) Museo Larco, Peru; P91 National Museum of Denmark; P92 National Museum of Denmark; P96 (위) National Museum of Wales; P96 (아래) National Portrait Gallery, London; P98 National Museum of Wales; P99 Rodw, Wikipedia.co.uk; P103 Walker Art Gallery, Liverpool; P105 (위) Marie-Lan Nguyen; P105 (아래) Metropolitan Museum of Art; P107 National Library of France; P108 French National Library; PP112-113 Scailyna; PP114-115 SaraPCNeves; P117 Matthew T. Rader; P118 Victoria and Albert Museum; P119 William Donelson; P120 Arian Zwegers; P121 Diliff, Wikipedia.co.uk; P122 Ziegler175, Wikipedia.co.uk; P123 Museum Fine Arts, Boston; P124 Sailko; P125 Metropolitan Museum of Art; P126 (위) Metropolitan Museum of Art; P126 (아래) thehistoryblog.com; P127 Photo by Tom Oates; P128 Frank Janssen; P129 (위) Penn Museum; P129 (중간) Paolo Terzi; P129 (아래) Dagmar Hollmann; P131 National Gallery; P132 National Gallery; P133 The Yorck Project; P135 Royal Library of Copenhagen; P137 Bavarian State Library, Munich; P138 Hermitage; PP141-145 Metropolitan Museum of Art; P149 (위) State Library of Wurttemberg; P149 (아래) French National Library; P152 (위) Wellcome Collection; P152 (중간) Metropolitan Museum of Art; P152 (아래) French National Library; P153 (위 오른쪽) Los Angeles County Museum of Art; P153 (위 왼쪽) Metropolitan Museum of Art; P153 (중간) Daniel Ullrich; P153 (아래 왼쪽) Wikipedia.co.uk; P154 History and Art Collection/Alamy Stock Photo;

P158 British Library; P159 Flominator, Wikipedia.co.uk; P162 British Library; P163 British Library; P164 Metropolitan Museum of Art; P165 Universitatsbibliothek Heidelberg; P166 British Library; P167 The J. Paul Getty Museum, Los Angeles; P168 Metropolitan Museum of Art; P169 (위, 아래) National Library of France; P170 British Library; P171 British Library; P172 Wikipedia.co.uk; P175 Museum der bildenden Kunste; P176 (위) British Library; P176 (아래) Wellcome Collection; P178 Wellcome Collection; P180 Wellcome Collection; P182 Simon Speed; P183 Cooper Hewitt Museum; P185 BoolaBoola2, Wikipedia.co.uk; PP18-187 Sydney Living Museums; P189 National Trust/Christopher Warleigh-Lack; P191 Victoria and Albert Museum; P193 Cornell University; P194 Boston Public Library; PP196-197 Cornell University Library; P200 Metropolitan Museum of Art; P201 (위, 아래) Courtesy of David Western, www.davidwesternlovespoons.com; P202 (위) Jerry 'Woody', Wikipedia.co.uk; P202 (아래) Metropolitan Museum of Art; P203 (오른쪽) Christie's; P204 (위) Smithsonian American Art Museum; P203 (위 오른쪽, 중간 왼쪽) Smithsonian American Art Museum; P203 (중간 오른쪽, 아래) Metropolitan Museum of Art; P204 (위) National Museum of Sweden; P204 (중간 오른쪽) Lubomirski Museum; P204 (아래 오른쪽) Philadelphia Museum of Art; P204 (아래 왼쪽) National Museum of Sweden; P204 (중간 왼쪽) National Galleries; P206 British Library; P207 British Library; P209 British Library; P210 British Library; PP212-213 British Library; PP215-217 Alamy Stock Photo; P218 Herbier Museum, Paris; PP220-221 Barry Lawrence Ruderman Antique Maps; P224 Metropolitan Museum of Art; P225 Afrika Museum, Berg en Dal; P226 Afrika Museum, Berg en Dal; P227 Afrika Museum, Berg en Dal; P229 British Library; P231 wikipedia.co.uk; P235 Library of Congress; P237 National Library of France; P238 Library of Congress; P241 Philadelphia Museum of Art; PP242 Metropolitan Museum of Art; P246 Colleter R, Dedouit F, Duchesne S, Mokrane F-Z, Gendrot V, Gerard P, et al.; P248 British Library; P249 (위) Balliol College, Oxford; P249 (아래) Pitt Rivers Museum; P250 Courtesy of St Andrews Library; P251 Wellcome Collection; P252 Metropolitan Museum of Art; P255 Massachusetts Historical Society; P256 Museum of Fine Arts, Boston; P257 Wellcome Collection; P259 British Museum; P261 Dnalor 01, Wikipedia.co.uk; P263 British Library; P266 Aflo Co. Ltd./Alamy Stock Photo; P268 Wolfgang Adler; P269 Andriy Makukha; P270 University of Heidelberg; P273 Wikipedia.co.uk; PP276-280 Courtesy of Maggs Bros. Ltd. Rare Books and Manuscripts, London; P281 New York Public Library; P282-283 Tobias Schrodel; P284-285 (위 왼쪽, 위 오른쪽) Tobias Schrodel; P284-285 (아래) Tobias Schrodel; P286-287 (위, 아래 오른쪽) Tobias Schrodel; PP289-290 Smithsonian; P292 Keystone Press; P293 Smithsonian; P295 MAK – Museum of Applied Arts, Vienna; P296 Belvedere Museum Vienna; P298 (위) Vitor 1234, Wikipedia.co.uk; P298 (중간) British Museum;

P298 (아래) Marie-Lan Nguyen, Wikipedia.co.uk; P299 (위 왼쪽) Geoff Wren, Wikipedia.co.uk; P299 (위 오른쪽) Pushkin State Museum of Fine Art; P299 (아래) Jean-Pol Grandmont; P300 (위) The Museum of Modern Art, New York/Scala, Florence; P300 (아래 왼쪽) Pinacoteca di Brera, Milan; P300 (아래 오른쪽) Tylwyth Eldar; P301 (위) MOMA; P301 (중간) Robert DOISNEAU/Gamma-Rapho/Getty Images; P303 GRANGER - Historical Picture Archive/Alamy Stock Photo; P304 Betty Johnson/Alamy Stock Photo; P305 Archivart/Alamy Stock Photo; P308 Library of Congress; PP314-315 NASA/JPL-Caltech; P316 colaimages/Alamy Stock Photo.

감사의 글

이 책이 탄생하는 데 꼭 필요했던 도움을 준 모든 이에게 깊은 감사의 마음을 전하고 싶다. 그레이하운드 리터러리 에이전시의 찰리 캠벨, 이언 마셜, 영국 사이먼앤드슈스터 UK의 앨리슨 맥도널드, 또 한번 멋진 디자인을 완성해준 로라 니콜과 케이스 윌리엄스, 존 잉글리시에게 감사 인사를 전한다. 또한 소장품인 암호로 된 엽서들을 기꺼이 이 책에 사용할 수 있도록 허락해준 토비어스 슈로들과, 힐디치 버클리존슨의 필사본을 실을 수 있도록 허락해주고 너무도 멋진 조사 자료까지 공유해준 매그스 브로스의 에드 매그스에게 특별한 감사 인사를 전하고 싶다. 내게 지지를 보내준 가족들 그리고 알렉스와 알렉시 앤스테이, 매트, 제마, 찰리와 렌 트로턴, 케이트 어워드, 캐서린 앤스테이, 조지 핼릿, 테아 리스, 루스 밀링턴, 존 로이드, 댄 슈라이버, 앤디 헌터 머레이, 제이슨 헤이즐리 모두에게 감사하다. 모든 이에게 사랑을 전하며.

✢✢✢ 히에로니무스의 〈쾌락의 정원〉, 1490–1510년경.

옮긴이 신솔잎

프랑스에서 국제대학을 졸업한 후 프랑스, 중국, 국내에서 경력을 쌓았다. 이후 번역 에이전시에서 근무했고, 숙명여대에서 테솔 수료 후, 현재 프리랜서 영어 강사로 활동하면서 외서 기획 및 번역을 병행하고 있다. 다양한 외국어를 접하면서 느꼈던 언어의 섬세함을 글로 옮기기 위해 늘 노력한다. 옮긴 책으로는 『유튜브 제국의 탄생』, 『판타지는 어떻게 현실을 바꾸는가』, 『스토리 설계자』, 『결정력 수업』, 『엄마의 멘탈 수업』 등이 있다.

사랑으로 읽는 세계사

1판 1쇄 발행 2025년 9월 23일
1판 2쇄 발행 2025년 10월 24일

지은이 에드워드 브룩 히칭
옮긴이 신솔잎
발행인 박명곤 **CEO** 박지성 **CFO** 김영은
기획편집1팀 채대광, 백환희, 이상지, 김진호
기획편집2팀 박일귀, 이은빈, 강민형, 박고은
기획편집3팀 이승미, 김윤아, 이지은
디자인팀 구경표, 유채민, 윤신혜, 권지혜
마케팅팀 임우열, 김은지, 전상미, 이호, 최고은

펴낸곳 (주)현대지성
출판등록 제406-2014-000124호
전화 070-7791-2136 **팩스** 0303-3444-2136
주소 서울시 강서구 마곡중앙6로 40, 장흥빌딩 10층
홈페이지 www.hdjisung.com **이메일** support@hdjisung.com
제작처 영신사

ⓒ 현대지성 2025

※ 이 책은 저작권법에 따라 보호받는 저작물이므로 무단 전재와 복제를 금합니다.
※ 잘못 만들어진 책은 구입하신 서점에서 교환해드립니다.

"Curious and Creative people make Inspiring Contents"
현대지성은 여러분의 의견 하나하나를 소중히 받고 있습니다.
원고 투고, 오탈자 제보, 제휴 제안은 support@hdjisung.com으로 보내주세요.

현대지성 홈페이지

이 책을 만든 사람들
기획 박일귀 **편집** 강민형 **디자인** 유채민

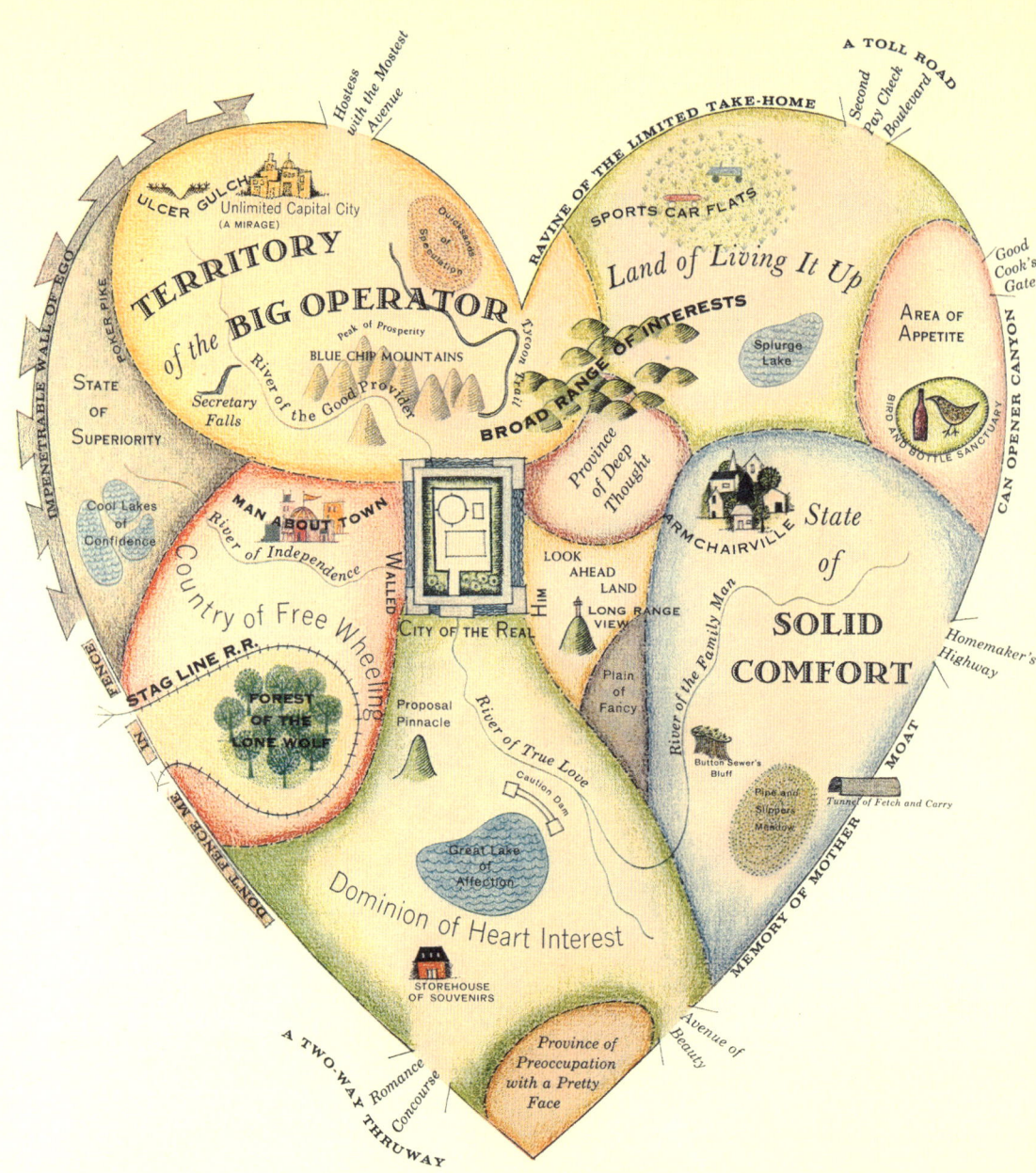

GEOGRAPHICAL GUIDE TO A
MAN'S HEART
with obstacles and entrances clearly marked